国際私法における私的自治

徐　瑞静　著

文眞堂

は し が き

　本書は、著者が、2012年3月、東洋大学から授与された博士（法学）の対象となった学位論文「国際私法における私的自治の研究」を基礎として、その後の内外国における国際私法の立法、判例、学説の発展を踏まえて加筆したものである。

　国際私法における私的自治は、準拠法選定における当事者自治として発現することが多いが、渉外私法関係の規律の出発点において、また、準拠法の適用の段階においても、法的解決の指導方針となりうるものである。個人意思の尊重がとくに重要とされる今日、「密接関連性の原則」と「弱者利益の保護」の2つの指導理念の狭間にあって、いかに、個人意思を反映した私的自治が、しかも、それらと調和しながら、本来の存在意義を発揮する場を求めることができるか。その糸口を探究することが、著者の研究の発端であり、そして、その方向性を明確にすることが本書の目的である。

　いわゆる「アメリカ抵触法革命」の影響を受けて、1970年代後半頃から急速に展開された大陸型国際私法の改革は、その後、欧州連合を中心とするヨーロッパ国際私法の形成からの影響をも受けて、今なお、変革の波は止まることを知らない。日本を始めとして、中華人民共和国（本地及びマカオ）、中華民国、大韓民国、朝鮮民主主義人民共和国、ベトナム社会主義共和国、モンゴル共和国等、東アジアのいずれの大陸法系諸国へも国際私法の改革の波は着実に及んでおり、とくに新しい立法における規則の精緻化と柔軟化には瞠目するものがある。かつて、国際私法学の研究として、旧西ドイツを中心とした外国判例研究が主体であった時代から、国際私法の法典化の充実がひとまず実現された現在においては、より実効的に、現代的意義における法の目的を達成できる抵触規則を有する外国立法の研究こそが、今日の国際私法学研究における主軸となってきているように思われる。本書において、殊の外、近時の外国立法の引用が多いのは、そのような背景の存在の認識を前提とするものである。

はしがき

　思えば、著者が東洋大学法学部において法学の勉強に身を置くようになってから、すでに久しい。その間には、大勢の方々の温かい援助を受けて、研究を継続することが可能とされて、今日に至っている。国際私法を専攻するようになってから今日に至るまで、指導教授笠原俊宏先生には、数々、お手を煩わせ、本書を上梓することができたのも、お力添えをいただけたればこそと、感謝の念が尽きない。また、東洋大学法学部と大学院を通じて、名雪健二先生始め、大勢の先生方の御指導を仰ぎ、さらに、日本大学法学部非常勤講師に就いてからは、中村進先生の御指導を仰ぐ機会にも恵まれた。同時に、中国弁護士として、松田綜合法律事務所に在籍することをお許しいただき、松田純一先生始め、事務所の先生方にも、一方ならぬお世話になっている。このように、著者が大勢の先生方から受けた御恩を感謝するには、どの言葉をもってしても足らないとの思いがいつも過ぎる。

　本書の発刊に際し、その刊行をお引き受け下さった株式会社文眞堂代表取締役前野隆社長、並びに、編集作業の過程において、数々の貴重な御助言と御助力をいただいた専務取締役前野眞司氏にも、深甚なる感謝の意を表する次第である。なお、本書の刊行に際しては、東洋大学から、「平成30年度東洋大学井上円了記念研究助成」による刊行助成を受けた。ここに記して、感謝の意を表したい。

　　平成31年1月20日

　　　　　　　　　　　　　　　　　　　　　平成の最後の春をまえに

　　　　　　　　　　　　　　　　　　　　　　　　徐　　瑞　静

目　次

はしがき……………………………………………………………………… i

序章　渉外私法関係における私的自治序説……………………… 1
　第 1 節　はじめに……………………………………………………… 1
　第 2 節　私的自治の概念……………………………………………… 3
　第 3 節　本書の対象および目的……………………………………… 6

第 1 章　国際私法の適用における私的自治……………………… 9
　第 1 節　はじめに……………………………………………………… 9
　第 2 節　国際私法の基礎理論との関係………………………………10
　　第 1 款　国際主義学派および国家主義学派………………………10
　　第 2 款　訴訟実務利益の考慮………………………………………11
　第 3 節　任意的抵触法の理論…………………………………………12
　　第 1 款　学説の展開…………………………………………………12
　　第 2 款　立法例の概観………………………………………………14
　　第 3 款　裁判例の変遷………………………………………………15
　第 4 節　国際私法の強行性……………………………………………17
　　第 1 款　中華民国判例の展開………………………………………17
　　第 2 款　近時の中華民国最高法院判例……………………………21
　　第 3 款　国際私法の強行性の制限…………………………………27
　第 5 節　若干の考察……………………………………………………29

第 2 章　準拠法の選定における私的自治…………………………35
　第 1 節　はじめに………………………………………………………35
　第 2 節　各個私法関係における当事者自治…………………………37
　　第 1 款　財産関係……………………………………………………37

iii

目　次

　　第 2 款　身分関係………………………………………………47
　　第 3 款　相続関係………………………………………………53
　　第 4 款　氏名……………………………………………………54
　第 3 節　密接関連性の確定における当事者意思……………………55
　　第 1 款　多数法国の概観………………………………………55
　　第 2 款　複合的法律抵触国の場合……………………………56
　　第 3 款　本国法の決定における帰属意思……………………60
　第 4 節　若干の考察…………………………………………………70
　　第 1 款　諸国立法の動向の分析………………………………70
　　第 2 款　国際私法における当事者自治の意義………………72

第 3 章　外国法の適用における私的自治……………………………77
　第 1 節　はじめに―準拠外国法の性質……………………………77
　第 2 節　諸国における外国法の位置付け…………………………77
　　第 1 款　大陸法および英米法における外国法………………77
　　第 2 款　外国法の性質に関する学説…………………………78
　第 3 節　外国法の調査責任…………………………………………84
　　第 1 款　外国法の調査責任に関する理論および立法………84
　　第 2 款　英米法における状況…………………………………91
　　第 3 款　大陸法における状況…………………………………99
　　第 4 款　近時の立法例における外国法の証明………………108
　第 4 節　準拠外国法の内容の不明…………………………………121
　　第 1 款　総説……………………………………………………121
　　第 2 款　諸国法における実践の概観…………………………125
　　第 3 款　諸国立法例の概観……………………………………130
　　第 4 款　代用法たる外国法の価値……………………………131
　　第 5 款　外国法調査不能の場合のその他の処理方法………131
　第 5 節　準拠外国法における法規の欠缺…………………………136
　　第 1 款　総説……………………………………………………136
　　第 2 款　裁判例の概観…………………………………………142

目　　次

　　第3款　外国立法の概観……………………………………… 155
　第6節　若干の考察………………………………………………… 161
　　第1款　外国法の調査責任および内容の証明………………… 161
　　第2款　外国法規の欠缺………………………………………… 165

第4章　国際私法における利益衡量………………………… 172
　第1節　はじめに…………………………………………………… 172
　第2節　国際私法における利益衡量……………………………… 172
　　第1款　国際私法における利益衡量の意義…………………… 172
　　第2款　国際私法上における利益の分類……………………… 173
　第3節　「法の適用に関する通則法」における利益衡量………… 174
　　第1款　平成元年改正法例における基本理念………………… 174
　　第2款　「法の適用に関する通則法」における基本理念……… 175
　　第3款　反致条項における利益衡量…………………………… 176
　第4節　若干の考察………………………………………………… 177

第5章　現代国際私法の諸原則と私的自治の関係………… 181
　第1節　はじめに…………………………………………………… 181
　第2節　密接関連性の原則と私的自治の関係…………………… 183
　　第1款　総説……………………………………………………… 183
　　第2款　総則における密接関連性の原則……………………… 190
　　第3款　各論規定における密接関連性の原則………………… 199
　　第4款　若干の考察……………………………………………… 204
　第3節　弱者利益の保護と私的自治の関係……………………… 213
　　第1款　総説……………………………………………………… 213
　　第2款　各種弱者利益の保護…………………………………… 214
　　第3款　若干の考察……………………………………………… 221
　第4節　両性平等の原則と私的自治の関係……………………… 226
　　第1款　総説……………………………………………………… 226
　　第2款　諸国裁判例における展開……………………………… 228

   　第3款　両性平等の原則と共通属人法主義 …………………………… 234
   　第4款　若干の考察 ……………………………………………………… 237

最終章　結論および今後の課題 ………………………………………… 241
　第1節　結論 ………………………………………………………………… 241
　第2節　今後の課題 ………………………………………………………… 244
　第3節　おわりに …………………………………………………………… 247

索引…………………………………………………………………………………… 249

凡　例

1　法令は、2019 年 1 月 1 日現在による。
　法の適用に関する通則法（平成 18 年 6 月 21 日法律第 78 号）は、「法適用通則法」と略記した。
　法例（平成元年 6 月 28 日法律第 27 号）は、「改正法例」と略記した。
　法例（明治 31 年 6 月 21 日法律第 10 号）は、「改正前法例」と略記した。
2　辞典、法令集、コンメンタール等で、引用頻度の高いものは、次の略記によった。
　辞典　　国際法学会編『国際関係法辞典（第 2 版）』（三省堂、2005 年）
　総覧　　笠原俊宏編訳『国際私法立法総覧』（冨山房、1989 年）
　争点　　澤木敬郎＝秌場準一編『国際私法の争点（新版）』（有斐閣、1996 年）
　注釈　　櫻田嘉章＝道垣内正人編『注釈国際私法第 1 巻、第 2 巻』（有斐閣、2011 年）

序章　渉外私法関係における私的自治序説

第1節　はじめに

　何らかの渉外的要素を有する私法関係の規律において、何らの渉外的要素をも有しない私法関係、すなわち、純然たる国内事件の場合とは異なる特別な処理を行うことが必要であることは、今日、諸国のいずれにおいても共通して認識されている。その実質的な規律のための国際的ないし地域的条約が存在している場合には、それによって解決されることになる。そして、それが存在しない場合には、国内法である渉外実質法によって解決されることになる[1]。しかし、特定の私法関係を規律するための渉外実質法が用意され、それによって解決できる場合は例外的であり、殆どの私法関係の場合には、抵触法的処理、すなわち、いずれかの国の法を準拠法として選定して、それを適用することが多い。その場合において、今日なお、諸国の法体系ないし法制度は異なっており、同一の私的紛争が、いずれの国において提訴されるか、また、いずれの国の法律に基づいて判断されるかにより、その解決が異なることになる。確かに、欧州連合のように、地域的に、ある程度のまとまりがあり、また、同様の宗教、文化、歴史を共有している諸国間においては、地域的な法の統一が比較的に容易であることはすでに証明されている。しかし、それ以外の諸国における状況はそれと大きく異なっており、むしろ、多くの抵触および分裂の方が顕著である。従って、取り分け、渉外私法関係については、条約を制定し、それ

---

[1]　国際的な要素を含むいわゆる渉外的法律関係の規律を目的として特別に規定された法律（渉外関係特別法）のうち、規律の内容を直接的・具体的に規定している法律が渉外実質法であり、法の適用に関する通則法等の渉外関係抵触法に対比して用いられる。渉外実質法という観念が意義を持つのは、日本が法廷地になる場合に、関連する外国の法律との関係で、渉外実質法が通常の国際私法の抵触規定による適用関係の処理を経ることなく、常に優先的・強行的または必然的に適用（直接的適用）されるからである。しかし、渉外実質法が、抵触規定による処理を経た後、日本の法律が基準となることが定まった後、初めて適用されることになるのかということが、問題として指摘されることもあり、それは、当該の規定の趣旨・目的によって異なり、一概にはいえない、といわれている。炑場準一「渉外実質法」辞典 463 頁。

をもって、諸国に共通の解決を図ることが理想的であるが、殆どの場合において、いまだ現実的な解決の判断基準として整備されていない。かくして、渉外私法関係の規律のための法源は、各国の国内法に求めざるをえないというのが現状である。

　渉外私法関係の規律のための国内的法源となる法律は、前述のように、一つは渉外実質法であり、いま一つは、国際私法ないし抵触法である。前者は、渉外私法関係の実質的な判断基準を定めており、当面の渉外私法関係へ直接的に適用される法規範である。それに対して、後者は、渉外私法関係の実質的判断基準を定めた法規範ではなく、実質的に判断する法をいずれかの国の国内法に求めることを前提として、それを選定する法規範である。条約と同様、諸国の法体系は、その渉外実質法をもってあらゆる渉外私法関係をくまなく規律することができるほどまでには周到に整備されていないのが現状である[2]。従って、渉外私法関係の規律の方法として、諸国が主として依拠している方法は、国際私法によっていずれかの国の法を準拠法として選定し、当該準拠法上の実質法をもって、それを実質的な判断基準として、渉外私法関係上の紛争を解決するという方法である。

　準拠法を指定する抵触規則、すなわち、国際私法規則は、規律されるべき対象となる何らかの法律関係（単位法律関係）を特定するいわゆる指定部分、および、当該法律関係を規律すべきいずれかの国の法（準拠法）へ連結するいわゆる連結部分によって構成されている。前者の中心となるのが指定概念であり、それが各抵触規則の規律範囲である私法関係を画定している。それに対して、後者は、指定部分において特定された私法関係の準拠法について、様々な連結点を介し、何らかの資格として一定の法を指定する。その中心となるのは連結概念である。例えば、伝統的に人の身分および能力を規律するとされてい

---

[2] 因みに、現行渉外実質法として挙げられるのは、例えば、国際海上物品運送法、船舶の所有者等の責任の制限に関する法律、民法第3条第2項（外国人権利享有の基本原則）、同第35条（外国法人）、同第741条（外国に在る日本人間の婚姻の方式）、会社法817条～第823条（外国会社）、労働基準法第3条、民事訴訟法第118条（外国裁判所の確定判決の効力）、民事執行法第24条（外国裁判所の判決の執行判決）、破産法第245条～第247条（外国倒産処理手続がある場合の特則）、保険業法第185条～第240条（外国保険業者）、外国為替および外国貿易法、外国倒産処理手続の承認援助に関する法律等である。烁場・前掲（注1）463頁参照。

る本国法、住所地法、常居所地法、居所地法のような属人法の決定基準としては、それぞれ、人の国籍、住所、常居所、居所が、連結点となって一定の法律関係を一定の国ないし地の法と結び付けている。また、同様に、一定の地において行われる法律行為や一定の地に所在する物をめぐる法律関係を規律する属地法の決定基準として、行為地、事実発生地、物の所在地、法廷地等がある。そして、上記の連結基準が、すべて、客観的な事実として存在する連結事実であることから、客観的連結点と称されて、従来から採用されてきた。また、今日、多くの諸国の国際私法立法規定において、契約に止まらず、他の分野の法律関係にまで採用されるようになったのが当事者意思である。これは、国際私法学の講学上、主観的連結点と呼ばれている[3]。本書は、渉外私法関係の規律において当事者意思を尊重しようとする趨勢が、現在、日本の国際私法についてのみならず、広く諸国の国際私法の変容の重要な要因となっているとの認識のもとに、当事者意思の尊重が諸国の国際私法にいかように反映されているか、そして、今後、それが、連結規則として、いかなる法律関係にいかに導入されるべきかを実証的に考察することを目的とするものである。

第2節　私的自治の概念

　当事者意思を連結点として準拠法を決定すること、すなわち、当事者自治によって準拠法を決定しようとする立場は、今日、諸国国際私法において、契約を中心として、財産法の分野のみならず、婚姻の効力や相続等の家族法の分野にわたり、益々、その採用が拡大されていることが看取される。国際私法における私的自治は、個人の自由な意思を尊重して、個人の私法関係をその意思によって自由に規律させることを原則とする近代法の「私的自治の原則」に由来するものである。とくに契約が当事者の意思によって形成される関係であるという全く人為的な性質から、国内法における近代私法の原則の一つである「契約自由の原則」に対応するものとして、国際私法の次元においても、当事者による私的自治に委ねることが妥当であると考えられる。その結果、当事者によ

---

[3]　笠原俊宏『国際家族法新論（補訂版）』（文眞堂、2010 年）25 頁以下参照。

る準拠法選択という形で発現するというのが一般的な理解である[4]。「私的自治の原則」は「契約自由の原則」をも含めたより広範な概念であると考えられるが、その一方、両者の意味は必ずしも明確ではなく、それらが同義に用いられることもある[5]。確かに、私人間の自己決定という点において同一であることに着目すれば、そのような結果になるであろう[6]。しかし、前者は、契約の自由のみならず、遺言の自由、社団設立の自由等、様々な法律行為の自由を含んでおり、「法律行為自由の原則」と言い換えることも可能な上位概念であると考えられる[7]。従って、「私的自治の原則」と「契約自由の原則」とは明確に区別するのが妥当であろう[8]。

また、「意思自治」と「私的自治」との異同についても、ここにおいて言及しておきたい。これら両者の場合にも、前述のように、私人間の自己決定という点において同一である。しかし、単なる表現の相違に止まるものではなく、そこに何らかの概念上の相違が存在すると考えれば、当面の法律関係の規律が、前者からは、専ら私人間の自由な合意ないし意思に基づくのに対して、後者からは、外部の権力的意思からの拘束を受けることがないというところに、その相違点を見い出すことが可能であろう[9]。もっとも、「規制を加える国家権力が、民主的な国家であるならば、すなわち市民の意思によって十分統制されているならば」、「外からのものではなく、実際には市民自らの意思に基づくものとなりうる。」という指摘もある[10]。本書においては、このように、「私的自治」と「意思自治」とを区別して、前者には、当事者の意思によらない仕方での私人間の法的関係の形成が存在しうることを前提としたうえで、当事者の「意思自治」をも含むより広い意義を有する「私的自治」を基準とすること

---

[4] 例えば、山田鐐一『国際私法（第3版）』（有斐閣、2004年）316頁等参照。
[5] 星野英一『民法論集第3巻』（有斐閣、1972年）4頁以下参照。さらに、芦野訓和「生命の自由・人命救助と民法理論—生命・身体への自己決定と私的自治・序説—」法律論叢71巻6号95頁以下、とくに、119頁以下において、錯綜する近時の学説が整理されている。
[6] 森村進「私的自治とは何か、また何のためか」ホセ・ヨンパルト＝三島淑臣＝竹下賢＝長谷川晃編『法の理論29』（成文堂、2010年）所収、23頁参照。
[7] 星野・前掲書（注5）6頁以下。
[8] 星野・前掲書（注5）8頁。
[9] 森村・前掲（注6）23頁参照。
[10] 星野・前掲書（注5）69頁以下。

第 2 節　私的自治の概念

としたい。

　以上に見られたように、「私的自治」、「意思自治」、「契約の自由」という 3 つの概念は、同じ機能を有しているが、仔細には、差異が存在するというべきであろう。とくに、「私的自治の原則」を「契約自由の原則」と等置することは、「私的自治の原則」が本来的に有する重要な意義、すなわち、それが包摂する「人格の自律」という発想を看過することになるものであるが、そのような発想を認識することの必要性は、早くから強調されていたところである[11]。このように、人格の尊重の観点から、現代社会における法状況を観察すれば、例えば、数々の国際的、局地的な条約による人権の保障や、基本的人権の保障を謳う憲法によって確立されている個人の尊厳ないし人権の尊重という価値が一般化した結果、私的法律関係を規律する準拠法の選定においても、それが当然に導入されており、また、それをさらに深化させる必要性が強調されているように理解することができる。

　今日、「私的自治」、「意思自治」、「契約の自由」は、それらが生成された大陸法系諸国および英米法系諸国に止まらず、普遍的意義を有する思想として、諸国の法体系に浸透しており[12]、何者によっても介入されることなく、本人ないし当事者が自らの意思をもって、その法律関係の形成の根拠とすることが広く認められている。このような意思自治の渉外私法関係への導入は、多くの場合において、当該私法関係の規律のための準拠法の選定における原則として、また、原則でないとしても、制限的に当事者自治を是認するという形で、諸国国際私法の随所において実現されている。国際私法が、本来、準拠法の選定を通じて渉外私法関係を規律することを目的とする法律であるため、そのように、当事者による準拠法選択を許容する規則、すなわち、当事者自治として発現することが多い。しかし、実際には、私的自治は、必ずしもそれに限定されることはなく、以下に述べるように、より広い範囲において働く余地のあることが考えられる。まず、第 1 に、渉外私法関係の規律の出発点における国際私法の適用の要否について、すでに私的自治が関与している。すなわち、渉外私法関係の特性に着目して、当然に抵触法的処理をして解決すべきか、それと

---

[11]　星野・前掲書（注 5）10 頁、70 頁参照。
[12]　森村・前掲（注 6）26 頁参照。

も、渉外性を有しない私法関係と同様に、抵触法的処理をしないで解決することが許されるかについて、「私的自治の原則」に基づき、その解決を当事者の意思に掛からしめることの当否の問題が、私的自治に関わる重要な問題となる。第2に、抵触法的処理により、準拠法の選定が行われる場合における「私的自治の原則」は、当事者自治による準拠法選択として最も明確に機能しており、その適用範囲のさらなる拡大の当否が検討されている。そして、第3に、準拠法が決定された後における準拠実質法の解釈および適用においても、私的自治の可能性が問われている。とくに、準拠外国法の性質の如何、そして、それに基づく外国法の内容の証明および解釈における私的自治の可否については、従来、日本を含めて、大陸法系の諸国においてあまり論議されていないようであるが、今後、重要な問題として検討されるべきであり、同時に、「私的自治の原則」が導入される場合の判断基準が明確にされなければならない。

第3節　本書の対象および目的

　本書の対象は、国際私法における「私的自治の原則」であるが、上述のように、それは異なる3つの次元において、異なる形で発現することが想定される。果たして、それが、それぞれの次元において、いかなる範囲および程度において妥当すると考えることができるか。今日、当事者意思の尊重という国際私法上の利益は渉外私法関係の規律のための重要な基準として確立しているが、しかし、そのような重要な基準は、決して、当事者意思の尊重に限られるものではない。密接関連性の原則、弱者利益の保護、両性平等の原則もまた、現代国際私法における重要な指導理念となっており、国際私法上の利益の保護の観点はより多角的である。従って、当事者意思の尊重の利益のみならず、それ以外の諸利益の保護の理念が兼ね備えている価値をも顧慮した総合的な観点から、私的自治の妥当性を検討しなければならないであろう。

　従って、本書の最終的な目的として論及されるのは、次の2つの大きな問題点である。その一つは、当事者による私的自治が妥当する範囲を明確にすることであり、いま一つは、価値判断の基準としての当事者意思の尊重が、国際私法におけるその他の価値基準と抵触する場合に、その優先順位をいかに考える

第 3 節　本書の対象および目的

べきか、ということである。これらのことを言い換えれば、次の通り説明することができるであろう。まず、前者の問題点については、それを 3 つの次元に整理し、それぞれの次元における私的自治の可否ないし当否を検討したうえで、それが許されるとしたならば、それがいかなる範囲において許されるかを明確にすることが本書の目的である。それら 3 つの次元とは、(1)渉外私法関係をめぐる諸問題を抵触法的処理の方法をもって解決することの要否に関する私的自治、(2)抵触法的処理の方法をもって解決するとした場合における準拠法の選定に関する私的自治、すなわち、いわゆる当事者自治、そして、(3)準拠法が外国法である場合におけるその内容の証明および適用に関する私的自治である。そして、次に、後者の問題点については、とくに準拠法の選定における当事者意思と他の価値（密接関連性、弱者利益の保護、両性平等）とが衝突する場合について、その衝突の調整の基準を明確にすることである。とくに後者に関しては、従来、そのまとまった研究は内外国においても殆ど見ることができない。本書における以上のような 2 つの大きな問題の検討により、理論および実践の両面から、私的自治が妥当する範囲を明確にすること、および、密接関連性の原則および弱者利益保護の理念によって先導されている現代国際私法のもとにおいて、当事者自治が妥当する範囲を明確することが、本書における研究の成果として予定されている。そして、それらの研究が渉外私法関係の規律における正義および法的安定性の確保に多少なりとも寄与することが望まれるのである。

　また、上記のような目的のために、本書においては、諸国の国際私法立法例および裁判例を参考とすることが主たる研究方法となる。1950 年代の後半から始まった新しいアメリカ国際私法理論からの影響を受けて、1960 年代には、大陸型国際私法を有する諸国は、ケーゲル（Gerhard Kegel）教授によって指摘された「国際私法の危機」[13]に直面し、ドイツのサヴィニー（Friedrich von Savigny）以来の近代国際私法理論は大きな変革期を迎えることになった。そ

---

[13]　Gerhard Kegel, The crisis of conflict of laws, *Recueil des cours* 1964-II, p.237 et seq. 大陸法に伝統的な立場に立ちながら、方法論的変革を目指したケーゲルの所説については、さらに、櫻田嘉章『国際私法（第 6 版）』（有斐閣、2012 年）44 頁参照。また、溜池良夫『国際私法講義（第 3 版）』（有斐閣、2005 年）54 頁以下参照。

の結果、諸国における国際私法立法の改正ないし法典化が顕著であることに鑑み、できる限り、比較立法的観点からそれらを分析、検討することが重要な研究部分となる。とくにドイツ、フランス、英国、アメリカを始めとして、比較的に文献の多いその他の西欧諸国（オランダ、スイス、オーストリア、ベルギー、イタリア、スペイン等）、および、東アジア諸国の立法例、裁判例の検討が本書における論及の主体となっている。西欧諸国を中心として始まった諸国国際私法の改革の成果が、何よりも実証的な研究のための有益な判断材料を提供していると思われるからである。

第1章　国際私法の適用における私的自治

第1節　はじめに

　今日、私法関係において、当事者の意思を尊重して私法的紛争を解決する私的自治が法律適用の基本的な決定基準の一つとなっているが、実質的判断の基準となる法律は強行法と任意法とに区分され、前者は、国家の規範として社会公共の利益と密接な関連性を有して、私的自治が許される余地はなく、その適用に際して、当事者の意思の如何が問われることもない。それに対して、後者は、基本的に、私人間の利害関係との関連性のみを有して、国家や社会公共利益と無関係であるため、その適用の可否については、当事者が自由に決定することができると考えられる。概していえば、行政法、刑法、訴訟法等、公法的性質の法律の多くが強行法であり、他方、民法、商法等の私法的性質を有する法律中には、比較的に多くの任意法規が含まれている。しかし、いずれの法律が強行法であり、任意法であるか、また、例えば、民法典中のいずれの規定が強行法規であり、任意法規であるかの判断基準が必ずしも確定的でないことは、従来より、よく指摘されてきたところである[14]。渉外私法関係に適用される国際私法についても、それが強行的（mandatory）であるか、それとも、任意的（facultative）であるか、換言すれば、国際私法が強行法と任意法とのいずれであるかという問題は、久しく論じられている[15]。国際私法はいずれかの国家の法を準拠法として指定することを役割とする法であり、渉外私法関

---

[14]　強行法規と任意法規の区別の基準については、例えば、『新法律学辞典（第3版）』（有斐閣、平成元年）255頁においては、公の秩序に関する法規が強行法規、そうでないものは任意法規であるが、具体的には、その法規の趣旨を判断して定めるほかはない。公法の多くは強行法規であるが、私人の便宜のために任意法規とされるものもある。私法は任意法規であることを原則とするが、社会の身分的秩序に関するもの、画一的に定める必要のある法律関係に関するもの、経済的弱者を保護することを目的とするものなどは強行法規であると説かれており、明確な基準の設定に馴染まないように見られる。

[15]　溜池・前掲書（注13）18頁参照。

係の具体的な権利義務を直接的に規律する実質法とは異なるが、それでも、人の権利義務の規律に間接的ながら関わる点において、決して、手続法であるともいえない。このような特殊性から、国際私法は上位規範と呼ばれる性質を有する実体法である[16]。そこで、以下においては、実定法体系の一端を担う国際私法のそのような特殊性が、その強行性ないし任意性の判断において、いかように反映され、そして、その決定基準がいかにあるべきかを検討することにしたい。

第2節　国際私法の基礎理論との関係

第1款　国際主義学派および国家主義学派

　国際私法の理論的基礎を築いたのは、国際主義学派である前記サヴィニーであり、その著書『現代ローマ法体系』（System des heutigen Römischen Rechts）第8巻第1章「法律関係に関する法規の支配の場所的限界」において、「法的共同体」（Rechtsgemeinschaft）および「法律関係の本拠」（Sitz des Rechtsverhältnisses）の理論的基礎が展開されている。それによれば、諸国家は一つの国際的な法的共同体を形成しており、相互にその法律を認めて、諸国の法律は平等的であり、それらの間に優劣は存在しない。それゆえ、渉外私法関係にいずれの国家の法律を適用するかは、法律関係の本拠の所在地を基準として決定される。すべての法律関係は、その性質に基づいて、いずれかの地域と固定な関連性を有しており、その関連性が法律関係の本拠である。そして、諸国の法律はその「法域」（Rechtsgebiet）内の一切の法律関係を支配することができる。その結果、同一の事件は、法的共同体のいずれの国家において審理されても、同一国家の法律によって支配されて、準拠法は一致することとなる。国際主義学派は内外法の平等および判決の一致を基本原則としたうえで、国際私法が強行性を有するとし、双方的抵触規則を採用して、法廷地法（内国法）以外には、または外国法のいずれでも準拠法たりうるとする。国際主義学派は、渉外的要素（foreign elements）を有する私法関係事件について、職権

---

[16]　山田・前掲書（注4）12頁以下参照。

により、抵触規則が決定した準拠法を適用するため、当然に、国際私法は強行的であることとなる。「法例」を経て、現行「法の適用に関する通則法」（以下、「法適用通則法」とする）も、このような立場に立っていると見られる[17]。

他方、国家主義ないし属地主義のもとにおいては、諸国が強行的に国際私法へ従うことは求められない。個々の国家は独立しており、他の国家と同様に解決すべき法的義務を負わない。国家主権の立場から、法廷地国裁判所は外国法を適用する義務がないから、国際私法も内国法としての性質を有することとなる。一国の裁判所が外国法を適用する根拠は、「自然義務」（natural obligation）とか、「国際礼譲」（comitas gentium）とか、「既得権」（droits acquis）によって説明される。一国の立法者は当該国の法律の適用範囲しか決定できないから、国際私法をもって他国の法律の適用範囲を決定する権限を有しない。一国の裁判所は外国法を適用する法的義務がないため、渉外私法事件において、その渉外的要素を無視して国際私法を適用しないときは、内国法が裁判における直接的判断基準となる。また、その国際私法も一方的抵触規則によって構成されているから、その規律範囲も、準拠法が内国法になる場合のことだけに限定され、外国法の適用には言及されないこととなる。このように、国家主義学派の立場からは、事件の渉外的要素を無視して、直接的に内国法に基づいて裁判することができるため、国際私法は簡単に任意法であるとされ、国際私法の強行性の必然性は否定されることとなる[18]。

第2款　訴訟実務利益の考慮

国際私法が強行的であるか、それとも、任意的であるかという問題は、外国法の証明の問題とも密接に関連している。すなわち、渉外民事訴訟実務において、外国法の調査や解釈が困難であり、その適用が正確に行われ難いということが、国際私法を強行的であるとすることの最大の障害であり、そして、その

---

[17]　溜池・前掲書（注13）48頁以下、櫻田・前掲書（注13）68頁参照。
[18]　溜池・前掲書（注13）44頁以下。また、ダルジャントレ（Bertrand d'Argentré）の属地主義理論およびフーベル（Ulrik Huber）の礼譲理論については、木棚照一編『国際私法』（成文堂、2016年）19頁以下（木棚）、澤木敬郎＝道垣内正人『国際私法入門（第8版）』（有斐閣、2018年）65頁以下等参照。

ことが、また、国際私法が任意的であると主張される要因の一つとなっている[19]。裁判実務においては、裁判所が、外国法の適用を回避するため、意識的もしくは無意識に国際私法の適用を回避するとか、また、外国法の内容が不明である場合に、当然に内国法を適用すべきとする立場（内国法適用説）に依拠することが少なくない[20]。民事訴訟の進行においては、実体的利益を探求するとともに、多角的な訴訟経済等の手続的利益も顧慮されるべきであるから、国際私法の強行性に関する問題についても、単に理論的に検討するのみではなく、実体的利益と手続的利益との衡量の観点から、実務上の要請をも考慮して検討すべきとする立場には、相当の根拠が存在することを認めなければならない[21]。以下において論及する「任意的抵触法の理論」が提唱された背景には、そのような事情に対する配慮が存在している。

第3節　任意的抵触法の理論

第1款　学説の展開

「任意的抵触法の理論」は、まず、ドイツのフレッスナー（Axel Flessner）教授が、1970年、抵触法の任意性の論点を取り上げた「任意的抵触法」（Fakultatives Kollisionsrecht）に関する論考[22]を発表したことに始まる。フレッスナー教授は、その論考において、主に当事者利益の観点から、公正な紛争の解決に寄与する抵触規則の任意性が当事者の利益と合致することを主旨として主張した[23]。また、オランダのドゥ・ブール（Th. M. De Boer）教授が、1995年、ハーグ国際法アカデミーにおける講義において、主として、司法裁判の品質および訴訟経済の観点から、任意的抵触法の理論の正当性に論及し

---

[19] Richard Fentiman, Foreign law in English courts, 1998, p.72 et seq.; Sofie Geeroms, Foreign law in civil litigation, 2004, p.42 et seq.
[20] Maarit Jäntera-Jareborg, Foreign law in national court: a comparative perspective, *Recueil des cours* 2003, p.179 et seq.
[21] Frank Vischer, General course on private international law, *Recueil des cours* 1992, p.126 et seq.
[22] Axel Flessner, Fakultatives Kollisionsrecht, *Rabels Zeitschrift für ausländisches- und internationales Privatrecht*（以下、*RabelsZ* とする）1970, S. 547ff.
[23] 丸岡松雄「フレッスナーの任意的抵触法(1)-(4)」岡山大学法学会雑誌30巻1号1頁以下、2号93頁以下、3号1頁以下、4号41頁以下参照。

た[24]。すなわち、その論拠とされたのは、外国法に疎い裁判官が職権によって外国法を適用すれば、その適用違背に陥り、司法判断の品質の低下につながる可能性があり、また、裁判所および訴訟当事者に訴訟経済上の負担を掛けることとなるということである[25]。ドゥ・ブール教授は、さらに、「当事者自治」（party autonomy）および「手続上の自由処分」（procedural freedom of disposition）を抵触法の任意性の理論の根拠とした。契約抵触法の当事者自治の基礎は、「実体上の自由処分」（substantive freedom of disposition）であるとして、それもまた、抵触法の任意性の理論的基礎とされ、近時、夫婦財産制のほか、不法行為、離婚、相続等の抵触規則へも、当事者自治が拡大されている。このように、抵触法の任意性は当事者自治の当然の結果であり、また、「手続上の自由処分」は当事者の訴訟主導権を尊重する当事者主義の当然の結果である。そして、これらの論拠が抵触法の任意性にさらなる基礎を提供している。しかし、その一方、当事者自治の原則と任意的抵触法の理論が別の法理に基づくものであることも強調されている[26]。

　このような任意的抵触法の理論については、日本の学説中にも同様な見解が散見されるが[27]、丸岡松雄教授を始め、それを否定する学説が支配的である[28]。溜池良夫教授も、「国際私法は、国際的私法交通の円滑と安全の見地から、各種の法律関係について、これに適用するに最も適当な法律を内外の私法の中から選択指定する法律であるから、公法的性格をもち、公の秩序に関する法律である。従って強行法と解さなければならない。これを任意的な法律と解し、国際私法が一定の法律関係に一定の外国法を適用すべく指定していても、当事者がその適用を欲しないときは常に適用されず、内国法を適用されるとすることは国際私法の立法趣旨に反するといわなければならない。」として、当事者が適用を欲すると否とにかかわらず、国際私法は強行的に適用されるべきであるとされる[29]。また、「契約の準拠法決定ルールのように、当事者による

---

[24] Th. M. De Boer, Facultative choice of law: the procedural status of choice-of-law rules and foreign law, *Recueil des cours* 1996, p.330 et seq.
[25] 佐野寛「任意的抵触法の理論について」岡山大学法学会雑誌49巻3・4号245頁以下参照。
[26] 関口晃治「任意的抵触法の理論に関する考察」比較法40号515頁参照。
[27] 佐野・前掲（注25）272頁参照。
[28] 丸岡・前掲（注23）論文(3)38頁参照。

準拠法の選択を認める国際私法規則もあるが、このことはその規則自体の強行規範性を損うものではない。」として、準拠法決定規則から当事者が任意に逸脱することを認めないという意味において、国際私法は強行規範であるとする見解もあり[30]、任意的抵触法の理論は一般的に支持をえていないという見方が支配的である。それに対して、三ヶ月章教授は、外国法の証明において、国内法について当然の前提とされている職権探知主義と事実に関する弁論主義の中間的処理の許容を提唱されているが[31]、その見解は、国際私法の強行性の制限との関わりをも有すると考えられ、それによれば、「渉外的要素を帯びる訴訟事件の処理に、どの程度の司法エネルギーを割くのが合理的なのか、というバランス感覚」の必要性が強調されている[32]。また、アメリカ国際私法の影響を受けた西欧諸国の大陸型国際私法につき、部分的な国際私法の否定の動きがあることに着目し、その一端について、国際私法の強行性を反省する余地があることを示唆する学説も散見されている[33]。

第2款　立法例の概観

明文規定をもって抵触法の任意性を規定しているは、1979年のハンガリー国際私法第9条である。同条は、「当事者が、この法規命令による準拠外国法が適用されてはならないことを共同して申し立てるときは、ハンガリー法、ないし、法律選択が可能である場合には、選択された法律が適用される。」と定めて、国際私法の任意性を国際私法の一般原則として規定している[34]。また、必ずしも任意的抵触法の理論の実践とは見られないが、前述のように、契約抵

---

[29] 溜池・前掲書（注13）18頁以下、同「国際私法の性質」争点6頁以下参照。
[30] 澤木＝道垣内・前掲書（注18）8頁以下参照。
[31] 三ヶ月章「外国法の適用と裁判所」澤木敬郎＝青山善充編『国際民事訴訟の理論』（有斐閣、1987年）所収、243頁以下参照。
[32] 三ヶ月・前掲（注31）253頁参照。
[33] 櫻田・前掲書（注13）51頁、ハインリッヒ・パウル・ノイハウス（桑田三郎訳）「ヨーロッパ国際私法上新たな道は存在するか」法学新報81巻9号133頁以下参照。
[34] 総覧310頁参照。但し、2017年の新しいハンガリー国際私法には、同条に相当する規定は置かれていない。笠原俊宏「ハンガリー共和国の新しい国際私法典（2017年）の邦訳と解説（下の2・完）」戸籍時報773号6頁以下は、当事者による法選択に関する規定（新法第9条）に昇華されていると見る。

触規則における当事者自治原則の拡大と呼応して、その他の個別法律関係の抵触規則へ任意性の原則を導入している立法例が増えている。それらとして、「法適用通則法」第26条第2項を始め、夫婦財産制の準拠法選択における当事者自治の準拠法選定規則は広く採用されており、さらに、法廷地法の選択としては、例えば、不法行為につき、1989年のスイス国際私法第132条が定めており[35]、契約外債務関係につき、1999年のドイツ民法施行法第42条が定めており[36]、離婚につき、1981年のオランダ国際離婚法第1条第2項が共通本国法または法廷地法（オランダ法）の選択を定めている[37]。また、1989年の「死亡による財産の相続の準拠法に関するハーグ条約」は、被相続人が明示的に死亡時の本国法または常居所地法を選択することができることを規定している[38]。当否の点は別問題として、これらの抵触規則が国際私法の任意性にある程度の基礎を提供し、国際私法の任意性の論拠を強化するための素地となっているということができるであろう。

第3款　裁判例の変遷

　日本と同様に大陸型国際私法を有する諸国の中にあって、国際私法の任意性をめぐり、多くの注目すべき破棄院（最高裁判所）判決が見られるのはフランスにおいてである。フランス国際私法はその発展の過程において国家主義学派の影響を受けており、法廷地法を優先して適用する傾向が見られる。例えば、一方的抵触規則、反致、法律回避、直接的適用法等、いずれもフランス国際私法に起源を有しており、また、法廷地法を適用しようとする任意的抵触法の理論に通じる立場も、早くからフランス判例に散見される。すでに、1959年5月12日の破棄院 Bisbal 判決[39]においては、次のように、抵触法が任意的であるという斬新な判決が下されていた。第1に、双方当事者が外国法を主張しなかった時は、裁判所は法廷地法を適用する。フランス裁判所が外国法を適用

---

[35]　総覧148頁参照。

[36]　笠原俊宏「ドイツ国際私法における契約外債務および物権の準拠法——1995年5月21日法の概要——」東洋法学43巻2号192頁参照。

[37]　総覧325頁参照。

[38]　早川眞一郎「死亡による財産の相続の準拠法に関する条約」辞典443頁以下参照。

[39]　*Revue critique de droit international privé*（以下、*Rev. crit. de d.i.p.* とする）1960, p.62.

することは義務的ではない。第2に、フランス抵触法は、当事者が外国法の適用を主張した場合に適用する。そして、このような抵触法の任意性の原則は、30年間余りにわたって堅持された。しかし、1988年10月11日の破棄院Rebouh判決[40]、および、1988年10月18日の破棄院Schule判決[41]は、抵触法の任意性の原則を放棄して、抵触法の強行性を認定した。しかし、また、破棄院は、1990年12月4日の破棄院Coveco判決[42]および1991年12月10日のSarkis判決[43]において、再び、Bisbal事件の抵触法の任意性の原則を提唱し、双方当事者が外国法の適用を主張しない場合には、裁判所は職権によって抵触法を適用する必要がないという立場が示された。その際、破棄院が設定した任意性の条件は、第1に、抵触法がフランスの批准した国際条約の規定でないこと、第2に、抵触法に規定される法律関係における実質的権利が、当事者の自由処分を認める法律関係であることである[44]。しかし、再び、1999年5月26日の破棄院Mans判決[45]は、当事者が国際条約に規定された抵触法の適用を主張しない場合には、フランス裁判所は職権によって抵触法を適用する義務がないと変更した。そして、1999年5月26日の破棄院Belaid判決[46]、および、2003年1月28日の破棄院Colin判決[47]において、抵触法に規定した法律関係における実質的権利が当事者の自由処分を認める法律関係である場合には、裁判所は職権によって抵触法を適用する必要がないことが、再び、判示されている[48]。

---

[40] *Rev. crit. de d.i.p.* 1989, p.277.
[41] *Rev. crit. de d.i.p.* 1989, p.368.
[42] *Rev. crit. de d.i.p.* 1991, p.558.
[43] *Rev. crit. de d.i.p.* 1992, p.314.
[44] 早川眞一郎「フランスにおける外国法の適用(1)」名古屋大学法政論集159号1頁以下参照。
[45] *Rev. crit. de d.i.p.* 1999, p.707.
[46] *Rev. crit. de d.i.p.* 1999, p.707.
[47] *Rev. crit. de d.i.p.* 2003, p.462.
[48] フランス破棄院判例の変遷については、例えば、B. Ancel/Y. Lequette, Les grands arrêts de la jurisprudence française de droit international privé, 4e ed., 2001, p.684 et suiv.

第 4 節　国際私法の強行性

第 1 款　中華民国判例の展開

　渉外私法問題の解決において抵触法的処理を行うことが強行的であるか、任意的であるかの問題をめぐっては、前述のように、日本においても、多くの研究者により、任意的抵触法の理論が論じられ、その論拠に共鳴する学説も少なくない。また、この問題については、近時、取り分け、台湾において、それに関する論議が盛り上がりを見せている。その背景には、渉外事件が急増しているという事情の存在が考えられる。しかし、何よりも、実務上、本来、渉外事件として処理されるべきであると考えられる場合にも、渉外性が無視されるか、もしくは、看過されて、国内事件と同様に処理された事件が数多く見られたからである。そこで、ここにおいては、外国における裁判例として、台湾における実務を中心として、学説および立法をも概観することにより、国際私法の強行性という国際私法の基礎理論に関わる重要な問題の考察のための一助とすることとしたい。

　実務における最初の課題は、当面の事実が国際民商事法律関係、すなわち、渉外私法事件であるか否かを判断することである。国際民商事法律関係であるならば、国際私法によって処理することとなり、そして、そうでなければ、さらに、「純国内民商事法律関係」であるか、「国際公法関係」であるか、もしくは、「純外国民商事法律関係」であるかを区別した上で、それぞれ、内国民商法、国際公法または外国民商法によって処理されることとなる。しかし、今日に至るまで、台湾の法院が「渉外私法案件」を誤って「内国私法案件」に位置付けて処理した事件が少なくない。以下においては、渉外性を有しながら、抵触法的処理がなされなかった判例について概観することとする[49]。

(1) 最高法院 26 年渝上字第 96 号判決

「民法通則施行法第 2 条に記されたいわゆる外国人とは、台湾籍を有しない者である。その中、台湾籍を有する者は、外国の国籍を有していたとしても外

---

[49] 以下、一連の判決、通達、決議、および、それらの論評については、頼来焜『基礎国際私法学』（三民書局、2004 年）67 頁以下参照。

国人ではない。」と判示する。解釈の一つとして、外国人を、台湾籍を有しない者に限ることについて、「渉外」、「渉内」の2つに限るように見られるが「国際」性をもって「渉外」性を代替しなければならない。2つ目は、内外国の国籍の積極的衝突について、本判例は、外国人と認めなかったが、「渉外」性に属しない限り、渉外民事法律適用法（当時、「法律適用条例」）が規定する複数の国籍を有するときは、最後に取得した国籍によってその本国法を決めなければならない。但し、国籍法による中国人であると認めるべきときは、中国の法律によるという規定に従い、準拠法を選択すべきである。従って、本件判例は「因果倒置」、「始終転倒」の誤りが見られる。

(2) 司法行政部43年台鳳公参字第4555号函

大函から提出された2つの問題について、以下のように回答された。「民国36年8月13日、上海において施行されていたのは、確かに民国18年から20年間に亘って施行された民法、および、民国7年8月5日に公布された法律適用条例である。上海当局および法院が堪尼聯医師と夫人をドイツ人と認めるべきか否かは、その夫婦が、当時、合法的にドイツ国籍を保有していたかに基づいて判断しなければならない。当時、ドイツ法によってその二人がすでにドイツ国籍を喪失したと認められたならば、上海当局および法院は、それらの者を無国籍者として認める。」と。法院は「判決」する際に、「司法行政部」に意見を求めなければならないが、それが「所属変更」した後も、相変わらず、「外交部」に意見を求める必要があるとすれば、司法は、「独立」判断したことにならない。

(3) 法務部70年律字第14146号函

「調査により、大韓民国渉外私法第26条の規定は、相続は相続人の本国法に従うと定める。従って、韓国に住む華僑が僑居地で死亡した場合、その遺産の相続については、当然、わが国民法相続編を適用する。次に、民法相続施行法第2条の規定は、台湾籍を喪失した者は、その他の国家の国籍を有するか否かを問わず、全て民法総則施行法第2条において呼ばれている外国人である。」とされた。本件は国際私法の選択手続きの過程において、外国（韓国）国際私法を援用したが、法院は、まず、法院所在地国際私法に従って法を選択するのが原則である。しかも、反致問題として、外国国際私法を援用することにして

第 4 節　国際私法の強行性

も、内外国国際私法の相違を比較すべきであるが、しかし、判決においては、このような説明もなされていない。

(4)　最高法院 66 年台上字第 3795 号判決

「渉外事件には、わが国渉外民事法律適用法第 6 条第 1 項の規定により、貨物証券に記載された米国海上貨物運送条例を適用しなければならない。それに従い、上訴人が責任を負うべきか否かが決定される。当該貨物証券は、その後、わが国法人に譲渡されたが、渉外民事法律適用法第 7 条の規定により、何らの影響も受けない。しかし、原審においては、訴訟両当事者とも中国法人であることから、本件が渉外事件であることを否定し、米国海上貨物運送条例の適用を排除しており、やはり、判決理由が不備で違法なところがある。」とされた。本件においては、国際私法を適用する対象の構成を見落としたほか、債権譲渡の準拠法にも及んでいるから、渉外民事法律適用法第 7 条の規律対象は、「債権の第三者に対する譲渡の効力」であり、「債権が自身に譲渡される」場合、準拠法がいかに適用されるべきか、明文の規定がない。本判決はそのまま第 7 条の規定を適用しており、やはり疑問が残る。

(5)　最高法院 67 年第 4 次民庭総会決議

「ばら積み小麦運送の不足の損害賠償問題に関して、幅広く関連しているから、本法院の民庭によって研究チームを作り、全般的な検討を経て、その倣うべき六つの決議を選び、以下の通りに述べる。決議内容において、『⑴渉外事件問題について、貨物証券は外国において署名発行されたものであり、行為地は外国であるため、渉外事件に属する。⑵……。』」とされた。法律関係を構成する行為地も渉外的要素であることは周知のところであり、本件の行為地は外国であるから、いわゆる渉外事件に属するが、その主体、客体、行為が全て甲国に関わり、しかも、甲国において救済（訴訟または仲裁）が行われているから、それは単純な外国事件であり、「渉外事件」ではない。

(6)　最高法院 68 年台上字第 1011 号判決

「荷受人と運送人が共にわが国の会社であるため、渉外民事法律適用法第 6 条第 2 項の規定により、本国法を適用しなければならない。荷送人は米国会社であるにもかかわらず、本件訴訟の目的である法律関係における当事者ではないから、本件の準拠法適用の規定についても、影響はない。」とされた。本判

決は、台湾実務においてしばしば見られるものであるが、様々な理論を利用し、渉外民事法律適用法第6条第1項における当事者意思に基づいて選択した準拠法を回避しようとする。例えば、外国法については、「項目ごと、段落ごとの適用法」とし、また、第6条第2項における共同本国法として、とくに内国法を適用するときには、「当事者自治の原則」を厳格に解釈し、法廷地法の便宜が図られている。

(7) 最高法院69年台上字第1728号判決

「本件訴訟当事者は共に日本国の営利法人であり、わが国における渉外法律関係について訴訟を行う場合には、当然に、わが国渉外民事法律により、その適用すべき法律を適用する。わが国渉外民事法律適用法第6条第1項および第2項は、それぞれ、次の規定を設けている。すなわち、『法律行為は債権債務関係を生じる場合には、その成立要件および効力については、当事者意思に基づいて適用すべき法律を決める』、また、『当事者の意思が不明であるときには、同一国籍者はその本国法による（以下省略）』等。原審がこの規定に従わずに本件の適用法を決定し、そのまま、わが国法律によって上訴人に不利な判決を下したことには、法令に違反する状況が見られる。」とされた。本件の当事者双方は日本国の営利法人のようであり、当然に国際民商事法律関係に属しており、法院が渉外民事法律適用法によらずに法律を適用したことには、見落としが見られる。または、本件の当事者双方が日本国の営利法人であるため、具体的に、渉外民事法律適用法第6条第1項により、当事者意思を日本法に「推定」すべきであるか、それとも、渉外民事法律適用法第6条第2項前段の「共同本国法」によるべきであるか、なおも、議論する余地がある。

(8) 最高法院77年度台上字第363号判決

「調べにより、被上訴人は外国会社であり、本件は渉外事件に属すべきであるが、原審はわが国渉外民事法律適用法第6条の規定によらずに、その準拠法を確定し、そのまま、わが国の法律に基づいて上訴人に不利な判決を下したことは、なおも、議論の余地が残るところである。次の調べにより、本件にわが国の法律を適用すると認めたとしても、単にわが国の法律により、契約当事者がその他の法律関係、または、単純に無因性の債務合意等を理由として、本来の法律関係に代替し、例え、本来の明確な法律関係を基礎にして和解を成立さ

せたとしても、単に認定の効力しかない。」とされた。本件には、渉外性を無視し、「当事者自治原則」と「契約（和解）自由原則」とを混同した誤りがある。

(9)　最高法院63年台上字第3070号判決

「本件上訴人の貨物は、日本で船積みし、米国で荷下ししたが、この間に権利侵害行為が生じた場合には、いつ発生したかにつき、『どこ』の法律を適用するかを問うことが、先決問題（渉外民事法律適用法第9条）である。原審がそのようなところを明白にせず、そのままわが国の法律により判決したことは、あまりにも速断であったとの疑問を感じる。」とされた。本件原審裁判官は、法律関係の権利義務内容（行為）が渉外性を有することを理解していない。

(10)　最高法院87年度台上字第1203号判決

「調査により、本件運送契約の運送人と貨物積込証券の発行人は共に外国法人であり、渉外民事訴訟事件に属すべきである。原審が、渉外民事法律適用法の規定によらずに、その準拠法を確定し、そのまま、わが国の法律を適用し、上訴人に敗訴の判決を下したことには、見落したところがある。上訴内容の主旨につき、原審判決が不当なところを指摘し、破棄することを宣言したことには、理由がないわけではない。」とされた。本判決が、国際民商事法律関係の構成要素につき、「外国主体」を見落して判断したことは、明らかに渉外民事法律の適用の錯誤であると見られる。

(11)　最高法院87年度台上字2512号判決

「調査により、本件上訴の主張である権利侵害行為責任を負うべき被上訴人は外国法人であり、渉外民事訴訟事件に属すべきである。原審が、渉外民事法律適用法の規定に依らず、その準拠法を確定し、そのまま、わが国法律を適用して上訴人に敗訴の判決を下したことには、見落としたところがある。」とされた。原審判決においては、明らかに国際民商事法律関係事件が内国事件と認定されている。

第2款　近時の中華民国最高法院判例

さらに、最近においても、渉外性を有すると見られながら、然るべく抵触法

第 1 章　国際私法の適用における私的自治

的処理が行われなかった台湾最高法院判例がある[50]）。

(1)　98 年度台上字第 2333 号判決

（事実）本件被上訴人日本商社 X の主張は、次の通りである。X は、それが設計した発光二極体につき、すでに智財局の認可を経て新様式特許を取得した。上訴人台湾 Y 株式会社は、X の許可または授権を受けずに、当該紛争特許を利用し、関連する発光二極体商品を製造および販売し、X の特許権を侵害したので、当該会社に新台幣 8 千万元の損害賠償を請求する。上訴人 Z は会社の法定代理人であるため、会社法第 23 条の規定により、連帯賠償責任を負わなければならない。

上訴人は、次の通り、主張する。当該紛争特許の標的は一つの発光二極体で、一つの「本体」および両側「L 型側部」によって構成されているから、その主要な視覚設計の特徴は「本体」であるため、「L 型側部」は単に機能性が考慮され、しかも、その「本体」は、以前、日本において関連している特許に相当し、斬新性を有していない。日本において関連している特許の構成と比べて、その創作性も有しない。しかも「L 型側部」は、すでに日本の関連特許に掲げられたから、当該特許には取消原因があり、X はすでに智財局に摘発を申し込んだため、被上訴人は X に権利を主張することができなくなる。または、X は自発的研究で智財局の新様式特許製の 3 号型商品の許可を取得し、しかも、当該特許を侵害する故意または過失がなく、かつ、当該商品の実際の特徴の細部は、肉眼で観察することが不可能であって、特定の機械を利用することが必要であり、被上訴人も X が当該特許を害した事情を知っているか、または、知りうることを証明できないため、当然、X に賠償請求できないと抗弁する。

（争点）①渉外民事法律適用法の強行適用性。

②および③（省略）。

（判決理由）①調査により、上訴人は外国人であって、本件は渉外民事事件である。原審においては、渉外民事法律適用法の規定によってその準拠法が確定されておらず、わが国の法律によって判決を下すのは不合理である。

---

[50]　以下、事実、判決理由、評釈については、孟明「渉外事件之認定與渉外民事法律適用法之強行性」月旦裁判時報創刊号 97 頁以下参照。

22

第 4 節　国際私法の強行性

②および③（省略）
(2)　98 年度台上字第 1805 号判決

本件被上訴人である台湾 A 会社の主張は、次の通りである。訴外台湾 D 会社が A の代理人となり、2005 年 6 月に上訴人台湾 B 会社に対し、コンテナ 12 個を運送することを委託した。B は、台湾の基隆から、香港を経由し、乗り換えて、中国梧州李家庄埠頭に荷物を降ろした。B は、同年月 14 日、台中において A に貨物証券「電放」の署名をした。当該コンテナが、同年月 21 日午前、梧州に運ばれ時、連日の豪雨に遭い、洪水が満ちて、李家庄埠頭では作業が停止となり、B およびその履行補助人香港 C 会社は、航路の安全および船舶の運行、積込能力の不注意により、強行的に河西埠頭まで運行し、荷物を降ろしたが、コンテナ中、3 つを水中に落下して紛失した。海商法第 74 条、民法第 184 条および第 188 条の規定に基づき、上訴人は、新台幣 550 万元および法定遅延利息の支給を加算する判決を求める。

上訴人 B の主張は、次の通りである。当該紛争運送契約の託送人は D であり、被上訴人 A のため、実際に貨物証券正本が発行されていなかったから、被上訴人は貨物証券の正本所持人ではない。被上訴人が貨物証券を所持していても、託送人は、当該 3 つのコンテナを不可抗力で滅失したから、商法第 60 条第 2 項、第 4 項および第 17 項に基づいて免責されるべきである。B は被上訴人が民法第 218 条の 1 第 1 項および第 2 項の規定に基づいて、買取人の請求権に直面する前に、同時履行の抗弁を主張することを認める。被上訴人は本件の損害額を証明することができない。被上訴人は、B と買取人との間は C＆F 貿易条件であることを主張し、当該紛争コンテナは詰込埠頭で舷側を越えた時に、その所有権は買取人に属し、被上訴人は所有者ではなくなる。すなわち、損害などの事由がないから、これらの理由を抗弁する。

（争点）①香港マカオ関係条例の強行適用性。②（省略）

（判決理由）①民事事件における外国人、または、事件における事実が外国地域に及ぶ場合は、渉外民事事件であり、渉外民事法律適用法により、法定された法域の管轄および法律を適用しなければならない。また、民事事件が香港またはマカオに及ぶ場合は、類推して渉外民事法律を適用する。渉外民事法律適用法が規定していない場合は、民事法律関係との最密接関連地法を適用す

る。これは香港マカオ関係条例第38条の規定を見れば確認できる。本件は香港会社および香港地域に及んでおり、香港マカオ関係条例を適用する。すなわち、当該条例第38条の規定を適用しなければならない。原審が、前記規定によらずにその準拠法を決定し、前述理由をもって上訴人に敗訴判決を下したのは不合理である。

②および③（省略）

（評論）本文の主旨は、台湾最高法院の2つの最新判決であるが、いずれも、渉外事件の認定問題、および、渉外事件が発生するときに、渉外民事法律適用法、および、それと性質が近似している区際私法規範（香港マカオ関係条例）に関わり、それらを強行的に適用するか否かが問題となっている。実体法上、98年度台上字第1805号判決は、海上貨物運送契約または権利侵害行為の認定問題に関わり、他方、98年度台上字第2333号判決は、特許権の侵害問題に関連していた。以下においては、実体法上の紛争には言及しない。

（評釈）①渉外事件の認定について

国際私法は、渉外法律関係に関わり、内外国の法域および法律について、いずれの国の法律を適用するかを決定するための内国法である。しかし、その前提となる渉外事件とは何であろうか。台湾学説の通説によれば、「外国人に及ぶ」とか、「外国地に及ぶ」とか、「外国人または外国地に及ぼす」といわれる。換言すれば、国際私法の発生に伴い、諸国民商事実体法律関係規範によって異なるが、通常、当該国の人および地を基準として決定される。そのため、関連する法律の衝突が生じる場合、例えば、A国人は、そもそもA国法に服すべきであるが、しかし、その者がB国の地に入った場合に、A国の属人管轄とB国の属地管轄の法律衝突が生じる。そのような理由により、一般に、渉外事件が発生するか否かを認定する場合には、殆ど、「外国人」および「外国地」の2つの要件の1つまたは2つの要件が判断されることになる。

98年度台上字第2333号判決は、当事者の一方が日本商社Xで、外国法人である。事件においては、Xが外国人であるか否かにつき、紛争は起きなかったが、法人の国籍認定について、学説には、法人国籍否定説、法人国籍設立準拠法説、法人国籍住所地法（営業地法）などの対立がある。しかし、本件における当事者は外国法人であり、前述の学説に従い、渉外事件であるということに

第 4 節　国際私法の強行性

なる。

　一方、98 年度台上字第 1805 号字の判決においては、当事者はともに台湾法人であるが、上訴人 B の履行補助人は香港の C 会社であるから、この場合に、本件は外国人に及んでいると認定すべきか否か。これは本件の実体の認定に関連している。つまり、この場合には、渉外事件を判断する段階に存在する「性質決定」に関する問題がある。本来、性質決定理論は、準拠法の選択段階に限って適用されるが、具体的な事件を処理する流れにおいては、まず、管轄権を決定する。管轄権の決定基準（例えば、一般管轄または各種特別管轄）は、案件の実体紛争の性質を区別するため、管轄を決定する段階において、法律関係の性質を判断する必要がある。似たように、渉外事件の認定については、前述の通説に従えば、外国人に関連することをもって、「事件の当事者は、一方または両者ともに外国人である」と示すこととなる。それならば、この「当事者」は、具体的な法律紛争の当事者であるか、それとも、その他の事件事実と関連するすべての人に関わるのであろうか。

　前述の国際私法における属人法の規則から見れば、法律衝突の発生は、具体的な法律紛争の当事者が外国人である場合に、その可能性が考えられる。例えば、二人の台湾人間の契約は、日本人が代理する状況であっても、契約関係は台湾人の間に発生し、そのため、外国地に及ばない限り、渉外事件ではなく、内国事件と認定しなければならない。しかし、無権代理のような事情が生じた場合には、当該日本人の法律上の責任に及ぶこととなり、そのため、当該事件は渉外事件として扱われることになる。従って、渉外事件の認定においては、まず、どのような法律関係であるかを判断し、それから、具体的紛争の「当事者」が誰であるかを判断することとなる。そのような理由で、「性質決定」という問題が発生することとなる。

　前述した 98 年度台上字第 1805 号判決に戻っていえば、当事者は台湾法人である。しかし、上訴人 B の履行補助人である香港の C 会社との間の紛争においては、被上訴人である台湾 A 会社の主張によれば、海商法第 74 条、民法第 184 条および第 188 条の規定に基づいて請求を行い、貨物積載証券の法律関係、権利侵害の法律関係が含まれる。その中の権利侵害部分については、民法第 188 条の規定により、使用者および行為者（被雇用者）が連帯して損害賠償

25

第1章　国際私法の適用における私的自治

責任を負う。本件上訴人Bが紛争の相手とするのが、運送契約の運送人Dおよび被上訴人Aであるから、本件紛争は契約関係であると認定した。

興味深い問題は、本件の法律問題の性質が、一体、貨物積載証券であるか、それとも、一般運送契約であるか、それとも、権利侵害であるかという点である。前二者の問題であると解釈すれば、香港C会社は契約当事者ではない。民法第224条の規定により、その他の規定を除き、債務者が同じ責任を負うか、または、海商法第63条により、運送人は、独立した補助人として、運送業務の範囲内において履行した行為に故意または過失がある場合に、責任を負わなければならない。しかし、権利侵害と性質決定する場合には、本件の当事者は、実体法律関係において、本件実体の上訴人または被上訴人ではなくなるから、香港C会社を含むことになる（但し、その者を被雇用者と解することができるか否かについては、依然として疑問がある）。本件には、台湾、大陸、香港の3つの地域に関わるという特殊な事情があるため、「外国人」に及ぶものとして、香港マカオ関係条例が適用されることとなる。

従って、前述の通り、渉外事件を認定する段階において、法律関係の性質決定を行うことも、重要なことと考えられる。本件最高法院判決において、すでに、「被上訴人は運送契約の法律関係のみを請求し、貨物積載証券の法律関係を請求することが認められず」、しかも、常に「上訴人の履行補助者」と呼ばれることから見れば、最高法院が当該法律関係を一般運送契約として対処する傾向が認められる。このように、香港C会社は、運送契約当事者ではないとしたならば、本件判決文のように、「本件は香港会社に及んでおり、……香港マカオ関係条例によって規律しなければならない」ということには疑問がある。しかし、判決は、「民事事件が外国人に及ぶか、または、事件事実の構成において外国地に及ぶ場合は、渉外民事事件である。……本件は、……香港地域に及んでいるから、香港マカオ関係条例によって規律されなければならない」とし、本件の事実を見れば、「コンテナ12個を運送し、台湾の基隆から、香港で乗り換えて、中国梧州李家庄埠頭に荷物を降ろしている」。これらの転送を行うことが、外国の地に及ぶことになると認めるか否か。国際海運運送から見ると、しばしば、中間の他の埠頭に停泊することがあるが、このような転送が、案件の「重要」事実を構成するものであるかということには疑問が抱か

れるところである。中国に荷物を降ろすことが「外国地」に関連することであると認めれば、香港マカオ関係条例によるべきではなく、むしろ、「台湾地域および大陸地域人民関係条例」が適用されなければならない可能性があると考えられる。

　因みに、渉外事件を認定する段階において存在する「性質決定」の問題について、台湾学説においては、例えば、法院所在地法説、事件準拠法説、初期または次段階の性質決定説、および、分析と比較法理説の中、法院所在地法説が相当な根拠を有している。諸国の実務上、採用の便宜という点においては、その他の学説には欠点があり、そのため、渉外事件を認定する段階における「性質決定」は、法院所在地法説しか採用できないであろう。

（評釈）②渉外民事法律適用法の強行性および任意性の問題について

　前述した２つの判例は、ともに、「渉外民事法律適用法の不適用」または「香港マカオ関係条例の不適用」を理由として、原審判決を破棄した。つまり、最高法院は、これについて、渉外事件において、台湾の抵触規則を堅持しつつ、渉外民事法律適用法または香港マカオ関係条例を適用することには強行性があるとするが、その根拠はどこに求められるのであろうか。台湾の一般実務上、渉外民事法律適用は国家立法主権によって制定されたものであり、裁判官がその法的性質を認め、渉外事件を処理する際に、法律を選択するための指導的基準として扱われ、当然に、強行的に適用されなければならないと考えられている。この問題については、台湾の学者によってもいくつかの研究がある。次に、それらの学説について言及することにより、台湾における論争のまとめとしたい。

第３款　国際私法の強行性の制限

　国際私法の強行性については、それを重視する傾向が台湾において強くなっている。2010年に改正された台湾の「渉外民事法律適用法」第１条についても、それが国際私法の強行性を宣言した規定であるという解釈が表明されている。しかし、それとともに、国際私法の強行性を合理的な範囲において制限すべきであるとする学説も有力である。そのような学説として、柯澤東教授、並びに、蔡華凱教授の見解について言及し、本節のまとめとしたい。

第 1 章　国際私法の適用における私的自治

　まず、柯澤東教授は、すでに 1999 年に、抵触規則の強行性と任意性とを区別しなければならないことを主張しており、抵触規則は、「当事者による自由選択」の法律関係の抵触規則、および、「当事者による自由選択禁止」の法律関係の抵触規則という 2 つに区別すべきと考えられた。つまり、殆どの財産関係において、当事者は自由に抵触規則を決定しなければならないという考えである。その後、柯教授は、さらに、「新たな任意選択理論」を提示して、「全て」の渉外事件の法律適用問題について、当事者の一方が外国法の適用を主張する場合のほか、裁判官は法院所在地法を適用しなければならないと主張した[51]。

　それに対して、蔡華凱教授は、準拠法の適用における抵触規則の強行性を維持すべきとしながら、「強行性緩和説」を主張する。まず、渉外民事法律適用法修正草案第 28 条（新版修正草案第 31 条）の規定との関連において、「非法律行為を原因として生じた債権債務について、その当事者は、台湾の法院に訴訟を提起した後、台湾法を適用することを合意したときは、台湾法を適用する。」という当該条文の規定が、すでに、法律を選択する総則において強行性の属性を緩和していると指摘した。その次に、渉外財産事件において、当事者が法律の選択を主張しないか、または、外国法を主張する場合に、法院は職権をもって法律を選択しなければならないから、当事者間において黙示的に認定された法院所在地法を適用することは適当ではない。しかし、外国法の挙証責任については、原則的に、当事者がそれを負わなければならないから、ここに、強行性の緩和の意義が見い出される。それに対して、渉外身分事件においては、法院は職権進行主義かつ職権探知主義を採用しなければならないから、強行性の緩和の余地はない[52]。

　以上において概観されたように、台湾においても、やはり、日本学説と同様に、国際私法の強行性を肯定する見解が支配的である。学説においては、柯澤東教授の任意選択説、および、蔡華凱教授の強行性緩和説があるが、台湾の実務上においては、基本的に、渉外民事法律適用法の適用の強行性が堅持されて

---

[51]　孟・前掲（注 50）102 頁以下参照。
[52]　孟・前掲（注 50）103 頁参照。なお、2010 年の渉外民事法律適用法については、笠原俊宏「中華民国国際私法（渉外民事法律適用法）の改正（上）」戸籍時報 659 号 63 頁以下参照。

いる。

第5節　若干の考察

　法適用通則法をも含めて、大陸法系諸国の国際私法立法は、主たる双方的抵触規定および補助的な一方的抵触規定の混合によって構成されている。従って、基本的に、内外法平等適用原則および判決一致原則を根拠として、それを保持するため、国際私法の強行性の必要性が主張されている。しかし、実際には、サヴィニーを代表とする国際主義学派が論じる「法的共同体」は架空の存在であり、国際私法の強行性の擁護は、その任意性の実体的利益および手続的利益を無視し、裁判所の基本的な任務である権利実現および権利救済を無視するという結果をもたらしかねない。従って、国際主義学派が求める内外法平等適用原則および判決一致原則が、国際私法の強行性の根拠として妥当であるかは疑わしい。

　それならば、国際私法の強行性、そして、その任意性の妥当性の根拠はいずれに求めることができるか。そのための判断基準は、まず、そのいずれが、訴訟当事者の実体的利益の保護に関わる司法裁判の品質の確保をより良く保証しているか、ということであろう。いずれの訴訟当事者も、良好な司法裁判を期待するから、裁判所はその権利の保障、権利実現および権利救済の基本的な役割に基づいてこそ、司法裁判の品質を最大限に保持することができる。内国裁判官は内国法学教育を受けて、長期間に亘り、内国法の司法実務に従事しているため、内国民事訴訟においては、訴訟当事者は良好な品質の司法裁判を受けることができることはいうまでもない。それに対して、渉外訴訟の場合には、前述のように、裁判所は、国際私法の専門性、外国法の調査の困難、その解釈・適用の不正確等の客観的要因が障碍となって、良好な品質の司法裁判を訴訟当事者に保証できなくなり、結果的に、民事訴訟法の目的に反することとなる。従って、実践的な観点から見る限り、少なくとも絶対的な国際私法の強行性の立場はにわかに支持することができない。他方、国際私法の任意性の立場は、上述のような意味における良好な司法裁判の品質を保証し、そして、双方当事者の実体的利益を保護することに寄与することが期待できるが、その反

面、安易に法廷地法（内国法）を適用すると、当事者による「法廷地漁り」を誘発することとなり、準拠法選択の不安定をもたらすことにも繋がりかねない。それにより、訴訟手続の品質が低下し、訴訟当事者は本来的な手続上の利益を享受することができないこととなる。従って、絶対的な国際私法の任意性の立場も手放しで支持することはできない。

　かくして、国際私法の強行性と任意性との調和が求められなければならない。職権探知主義と弁論主義との中間的処理という三ヶ月教授の前述の主張も同じ趣旨であろう。この場合において重要であるのは、渉外民事訴訟における実体的利益と手続的利益との平衡の確保である。そのため、処分権主義のもとに、次のように、国際私法の強行性と任意性とを区別しつつ、それらを調和させるべきものと考えられる。すなわち、まず、人事（身分）関係事件については、抵触規則は強行的であり、そして、国家ないし社会公益に関わる財産事件を除いて、一般の財産関係事件については、抵触規則は任意的である、というように区別することができるのではないかと考えられる。

　まず、人事関係事件は身分法と密接に関わるが、身分法は諸国の風習、宗教、社会公益を反映する法領域であり、その規律において、当事者の任意的な決定は認められない。人事関係事件の権利もまた当事者の自由処分を禁止する性質を有している。人事関係事件において妥当するのは、職権探知主義および裁判効力の絶対性の原則である。処分権主義は人事関係訴訟手続において大幅な制限を受けるため、処分権主義を基礎とする国際私法の任意性もまた、人事関係訴訟手続には妥当しないこととなる。かくして、人事関連事件においては、国際私法の強行性が堅持されるべきである。国際私法の強行性を貫徹する結果、国際私法の専門性、外国法の内容の調査における困難、外国法の正確な解釈・適用の困難等の理由により、司法裁判の品質の低下、訴訟当事者の本来の実体的利益の保証の減退は否めない。しかし、その反面、身分関係の抵触規則は、大方、属人法主義（本国法主義または住所地法主義ないし常居所地法主義）を採用しており、しかも、法廷地法が補充的準拠法とされ、属人法と法廷地法とが一致する場合が少なくないから、渉外人事ないし身分関係事件において最終的に適用する法律が法廷地法となり、抵触法的処理を行わなかった場合と同一の判断基準によることになることが、実際には少なくないのではないか

第 5 節　若干の考察

と考えられる。

　それに対して、民事訴訟の処分権主義のもとにおいて、基本となるのは私的自治である。しかし、処分権主義はすべての民事手続に妥当するものではなく、処分権主義、弁論主義ないし裁判効力の相対性の原則が適用されるのは、当事者の自由処分権が認められる民事財産法の領域に限られる。処分権主義が基礎とする私的自治は、国家権力による規制の範疇に関わらない限り、国際私法上においても、抵触規則について任意性を認めることにより、その精神が実現されることとなる。

　ただし、国家ないし社会公益に関わる訴訟手続については、人事ないし身分関係事件と同様に、その抵触規則は強行性を維持しなければならない。蓋し、財産関係事件においては、処分権主義、弁論主義、裁判効力の相対性の原則が支配しているため、国際私法の任意性の立場が私的自治の精神をより良く実現することができるが、それが特別な民事財産法に関連している場合、すなわち、労働者保護や消費者保護等の弱者保護のため、公権力が私法関係に介入し、「契約上の正義」または「契約の社会化」により、契約の自由の原則が修正されている特別な民事財産法に関わる財産関係事件においては、本来、財産関係手続として、処分権主義が採られるべきであっても、国家ないし社会利益の観点から、訴訟当事者の一方である弱者の手続的利益を保護する必要が認められる。このような財産関係に関する訴訟手続においては、国際私法は特別にその強行法を強化することとなる。法適用通則法においても、第 7 条が、「法律行為の成立および効力は、当事者が当該法律行為の当時に選択した地の法による。」とすることを原則としながら、消費者契約および労働契約における弱者、すなわち、消費者および労働者の保護が一定の法の強行的適用をもって図られている。前者については、第 11 条第 1 項が、「消費者と……事業者……との間で締結される契約……の成立および効力について……適用すべき法が消費者の常居所地法以外の法である場合であっても、消費者がその常居所地法中の特定の強行規定を適用すべき旨の意思を事業者に対し表示したときは、当該消費者契約の成立および効力に関しその強行規定の定める事項については、その強行規定をも適用する。」と規定し、また、同条第 2 項が、「消費者契約の成立および効力について第七条の規定による選択がないときは、第八条の規定にか

かわらず、当該消費者契約の成立および効力は、消費者の常居所地法による。」と規定して、消費者保護のための抵触規則の強行性を定めている。他方、後者についても、同法第12条が、「労働契約の成立および効力について……適用すべき法が当該労働契約に最も密接な関係がある地の法以外の法である場合であっても、労働者が当該労働契約に最も密接な関係がある地の法中の特定の強行規定を適用すべき旨の意思を使用者に対し表示したときは、当該労働契約の成立および効力に関しその強行規定の定める事項については、その強行規定をも適用する。」と規定し、また、同条第2項が、「……当該労働契約において労務を提供すべき地の法……を当該労働契約に最も密接な関係がある地の法と推定する。」と規定して、労働者保護のための抵触規則の強行性を定めている。これらの諸規定は、1980年の「契約債務の準拠法に関するEC条約」(いわゆるローマ条約) に倣ったものであり[53]、1978年のオーストリア国際私法第41条（消費者契約）および第44条（労働契約）や1986年のドイツ国際私法第29条（消費者契約）および第30条（労働契約）の諸規定を始めとして、多くの立法例中に同様の規定を見ることができる[54]。

　以上における若干の考察の結果、国際私法の強行性にせよ、その任意性にせよ、絶対的なそれは、いずれも訴訟当事者の実体的利益および手続的利益の平衡を崩すこととなることは明らかである。そして、本節が目的とした国際私法の任意的適用性の決定基準の明確化について、ひとまず、次のように、それを設定することはできないであろうか。すなわち、渉外人事ないし身分関係事件については、抵触法的処理は職権をもって行われなければならず、従って、国際私法は強行性を有する。一方、渉外財産関係事件については、私的自治の原則による支配が及ぶ範疇に属すものとして、抵触法的処理を経由しないことが当事者の一致した意思であるならば、国際私法の任意性が根拠を有することとなる。しかし、国家ないし社会公益に関わる渉外財産関係事件については、渉外人事ないし身分関係事件と同様に、抵触法的処理は強行性を有するものでなければならない。ここにおいて、一体、何が国家ないし社会公益の概念を構成するものであるかが問題である。それとして、労働者保護や消費者保護等の弱

---

[53]　岡本善八＝長田真理「契約債務の準拠法に関するEC条約」辞典212頁以下参照。
[54]　総覧75頁以下、250頁以下等参照。

第5節　若干の考察

者保護のように、公権力が私法関係に介入し、私法関係における正義、または、私法関係の社会化ないし公法化により、私的自治の原則が修正されている領域における財産関係事件においては、国際私法の任意性は認められるべきではない。また、財産的法律関係であっても、対世的効力の絶対性が支配している物権的法律関係についても、その公序性が高いことから、私的自治の範疇から除外されるべきであろう。

　なお、付言すれば、国際私法の任意性の重要な根拠とされる準拠法選定における当事者自治は、渉外私法関係の抵触法的処理を必要としない国際私法の任意性とは次元を異にしている。確かに、当事者自治により、当事者は法廷地法を選択することも可能であり、それにより、あたかも、抵触法的処理を行っていないと同様の結果を導くことができるが、しかし、それはあくまでも抵触法的処理が行われた結果であり、国際私法の適用を任意的であるとして、端から、抵触法的処理を行わず、国内的法律関係を処理する場合と同様に処理することとは全く別のアプローチである。従って、渉外身分関係事件における国際私法の任意性が許容されないのに対して、比較立法上、渉外離婚事件や渉外相続事件における当事者自治が許容されることは決して矛盾するものでない。両者は相異なる理論的構成に立脚しているものであることが認識されなければならない。さらに、準拠外国法の内容の証明において、それを法律として職権探知事項であるとするか、それを事実として当事者主義に拠らしめ、結果として、法廷地法と同一の内容を有するものと認定するかという問題においても、私的自治が働く余地があり、その場合においても、上述のように、渉外家事事件と渉外財産事件とは区別されて考察されるべきである[55]。しかし、これもまた、国際私法の任意性の問題とは次元を異にするものであることは、改めて指摘するまでもないであろう。

　いずれにせよ、外国法の適用を制限しようとする上述の見解に共通していることが、決して、安直な外国排斥主義に基づくものではないということが看過されてはならない。元来、異なる政治的、社会的な価値基準を有する外国法の適用が、法廷地国の裁判官にとって極めて困難であるとか、さらには、不可能

---

[55] 拙稿「渉外家事事件における外国法の性質」東洋法学53巻3号343頁以下。

第1章　国際私法の適用における私的自治

なことであるという後退した観点に重点が置かれているのではなく、むしろ、積極的に、訴訟当事者の利益の保護のために、私的自治の原則を根拠として、私的紛争をいかに処理することが最も有利であるかということを優先して考慮しようとするのが、国際私法の任意的適用性を主張する立場からの提案である[56]。国際私法の強行性を制限すべきとする見解を一蹴することができない理由は、正にそこに存している。

---

[56] ノイハウス（桑田訳）・前掲（注33）147頁参照。

第 2 章　準拠法の選定における私的自治

第 1 節　はじめに

　国際私法が規律する渉外私法関係は、大別して、渉外財産法関係と渉外家族法関係とに二分することができる。このような区分は、民事法関係における財産的法律関係と身分的（家族的）法律関係との区分に相応するものであり、それが、抵触法上においても反映された結果である。また、同時に、抵触規定の連結部分における連結規則の相違とも相応するものである。すなわち、前者の法律関係の場合においては、契約準拠法の選定についての当事者自治の立場、契約外債務準拠法についての行為地法主義もしくは法廷地法主義、物権準拠法についての目的物の所在地法主義が、比較立法上、主要な立場として採用されてきた。それに対して、後者の法律関係については、伝統的に属人法が支配し、そして、その決定基準として国籍主義と住所主義とが長い間にわたって争われてきた。近時、属人法における常居所主義の採用が諸国の国際私法立法における趨勢となっているとはいえ、いずれにしても、属人法主義による支配が伝統的に行われており、現在も、その立場は基本的に変わっていない。その代表的な一例が1804 年のフランス民法典第 3 条第 3 項である。同項は、「人の身分および能力に関する法律は、フランス人が外国に在っても、その者を規律する。」と定めており[57]、その立場は、渉外身分法関係および渉外人事法関係についての抵触規則として、現在も、属人法事項の準拠法に関する規則の象徴的な存在となっている。フランス以外の諸国についても、例えば、日本の国際私法においては、平成元年の「法例の一部を改正するための法律」（平成元年法律第 27 号）によって改正された法例（以下、「改正法例」とする）第 13 条以下（「法適用通則法」第 24 条以下）の諸規定は、やはり、家族法（婚姻法および親子法）に限定されたものである。その後、平成 18 年に改正法例が改正さ

---

[57]　総覧 339 頁。

れて、現行「法の適用に関する通則法」と改称されたが、その際の改正は、契約債権および法定債権を中心とする財産法に関するものである。このような日本国際私法の改正の経緯からも知られるように、渉外財産法関係と渉外家族法関係とは、その規律における原理を異にするものであり、前者については属地法主義、後者については属人法主義が支配しているという認識が一般的である。もとより、民法上においても、財産法と家族法との指導的理念は相違すると考えられているが、そのような相違は、上述のように、民法についてのみならず、国際私法についても同様に指摘することができる。

契約準拠法における当事者自治の原則、すなわち、当事者の意思という主観的連結点を準拠法の選定における決定基準とする立場は、伝統的には、契約の分野において発展し、原則とされてきた。今日、それは契約の分野に止まらず、その支配領域を拡大する傾向が見られ、例えば、不法行為[58]、物権法関係[59]、夫婦財産制や相続等の家族法関係[60]に及んでいる。当事者自治の拡大要因は、不法行為が契約と同じく債権法関係であり、また、物権についても、とくに約定担保物権が被担保債権の根拠となる契約と一体関係にあるからである。また、同様に、夫婦財産制および相続という法律関係も、財産的側面の強い法律関係であることがその理由である。しかし、それらの法律関係は、基本的には家族法の分野に属する法律関係である。従って、契約等の財産法関係とは異なる理念が支配しており、当事者自治の導入においても異なる理念が存在していると考えられる。家族法への当事者自治の導入の理念を明らかにするために、以下において、当事者自治が導入されているハーグ国際私法条約、および、取り分け、最近の諸国国際私法立法例を概観することとしたい。ここにおいて取り上げるのは、財産法関係として、契約、不法行為、物権、信託、仲裁、また、家族法関係として、婚姻の身分的効果、夫婦財産制、離婚、離婚後

---

[58] 例えば、中野俊一郎「不法行為準拠法と当事者の意思」争点140頁。

[59] 例えば、笠原俊宏「物権準拠法と当事者の意思」争点108頁以下。

[60] 当事者自治が、沿革的に、フランスのデュムーラン（Dumoulin）により、まず、夫婦財産制の準拠法の決定について提唱されたことについては、溜池良夫「選択的連結・任意的連結」争点63頁、さらに、野村美明「夫婦財産制と当事者による準拠法の指定」同書165頁以下参照。また、相続については、例えば、木棚照一『国際相続法の研究』（有斐閣、1995年）とくに27頁以下、松岡博『国際家族法の理論』（大阪大学出版会、2002年）152頁以下参照。

扶養、相続、氏名である。

第2節　各個私法関係における当事者自治

第1款　財産関係

(1) 契約

　契約については、諸国国際私法は当事者自治を原則としている[61]。法適用通則法第7条もその立場を採用している。平成元年における改正前の法例（以下、「改正前法例」とする）第7条第1項も、同様に、当事者自治の原則を採用していたが、当事者が準拠法を選択しなかったときは、行為地法（契約締結地法）を補充法としていた（改正前法例第7条第2項）。それに対して、法適用通則法第8条第1項は、そのような場合に、契約と最も密接な関係がある地の法によるべきことを規定している。それと同時に、法適用通則法第11条第1項は、消費者契約について、消費者保護のために消費者の常居所地法上の強行規定をも適用することを規定している。同様に、法適用通則法第12条第1項が、労働契約に最も密接な関係がある地の法（労務提供地法）上の強行規定をも適用することを定めている。このような立場は、平成18年（2006年）以前において、すでに、多くの諸国が採用していた立場である。1990年代以降に限ってみても、例えば、1991年のカナダ・ケベック民法典第3111条第1項が、「行為において明示的に指定された法律」によって規律されることを定める一方、同第3117条が消費者契約について、消費者の居所地法上の強行規定の優先的適用を定めており、また、同第3118条が労働契約について、労働者の平常的労務提供地法上の強行規定の優先的適用を定めている[62]。1996年のリヒテンシュタイン「国際私法に関する法律」第39条第1項は当事者自治の原則を規定しているが、消費者契約に関する同第45条第3項が、「消費者契約における濫用条項によって消費者の保護を減少させる法選択は顧慮されない。」と定めており、また、労働契約に関する第48条第3項但書が、平常労務提供地法上の強行規定との関連において、「明白な法選択も、それが労務者の不利

---

[61] 1980年代以前の諸国立法例については、総覧に詳細である。
[62] 笠原俊宏「ケベック民法典中の国際私法規定について」東洋法学42巻2号121頁以下参照。

第 2 章　準拠法の選定における私的自治

に行われている場合においては顧慮されない。」と定めている[63]。労働者および消費者の権利保護のための規定としては、1999 年のスロベニア「国際私法および手続に関する法律」第 19 条第 1 項が当事者自治の原則を定めながら、労働契約に関する第 21 条第 1 項ないし第 4 項、および、消費者契約に関する第 22 条第 1 項ないし第 5 項において、労働者および消費者の権利保護のため、強行規定の特別連結理論を明言している 1980 年の「契約債務の準拠法に関する EC 条約」（いわゆるローマ条約）に倣っており、その限りにおいて、当事者自治は制限されている[64]。同条約による全面的な規律を明文規定によって定めているのが、1995 年のイタリア「国際私法体系の改正に関する法律」第 57 条[65]、2004 年のベルギー国際私法典第 98 条第 1 項[66] である。また、環境の侵害に由来する義務について、被害者に対し、2005 年ブルガリア「国際私法に関する法典」第 93 条は当事者自治の原則を定めているが、消費者に関する同第 95 条が消費者の常居所地法上の強行規定の優先的適用について、また、労働契約に関する同第 96 条が、法選択がなければ適用されるべきであった法上の強行規定の優先的適用について定めている[67]。2007 年のトルコ「国際私法および国際民事手続法に関する法律」も、その第 24 条において当事者自治の原則を規定しながら、その第 26 条が消費者契約における消費者保護、および、その第 27 条が労働契約における労働者保護のためのそれらの者の常居所地法上の強行規定の優先的適用を定めている[68]。

　2000 年のリトアニア共和国民法典第 1 条の 37 第 1 項は、当事者自治の原則を規定しているが、同第 3 項は、「契約当事者が契約の準拠外国法を選択したという事情は、契約当事者の合意に替えられるべきではないとか、又は、契約当事者が放棄することができないリトアニア共和国又は他の諸国の強行法規の

---

[63]　笠原俊宏「リヒテンシュタイン国際私法の法典化とその特質」東洋法学 41 巻 2 号 315 頁以下、小島華子「国際私法に関するリヒテンシュタインの新法について―1997 年施行の 2 法典」法学新報 105 巻 1 号 129 頁以下参照。
[64]　笠原俊宏「スロベニア国際私法の法典化について」東洋法学 48 巻 2 号 257 頁以下参照。
[65]　笠原俊宏「イタリア国際私法の改正とその特質について」比較法 34 号 105 頁以下参照。
[66]　笠原俊宏「ベルギー国際私法典（2004 年）の邦訳と解説（上）、（下）」戸籍時報 593 号 20 頁以下、594 号 57 頁以下参照。
[67]　笠原俊宏「ブルガリア国際私法の法典化について」東洋法学 54 巻 1 号 187 頁以下参照。
[68]　笠原俊宏「トルコ国際私法の改正について」東洋法学 53 巻 3 号 233 頁以下参照。

第 2 節　各個私法関係における当事者自治

不適用のための理由とはならない。」と定めている[69]。この規定は、契約類型にかかわらず、契約と密接な関連性を有する国の強行法規が当事者自治の原則に優先することを定めるものである。それと同時に、消費者契約に関する第 1 条の 39 第 2 項は消費者の常居所地法が定める消費者の権利の保護を定めている。また、2001 年のロシア民法典第三部中の新しい諸規定も同様である。新立法第 1210 条第 1 項が当事者自治を原則として定めているが、同条第 5 項は、「準拠法の選択当時における事情の全体から、契約が現にいずれか一つの国と関連性を有することになるときは、契約当事者による他のいずれかの国の法の選択は、契約が現に関連性を有する国の強行法規を侵害しない。」と規定して、契約類型にかかわらず、契約と密接な関連性を有する国の強行法規が当事者自治の原則に優先することを定めている。これは、独立国家共同体構成諸国における民法典モデルにも、また、それを踏襲したベラルーシ、ウズベキスタン、カザフスタンの民法典にも存在しない規定である。その規定のほか、消費者契約に関する第 1212 条においては、消費者保護について重ねて当事者自治を制限しており、弱者利益の保護が顧慮されている[70]。それに対して、1998 年のチュニジア「国際私法典の公布に関する法律」は、その第 62 条において当事者自治の原則を規定しているが、弱者利益の保護の観点からの規定は労働契約に限られている。すなわち、その第 67 条は、労働契約について、平常的労務提供地法の適用の優先を定めている[71]。なお、1994 年のエストニア「民法典の一般原則に関する法律」第 141 条第 1 項は、同様に、当事者自治を原則としながら、消費者契約に関する同第 160 条第 2 項が顧慮する消費者保護はエストニア消費者保護法上のそれに限定されている[72]。

　強行規定一般との関連において、当事者自治を制限しているのが、2000 年

---

[69]　笠原俊宏「リトアニア国際私法の改正について―新旧立法の比較―」東洋法学第 52 巻第 2 号 211 頁以下参照。
[70]　笠原俊宏「ロシア連邦民法典第三部中の国際私法規定について」東洋法学 46 巻 1 号 69 頁以下参照。なお、労働者保護および消費者保護の規定は、2013 年の改正後も同様である。同「ロシア連邦国際私法の改正 (2013 年) の解説 (上)」戸籍時報 720 号 8 頁以下参照。
[71]　笠原俊宏「チュニジア国際私法の法典化について」東洋法学 44 巻 2 号 79 頁以下参照。
[72]　笠原俊宏「外国国際私法立法に関する研究ノート (6) ―エストニアの国際私法規定 (1994 年) ―」大阪国際大学紀要国際研究論叢 11 巻 4 号 87 頁以下参照。

第2章　準拠法の選定における私的自治

のアゼルバイジャン共和国「国際私法に関する法律」第24条第4項である。同項は、「強行規定の不適用を許容する法の選択は無効とする。」と定めて、消費者および労働者の常居所地法上の強行規定の優先に制限することなく、広く、強行規定の当事者自治に対する優位を明らかにしている[73]。

以上に対して、別の観点から当事者自治を制限しているのが1991年のアメリカ・ルイジアナ民法典第3540条である。同条は、当事者によって選択された法律の適用条件として、それが帰属する州（国家）の公共の政策に反しないことを定めている[74]。

(2) 不法行為

一般不法行為について、改正法例第11条第1項における不法行為地法（原因事実発生地法）主義の立場は、法適用通則法第17条において、結果発生地法主義の立場へ改正され、被害者保護の観点がより明確に定められている。さらに、法適用通則法第21条は、不法行為の当事者が、不法行為後、不法行為の準拠法を変更することができることを定めている。その限りにおいて、同条は、不法行為の準拠法の決定について当事者自治を認めている。それに対して、原因事実発生地と結果発生地とが異なる場合おいて、被害者にいずれかの地の法の選択という制限的当事者自治を認めているのが、1998年のベネズエラ・ボリバル共和国「国際私法に関する法律」第32条[75]、前出エストニア法第164条第3項、前出イタリア法第62条第1項、前出チュニジア法第70条、前出リトアニア法第1条の43第1項である。

また、法適用通則法第20条は、不法行為の当時において、当事者が法を同じくする地に常居所を有する場合、当該地の法の適用を定めている。それに対して、前出エストニア法第165条第1項は、当事者が同国に共通住所を有する場合には、被害者の要求により、同国法の適用を認めている。これは、被害者の保護の観点からの制限的当事者自治の立場である。

次に、特別不法行為類型の一つとして、製造物責任に関する規定において、

---

[73] 笠原俊宏「アゼルバイジャン共和国の国際私法立法―『国際私法に関する法律』および『家族法典』中の国際私法規定―」東洋法学51巻2号67頁以下参照。

[74] 笠原俊宏「ルイジアナ民法典中の国際私法規定について」東洋法学43巻1号95頁以下参照。

[75] 笠原俊宏「ベネズエラ・ボリバル共和国国際私法の解説(上)、(下)」戸籍時報665号35頁以下、667号17頁以下参照。

被害者の選択により、一定の法の中から準拠法の選択、すなわち、制限的当事者自治を認めているのが、前出イタリア法第 63 条、前出チュニジア法第 72 条、前出トルコ法 36 条である。また、より広く、製造物、労働、サービスの給付からの損害賠償請求に関する特別規定において、消費者の保護のために、消費者に対して、制限的当事者自治を認める立法例としては、1997 年のウズベキスタン共和国民法典第 2 編第 1195 条[76]、1998 年のキルギスタン共和国民法典第 2 編第 1204 条[77]、1999 年のカザフスタン共和国民法典特別編第 1118 条[78]、前出ロシア法第 1221 条、前出アゼルバイジャン法第 26 条、前出エストニア法第 166 条等を挙げることができる。

また、いま一つの特別不法行為類型として、人格権の侵害からの損害賠償に関する特別規定において、被害者の保護のために、被害者に対して、制限的当事者自治を認める立法例としては、前出ベルギー法第 99 条第 2 項第 1 号、前出リトアニア法第 1 条の 45 第 1 項、前出ブルガリア法第 108 条第 1 項、前出トルコ法第 35 条第 1 項がある。

そして、さらに一つの新しい特別不法行為類型として、道路交通事故について、当事者に対して制限的当事者自治を認めているのが、前出ベルギー法第 101 条であり、また、環境の侵害に由来する義務について、被害者に対してそれを認めているのが、前出ブルガリア法第 109 条である。

最後に、ドイツ法およびオランダ法における関連規定について言及して、不法行為に関する当事者自治の締めくくりとしたい。前者は、民法施行法へ追加された諸規定（1999 年 5 月 21 日法律）であり、一方、後者は、不法行為に関する単独立法（2001 年 4 月 11 日法律）である。まず、上記ドイツ法についていえば、契約外債務に関する第 38 条ないし第 42 条の諸規定の中の第 40 条が、不法行為地法主義のもとに、加害者の行動地をもって不法行為地とすることを原則としている（第 40 条第 1 項第 1 文参照）。しかし、行動地が結果発生地と異なる場合には、被害者は後者の国の法の適用を要求することができる（同項

---

[76] 笠原俊宏「中央アジア諸国の国際私法立法に関する研究ノート―カザフスタンおよびウズベキスタンを中心として―」東洋法学 45 巻 1 号 77 頁以下参照。

[77] 笠原俊宏「キルギスタン共和国民法典（1998 年）中の国際私法規定」東洋法学 51 巻 1 号 235 頁以下参照。

[78] 笠原俊宏「カザフスタンの新しい国際私法」東洋法学 46 巻 2 号 97 頁以下参照。

第2文参照）。これは行動地と結果発生地のいずれかを不法行為地と認めるいわゆる「偏在理論」に立つ立場であり、ドイツ判例において見られていたものである[79]。当事者自治の導入が強く提唱された理由は、被害者保護のために連結の多元化を図ろうとするところにあるが、そのような立場は被害者を一方的に保護するものであるという批判も見られた[80]。以上の原則に対する例外として、次の3つの場合が規定されている。その一つは、加害者と被害者が、行為の当時、同一国に常居所を有する場合であり、当該国法が適用されなければならない（第40条第2項第1文参照）。いま一つの例外は、以上のようにして選定された法よりも、「本質的により密接な関連性」を有する法が存在する場合には同法が適用されなければならない（第41条第1項参照）。さらに、当事者の合意による準拠法の選択が、第三者の権利を侵害しない範囲において認められている（第42条参照）。それらの規定に従い、適用の優先順位について整理すれば、第1に当事者が選択した法、第2が最も（ないしは本質的により）密接な関係がある法、第3に当事者の同一常居所地法、そして、最後に、不法行為地法であり、行動地と結果発生地とが異なるときは、それらの中、当事者が選択した法、という順位である。結局、当事者自治が最優先されているということになる。ただし、被害者による行動地法と結果発生地法からの選択については、その立法趣旨は被害者の保護であり、当事者自治とは性質を異にするという指摘があるが[81]、その指摘には疑問が残る。これにより、「第三者の権利を害さないことを条件として、当事者による事後的な法選択の合意を認める」というドイツ判例・学説において認められていた立場が明文化された。なお、いずれかの外国法が準拠法となった場合の特別公序として、次に掲げる3つの場合には当該外国法上の請求権は認められない。その一つは、準拠外国法が過度な賠償範囲を定めている場合であり、いま一つは、同法が不適切な賠

---

[79] 佐野寛「法例における不法行為の準拠法——現状と課題」ジュリスト1143号54頁参照。なお、二法選択主義（すなわち、制限的当事者自治の立場）として、岡本善八「国際私法における法定債権」同志社法学42巻1号46頁参照。

[80] 国友明彦「契約外債務に関するドイツ国際私法の改正準備(2)」大阪市立大学法学雑誌38巻2号237頁参照。その後の展開については、注釈第1巻433頁（西谷祐子）、481頁（出口耕自）参照。

[81] 佐野・前掲（注79）55頁参照。

償目的を有する場合であり、そして、さらなる一つは、同法がドイツの批准した国際条約と相容れない場合である（第40条第3項参照）。従って、ドイツに有効な条約が存在する場合には、最優先されるべきは国際条約であり、また、特別公序規定の存在により、準拠法の選定における当事者自治が認めながらも、重要な点においてドイツ法が基準となっており、当事者自治の原則に対する法廷地法主義の介入が許されている[82]。

そして、オランダ不法行為抵触法第6条第1項は、当事者が準拠法を選択したとき、第3条（一般不法行為の準拠法）、第4条（不正競争の準拠法）、第5条（密接関連法）の諸規定にかかわらず、選択された法が最優先して適用されることを定めている。これは、スイス法、オーストリア法、ドイツ法に続くものである[83]。もっとも、下級裁判所判決および学説においては、実質不法行為法における処分の自由の考え方を受けて、従前から準拠法選択の自由が認められていた。従って、ここにおける当事者自治は、不法行為抵触法第6条によって新たに導入された規則ではないという指摘もある[84]。ただし、準拠法の選択は明示的に行われるか、または、相当な確実性をもって表明されなければならない（第6条第2項参照）。

(3) 物権

物権に関する当事者自治を導入している諸国立法例としては、次のような諸規定が挙げられる。まず、動産の物権の準拠法について、制限的ながら、当事者自治を定めているのが前出リトアニア民法典第1条の49第1項であり、また、担保設定の準拠法についてそれを定めているのが同第1条の51である。次に、運送中の物の物権に限られるが、客観的連結を原則として、それに対する主観的連結の例外を認めているのが、1974年のスペイン民法典第10条第1項第3段である[85]。逆に、主観的連結を原則として、補充的に客観的連結の

---

[82] 笠原・前掲（注36）187頁以下。
[83] 中野・前掲（注58）140頁参照。
[84] Katharina Boele-Woelki/Carla Joustra/Gert Steenhoff, Dutch private international law at the end of the 20th century: Progress or regress?, in: Symeonides (ed.), Private international law at the end of the 20th century: Progress or regress?, 2000, p. 311 et seq. さらに、笠原俊宏「オランダ国際不法行為に関する研究ノート―不法行為抵触法を中心として―」東洋法学47巻2号114頁参照。

第 2 章　準拠法の選定における私的自治

規則を定めているのが、モンゴル民法典第547条第1項である。同項においては、物権（所有権）について、目的物の所在地主義が原則とされながら、同条第4項および第5項が当事者による準拠法の選択を相当広く認めており、さらに、物権の保護について制限的当事者自治を定めているのが同第6項、および、前出ウズベキスタン民法典第1188条第1項、前出キルギスタン民法典第1197条第1項、前出カザフスタン民法典第1111条第1項等の独立国家共同体構成国の立法例である[86]。

　物権の準拠法に関する問題は、従来から、ドイツ国際物権法上において活発に論議されてきた問題である[87]。その主要な論点は、やはり、その分野への当事者自治の導入の可否に関する。しかし、論議の結果、ドイツ国際私法上、物権については、そのような明文規定は置かれることはなかった。しかし、同法第45条第2項は、輸送手段に対する法定担保物権の準拠法について、「その成立は担保されるべき債権の準拠法に服する。」として、法定担保物権が原因債権の準拠法に従うべきことを定めている。原因債権について当事者自治が許されている限り、法定担保物権についても間接的にその作用が及ぶことになる。担保物権の準拠法と被担保債権のそれとの一致の要請が物権準拠法一般における当事者自治の導入の重要な論拠となっており、物権への当事者自治の導入の可能性を示唆している。兼ねてより、物権における目的物所在地法主義については、契約や不法行為ほどには、一般的に、立法論的妥当性が疑われていないとも指摘されてきた[88]。いみじくも、当事者間の合意のみをもって問題を決着することができる債権問題と、対世的効力の強さのため、目的物の所在

---

[85]　笠原俊宏「スペイン民法典中の国際私法規定（1974年）」法学新報84巻7・8・9号234頁以下参照。

[86]　以上については、笠原俊宏「オランダ物権抵触法に関する研究ノート—国際物権法に関する若干の考察—」大東ロージャーナル6号63頁以下参照。因みに、オランダ物権抵触法上、当事者自治は、所有権留保の物権的効力について、第3条第2項が規定している。なお、モンゴル国際私法については、笠原俊宏「モンゴル民法典中の国際私法規定（2002年）」東洋法学48巻1号69頁以下参照。

[87]　例えば、岡本善八「国際私法における動産物権」同志社法学40巻6号16頁以下、楢﨑みどり「ドイツ国際物権法における"当事者自治"の構成について(1)、(2)」法学新報100巻7・8号181頁以下、9・10号167頁以下参照。

[88]　松岡博『国際私法における法選択規則構造論』（有斐閣、1990年）248頁参照。

地法主義によって第三者の利害関係も考慮しなければならない物権問題との間には、本質的な相違が存在することがドイツ国際私法をめぐる論議において示されている[89]。

物権に関する新しい類型の法律問題として、文化遺産の返還請求権に関する問題がある。それについて、返還請求権を行使する国家の選択によることを定めているのが、前出ベルギー法第90条第1項である。

(4) 信託

信託に関する準拠法の選定については、設定者の準拠法選択を認めるベルギー法第124条第1項が見られるほか、2010年の「中華人民共和国渉外民事関係法律適用法」第17条前段も当事者自治の原則を採用している。同国においては、「中華人民共和国信託法」が、契約にせよ、遺言にせよ、書面による形式に従うべきことを規定しており、同条における「信託」という包括的な指定概念中には、各種の信託の成立、および、信託の成立の効力としての信託当事者（委託者および受託者）の権利義務等、あらゆる問題が含まれる[90]。当事者による準拠法の選択がない場合には、民事関係法律適用法第17条後段は、信託財産の所在地または信託関係の発生地のいずれかの法律をもって補充することを規定している。これら両者の法の適用における序列は定められていない。英米法系諸国の法律が密接関連性の原則に基づいて準拠法を決定するのに対して、中国法が信託財産の所在地法または信託関係の発生地法を援用したのは、信託財産の物的性質に着目して、物の所在地法の適用という物権の法則に依拠したからであり、信託は物権の属性を有するという認識が前提となっている。他方、信託関係へその発生地法を適用することは、実際には、契約の締結地法を適用することであり、それも契約の準拠法の補充における一般原則であり、信託契約の属性の当然の帰結である[91]。中国は、1984年の「信託の準拠法および承認に関するハーグ条約」を批准していないが、上記のように、信託

---

[89] 笠原・前掲（注36）196頁以下参照。
[90] 黄進＝姜茹嬌主編『中華人民共和国渉外民事関係法律適用法・解釈與分析』（法律出版社、2011年）88頁参照。さらに、笠原俊宏「中華人民共和国の新しい国際私法『渉外民事関係法律適用法』の解説(5)」戸籍時報672号49頁以下参照。
[91] 斉湘泉『渉外民事関係法律適用法・原理與精要』（法律出版社、2011年）176頁参照。さらに、笠原・前掲（注90）50頁参照。

関係を一つの契約関係と見做し、当事者自治の原則をもって規律し、当事者が選択した法律を適用するという立場がとられている点を見る限り、当該条約を参考としていることは明らかである[92]。

前出カナダ・ケベック民法典第3107条第1項も、信託の準拠法の選定について、中国法と同様に、原則として当事者自治を認めている。しかし、同条は、中国法と異なり、当事者による準拠法の選択がない場合について、信託と最も密接な関係を有する法を準拠法とすることを定めている。そして、それを確定するための判断基準として、同条第3項が、最も密接な関係を有する法として、信託が管理される場所、財産の所在、受託者の居所または営業所、信託の終局的目的、および、その実行場所を考慮して決定すべきことを規定しており、英米法系の立場を表明している[93]。

(5) 仲裁

仲裁協議の準拠法については、前出中華人民共和国「渉外民事関係法律適用法」第18条前段が当事者自治の原則に依拠することを明らかにしている。そして、同条後段は、当事者による準拠法の選択が行われないとき、仲裁機構の所在地法または仲裁地法の適用の立場を定めている[94]。これらの規定から、仲裁協議の性質が契約と見做されていることが知られる[95]。当事者による準拠法の選択がない場合における補充法の決定について、当事者、仲裁機構、裁判所のいずれが行うかに関する規定はない。しかし、2006年の「最高人民法院の『中華人民共和国仲裁法』の適用に関する若干問題の解釈」第16条が、その点につき、「渉外仲裁協議の効力に関する審査につき、当事者が約定した法律を使用し、当事者が適用する法律を約定せず、仲裁地のみを約定したときは、仲裁地の法律を適用する。適用する法律を約定せず、また、仲裁地を約定しないか、または、仲裁地の約定が不明な場合には、法廷地法を適用する。」とする司法解釈を規定している[96]。

---

[92] 杜涛『渉外民事関係法律適用法評釈』（中国法制出版社、2011年）180頁参照。さらに、笠原・前掲（注90）50頁参照。
[93] 笠原・前掲（注62）149頁参照。
[94] 笠原・前掲（注90）50頁以下参照。
[95] 斉・前掲書（注91）181頁、笠原・前掲（注90）50頁以下参照。
[96] 杜・前掲書（注92）183頁以下、笠原・前掲（注90）51頁参照。

第2款　身分関係

(1) 婚姻の身分的効力

　婚姻の身分的効力の準拠法の選定において当事者自治の立場を導入した規定が、まず、段階的連結の規則を有する前出ドイツ法第14条に見られる。同条は、婚姻の身分的効力について、夫婦の共通本国法により、それがないときは、夫婦の共通常居所地法により、それもないときは、夫婦が共に最も密接な関係を有する国の法によるとする規則である（同条第1項）。しかし、同条は、それと同時に、最密接関連法によるべき場合にも、夫婦がその一方の本国法を選択することを認めており（第2項）、また、異なる国籍を有する夫婦が同一国に常居所を有する場合にも、夫婦のいずれも同国の国籍を有しないときは、同様の選択を認めている（第3項）。夫婦によるこのような選択により、第14条第1項第3号が根拠を置く密接関連法の探求・適用に伴う不確実性・予見不可能性を避けることができる。また、夫婦の共通常居所地法が婚姻の効力の所在として余り意味がないときは、同法の適用が排除され、夫婦のいずれか一方の本国法の適用が可能とされている。しかし、その場合の当事者自治も、夫婦が共通国籍を事後に取得したときは、法選択の効力は終了し（第14条第3項参照）、選択が実行される場合においては、夫婦の一方の本国法に対してしか実行されることはできず、その住所地法に対しても、常居所地法に対しても実行されることはできないという限界がある。

　また、婚姻の身分的効力の準拠法の選定における当事者自治の立場は、スペイン民法典第9条第2項に見ることができる。その規定は、1990年5月13日の「性別による不差別の原則の適用における民法典の改正に関する法律」によって新たに導入されたものである。同項本文は、婚姻の身分的効力につき、夫婦の婚姻当時の属人法（共通本国法）によることを本則として、また、但書は、その法がないとき、夫婦のいずれかの属人法（本国法）または常居所地法を選択することができるとする補則を定めている。そして、その選択がないときは、婚姻挙行直後の共通常居所地法、それもないときは、婚姻挙行地法によるとする段階的連結の規則である[97]。これは、両性平等の原則を基本とするが、それを貫くことができない場合には、制限的とはいえ、かなり自由な当事

47

者自治を認める立場である。

以上におけるドイツ法およびスペイン法について、当事者自治との関連においていえば、ドイツ法第14条第2項および第3項が定める当事者自治が果たす役割は、柔軟で不確実な連結を補正するものであり、また、スペイン法第9条第2項の規定の場合には、夫婦の希望と一致しない不十分な所在（場所付け）を調整するものである[98]。

(2) 夫婦財産制

諸国の国際私法立法において、制限的ながら、家族法関係として当事者自治が最も早く導入され、また、その立場が一般化しているのが夫婦財産制についてである。日本国際私法上、改正法例第15条第1項（法適用通則法第26条第2項）においても例外ではない。比較法上、夫婦財産制の性質を契約と見るか、それとも、婚姻の効果と見るかの相違はあるが、いずれにしても、当該法律関係の準拠法の決定において、同様に、当事者の意思が原則的連結素であり、客観的連結素が補充的である[99]。先導的役割を果たしている1978年3月14日の「夫婦財産制の準拠法に関するハーグ条約」（以下、「ハーグ夫婦財産制条約」とする）第3条は、まず、夫婦はそのいずれか一方の本国法か、住所地法か、常居所地法を選択することを認めており、明示の選択がない場合には、3つの連結素の中の一つに基づく連結規則により、準拠法が決定される。フランスのシャルル・デユムーラン（Charles Dumoulin）の見解に忠実なフランス判例は、より広く当事者自治の立場に立脚しており、当事者意思が不明瞭な場合であっても、当事者意思の探求を提唱している[100]。しかし、フランスにおいては、伝統的に、当事者の利害関係の所在（場所付け）が当事者意思に適うとして、夫婦の住所の所在（場所付け）が最も多く考慮されてきたが、そ

---

[97] 笠原俊宏「外国国際私法立法に関する研究ノート(9)―スペイン民法典中の国際私法規定の改正（1990年）」大阪国際大学紀要国際研究論叢14巻2号47頁以下参照。

[98] 笠原・前掲（注97）62頁参照。

[99] Pièrre Gannagé, La pénétration de l'autonomie de la volonté dans le droit international privé de la famille, *Rev. crit. d. i. p.* 1992, p.441 et suiv.

[100] デュムーランの見解によれば、契約財産制の効力は夫婦の明示意思から得られるが、法定財産制もまた、夫婦の黙示意思の所産たる暗黙の契約財産制である。この黙示意思は、常に婚姻住所地法に従うというものたるべく、しかも、夫婦の意思は属人法である。丸岡松雄「デュムーラン」辞典632頁参照。

の地の法は、必ずしも直接的に当事者の意思から派生するものとはされていない[101]。1978 年 4 月 5 日のフランス破棄院民事部判決[102]および 1984 年 1 月 24 日の同判決[103]がその立場をとっている。それに対して、ハーグ夫婦財産制条約は、より明確に当事者意思を客観的連結素から峻別したうえで、それを優先し、それが存在しない場合には客観的連結によることとして、諸国における解決の統一を図っている[104]。

夫婦財産制について、主観的連結を本則とし、そして、客観的連結を補則とするハーグ夫婦財産制条約上の規則は、1986 年のドイツ国際私法第 15 条や前出イタリア国際私法第 30 条のように、原則的に婚姻の身分的効力の準拠法と同一の法に服せしめる立場をとる国々の国際私法立法に見ることができる。夫婦は、婚姻の身分的効力に関する客観的連結の規則とは別に、夫婦の一方の本国法または常居所地法（夫婦の一方が国籍または常居所を有する国の法律）、または、不動産に関連して、その所在地法を選択することができるとするのがその確立された規則である[105]。改正法例第 15 条第 1 項（法適用通則法第 26 条第 2 項）において採られている立場も同様である。前出リヒテンシュタイン国際私法に関する法律第 20 条第 1 項も制限的当事者自治を認めている。前出リトアニア民法典第 1 条の 28 第 2 項が許容する夫婦財産制は、約定財産制に限られている。

また、オランダ国際私法における夫婦財産制の規律については、1978 年におけるハーグ夫婦財産制条約の批准後から、1992 年の夫婦財産制抵触法が施行されるまで、1976 年 12 月 10 日のオランダ最高裁判所 Chelouche v.Vanleer 判決[106]において判示された規則が基準とされた。すなわち、夫婦による準拠法選択（当事者自治）を原則とし、それがないときは、夫婦の共通本国法により、それもないときは、婚姻後の最初の共通常居所地法により、そして、それもないとき、初めて最密接関係法によるという規則が適用されることとなる。

---

[101] Gannagé, op. cit., p.442.
[102] Bulletin civil, I, No.146.
[103] *Rev. crit. de d.i.p.* 1984, p.631, note B. Ancel.
[104] Gannagé, op. cit., p.442.
[105] Gannagé, op. cit., p.442.
[106] *Netherlands international law review*（以下、*NILR* として引用する）1977, p.474.

第2章　準拠法の選定における私的自治

しかし、1989年4月7日のオランダ最高裁判所判決[107]において、夫婦が「特別な事情の下に」婚姻している場合には、例外的に、上記と異なる法が規律するという判断が示されているが、いかなる場合がそれに該当するかは必ずしも明確ではない[108]。しかし、1992年9月1日以後における婚姻については、夫婦財産制抵触法の施行により、ハーグ夫婦財産制条約に服すべきものとされ（第1条）、また、同時に、第三者の権利等に関する規則が追加されている（第3条および第5条）。同条約のもと、夫婦は婚姻前および婚姻後に準拠法を選択することができる。但し、その範囲は夫婦のいずれか一方が国籍または常居所を有する国の法に制限されている。準拠法の明示の指定がないときは、婚姻後の最初の常居所又は共通国籍がある国の法が準拠法とされる（同条約第4条）。後者の場合には、反致の成否が考慮されなければならない。また、婚姻中は、他方が国籍または常居所を有する国の法に変更すること、すなわち、当事者自治が認められている[109]。

また、夫婦に同一の国籍も共通の住所もないとき、当事者自治を認めるのが、前出アゼルバイジャン共和国家族法第151条第2項である。これは、両性平等原則を当事者意思自治に優先させる立場である。同様に、前出ブルガリア国際私法に関する法典第79条も、夫婦の共通本国法、共通常居所地法、密接関係法によって許容されるとき（第3項参照）、夫婦による準拠法の選択を認めている（第4項参照）。

(3)　離婚

離婚について、比較的早くから当事者自治を導入している立法として、1981年のオランダの「婚姻の解消および別居についての法律抵触規則に関する法律」（いわゆるオランダ離婚抵触法）がある[110]。同法律は、その第1条第2項

---

[107]　*NILR* 1991, p.398, note De Boer.

[108]　René van Rooij/Maurice V. Polak, Private international law in the Netherlands, 1987, p.194.

[109]　笠原俊宏「オランダ国際婚姻法に関する研究ノート―婚姻の効力を中心として―」東洋法学53巻1号158頁参照。

[110]　J. P. Verheul, Dutch international divorce act, *NTIR* 1981, p.390 et seq.; A Wendels, The new Dutch private international law legislation regarding the law to be applied to international divorce and the recognition of divorces granted abroad, *NTIR* 1982, p.401 et seq. さらに、杉林信義＝笠原俊宏「オランダの国際離婚法について―1982年3月25日法を中心として―」秋田法学7号166頁以下参照。因みに、より早く、東京家庭裁判所昭和50年3月13日審判（家庭裁判月報28巻4

において「実効的国籍の理論」が表明されている点においても注目された立法である[111]。それとともに注目されたのは、離婚という身分形成に関する事項について、同条第4項が当事者自治を導入している点である。同項は、第1項において定められた共通本国法、共通常居所地法、オランダ法への段階的連結の規則にかかわらず、外国人夫婦がオランダ法を選択することを常に認めている点に特色がある[112]。同項は、一見、内国法の適用を優先する国家主義に立つと見られるが、オランダの裁判官は同国法を適用することにより、「質の高い」裁判を行うことができることになり、また、オランダ法が夫婦の住所地法とも一致する場合には、生活の本拠地の法が適されることになる[113]。もっとも、当事者による法選択に真の意味における私的自治が存在するためには、法廷地法と外国法とが対等でなければならない。しかし、オランダ法においてかような平等が確立しているのは、僅かに、同一外国国籍の夫婦がその本国と「実効的な社会的紐帯」を欠いている場合、すなわち、同条第2項において規定されている場合に限られ、その場合には、夫婦の意思が優先されていることになる[114]。前出ベルギー法第55条第2項も、夫婦の双方が請求開始の当時国籍を有する国家の法、または、ベルギー法（法廷地法）からの制限的当事者自治を認めている。また、同項における当事者自治が、離婚保護（favor divortii）の実現に寄与することは明らかである。当事者双方による離婚の同意はどのような場合にあっても離婚原因となるという考えに基づく離婚保護が、同項における当事者自治の許容と表裏一体をなしている[115]。

　また、当事者がオランダ法を選択することは、実践上、時間および経費の節約につながる。裁判官は、準拠法の決定、準拠外国法の内容の調査等から解放され、当事者がいずれの国と実効的な関連を有しているか、また、オランダ社

　　号121頁）を巡り、人際法における当事者意思について論じるのが、大村芳昭『国際家族法研究』
　　（成文堂、2015年）212頁以下である。
[111]　松岡・前掲書（注60）106頁。
[112]　Gannagé, op. cit., p.444 et suiv.
[113]　Gannagé, op. cit., p.445. なお、オランダ国際離婚法上、伝統的にオランダ法が優先的に適用されてきたことについては、杉林＝笠原・前掲（注110）175頁以下参照。
[114]　Gannagé, op. cit., p.445.
[115]　Verheul, op. cit., p.393.

会と実効的な関連を有しているかという問題に関する第1項ないし第3項に定められた諸要件の検討も不要となる[116]。これは、国際私法の強行性に関連して提起された問題と関連することはいうまでもない。

2010年の「中華人民共和国渉外民事法律適用法」第26条も、協議離婚の準拠法に関し、婚姻当事者が離婚を合意し、監督官庁の許可を経て婚姻関係を解消する離婚方式を定めて、当事者自治の原則を離婚の領域へ導入して、当事者が離婚に適用すべき準拠法を選択することを認めている。但し、離婚当事者が選択できる法については、一定の制限を設けて、それが婚姻当事者または婚姻と実際的な関連性を有する一方当事者の常居所地法または国籍国法に制限している。両者の法は同列であり、それらの間に序列はない。次に、当事者が協議離婚の準拠法を選択しなかったときは、当事者双方の共通常居所地法、それがないときは、共通国籍国法、共通常居所地も共通国籍も有しないときは、離婚手続を行う機構の所在地法を適用するという段階的連結の規則が規定されている[117]。なお、判決離婚については、同法第27条は受理裁判所所在地法（法廷地法）の適用を規定しており、当事者自治の立場はとられていない[118]。

(4) 離婚後扶養

離婚に伴う付随的問題として、離婚後扶養の準拠法の選定における当事者自治を認めているオランダ法に論及したい。1973年の「扶養義務の準拠法に関するハーグ条約」（以下、「ハーグ扶養条約」とする）第8条は、離婚後扶養の義務について、離婚に適用されたと同一の法によるべきことを定めている。同条約を批准しているオランダにおいては、それはそのまま同国国際私法上の立場でもあるが、1997年2月27日のオランダ最高裁判所判決は、同条約を適用することなく、当事者が離婚準拠法（イラン法）以外の法（オランダ法）を選択することを認めている[119]。これは、オランダ国際離婚法における離婚準拠法の選択における当事者自治を論拠として、それと同様に、離婚扶養の準拠法

---

[116] 杉林＝笠原・前掲（注110）175頁以下参照。

[117] 黃＝姜主編・前掲書（注90）134頁以下、笠原俊宏「中華人民共和国の新しい国際私法『渉外民事関係法律適用法』の解説(6)」戸籍時報673号57頁以下参照。

[118] 笠原・前掲（注117）61頁以下参照。

[119] Katharina Boele-Woelki, Artikel 8 Haager Unterhaltsübereinkommen steht einer Rechtswahl nicht entgegen, *IPRax* 1998, S.492ff.

の選択における当事者自治も認めるべきとする立場である[120]。同裁判所は、同条約第 8 条と国際離婚法とを別個に捉えて、主観的連結規則である当事者自治により、実際の離婚準拠法と異なる法を選択しても、同条約上の客観的連結の規則を変更したことにはならないと判示した。すなわち、当事者による主観的連結が行われなかったときにのみ、同条約上の客観的連結が行われるべきであるとした[121]。扶養義務について、当事者自治に関するいかなる規定も「ハーグ扶養条約」中に存在しないということは条約の目的に反するものではない、つまり、当事者自治が許される扶養契約はハーグ扶養条約の規律の範囲に入らない。1981 年のオランダ国際離婚法の下において、離婚当事者が離婚準拠法を指定することができるゆえに、それら当事者がその扶養義務の準拠法を指定する自由をも有すると考えるべきである。これがオランダ最高裁判所によって判示された内容である[122]。

第 3 款　相続関係

　国際相続法における当事者自治の傾向は、1989 年 8 月 1 日の「死因相続の準拠法に関するハーグ条約」（以下、「ハーグ相続準拠法条約」とする）に象徴的である。同条約は主観的連結を本則として（第 5 条）、客観的連結を補則としている（第 6 条）。1989 年のブルキナファソ「人事および家事の法典の制定および適用に関する法令」第 1044 条[123]、1999 年のベラルーシ民法典第 1133 条[124]、前出キルギスタン民法典第 1206 条、前出ウズベキスタン民法典第 1197 条、前出カザフスタン民法典第 1121 条、前出アゼルバイジャン国際私法に関する法律第 29 条第 1 項、そして、2001 年のフィンランド「相続法の変更に関する法律」第 6 条[125]が同様の規定を置いている。それに対して、客観的

---

[120]　Boele-Woelki/Joustra/Steenhoff, op. cit., p.304.
[121]　Ibid.
[122]　Boele-Woelki/Joustra/Steenhof, op. cit., p.303 et seq. さらに、笠原俊宏「オランダ国際家族法立法に関する研究ノート—婚姻抵触法および相続抵触法を中心として—」東洋法学 44 巻 1 号 161 頁以下、とくに 177 頁以下参照。
[123]　笠原俊宏「外国国際私法立法に関する研究ノート(3)—ブルキナファソ国際人事・家族法（1989 年）—」大阪国際大学紀要国際研究論叢 10 巻 1・2 合併号 125 頁以下参照。
[124]　笠原俊宏「外国国際私法立法に関する研究ノート(10)—ベラルーシ民法典中の国際私法規定（1989 年）—」大阪国際大学紀要国際研究論叢 14 巻 4 号 65 頁以下参照。

第 2 章　準拠法の選定における私的自治

連結を本則とし、主観的連結を補則としているのが、例えば、1987 年のスイス連邦国際私法第 90 条[126]、2001 年に改正された韓国国際私法第 49 条[127]、前出リヒテンシュタイン国際私法に関する法律第 29 条、前出イタリア法第 46 条、前出ケベック民法典第 3098 条、前出ベルギー国際私法典第 78 条および第 79 条、前出ブルガリア「国際私法に関する法典」第 89 条第 3 項等であり、益々、優勢になっている。被相続人による「法律宣言」（professio juris）は、客観的連結を排除する方法として、被相続人による死因処分（遺言）とともに併存している。主観的連結を本則として、客観的連結を補則とする立場、または、客観的連結を本則として、主観的連結を補則とする立場がそれであるが、いずれにしても、その結果は同じである。

　以上の他、漸く、内国に所在する不動産の相続についてのみ、被相続人に内国法の選択を認めているのが、1986 年のドイツ国際私法第 25 条第 2 項である。

第 4 款　氏名

　氏名の準拠法について、比較的に早くから当事者自治を導入しているのが、1989 年のオランダ氏名抵触法である。その第 3 条は、「複数の国籍を有する者は、戸籍吏に対し、その者が、本法第 1 条第 2 項または第 2 条によれば適用されないいずれかの国家の法に従って称する氏の欄外注記をその者の出生証書へ記載してもらうことを申請することができる。」と規定して、本人の意思により、本則による準拠法に服しない補充的な称氏の選択を認めている[128]。

---

[125]　笠原俊宏「フィンランド相続法典中の国際私法規定（2001 年）」東洋法学 49 巻 2 号 197 頁参照。

[126]　国際私法に関するスイス連邦法の条文については、総覧 132 頁以下参照。

[127]　大韓民国国際私法の条文については、戸籍時報編集部＝朴花淑（訳）「速報大韓民国国際私法」戸籍時報 529 号 17 頁以下参照。

[128]　笠原俊宏「外国国際私法立法に関する研究ノート(5)―オランダ氏名抵触法・フィンランド家族氏名法―」大阪国際大学紀要国際研究論叢 11 巻 4 号 97 頁参照。また、ドイツ国際私法第 10 条、スイス国際私法第 37 条における限定的な当事者自治については、注釈第 2 巻 174 頁以下（北澤安紀）参照。

第3節　密接関連性の確定における当事者意思

第1款　多数法国の概観

　密接関連性の確定において、果たして、当事者意思が決定基準として、適性を有しているか。その点について、多数法国の国民の本国法の決定の問題を素材として、以下において検討するとしたい。多数法国法の適用に関する法適用通則法第38条第3項は、「当事者が地域により法を異にする国の国籍を有する場合には、その国の規則に従い指定される法（そのような規則がない場合にあっては、当事者に最も密接な関係がある地域の法）を当事者の本国法とする。」と規定して、間接指定主義を原則としながら、補充的に直接指定がなされるべき場合について定めている。この場合には、一般的に、当事者との地域的（場所的）関連性が決定基準であると理解されているが[129]、当事者意思が密接関連性の決定基準となることが認められることの可否を検討することとしたい。

　多数法国法について、それを分類するならば、次のようないくつかの類型に整理することができるであろう。まず、大きくは場所的要素に基づくものと人的要素に基づくものとの区分である。前者は、同一の国家内に地方によって内容の異なる複数の私法が並存して行われている場合であり[130]、後者は、同一の国家の国民であっても、その人種、宗教などの差異によって適用される私法が異なるとされている場合である[131]。そして、前者は、さらに、その形態に従って、次のように分類することができるであろう。すなわち、まず、第1には、いくつかの地方ないし州が法制の全般にわたって、それぞれに独立の立法権を有し、その結果として、いくつかの異なる法域を形成している国家であり、その例として、英国、アメリカ合衆国、オーストラリア、カナダを挙げることができる[132]。いくつかの国家をもって連邦制を形成している場合も、そ

---

[129]　山田・前掲書（注4）83頁以下等参照。
[130]　山田・前掲書（注4）76頁。
[131]　山田・前掲書（注4）85頁。
[132]　山田・前掲書（注4）76頁。

れに類似するものであり、それとして、かつてのユーゴスラビアがその類型のものであったとみられる[133]。第2に、一国のいずれかの地方についてのみ、一定の法領域に限って、歴史的な経緯や実際上の法生活との密着性を考慮して、一般の法とは異なる特別な法が優先的に行われているような場合である。例えば、スペインにおいては、今日でも、一般民法に対する特別民法ないし地域の適用がいくつもの地方ないし県において認められている。そして、それらの適用関係を調整するため、スペイン領域内に並存する民事法秩序の抵触を規律するための規定が制定されている[134]。これと同様のものは、中華人民共和国にも見ることができる。すなわち、一定の法分野については、いくつかの自治区に立法権が認められおり、従って、ときとして、異なる法が適用されることとなる[135]。とくに、中華人民共和国の場合には、香港およびマカオの返還に伴い、その後に出現した異なる法系の法制度の並存の形態はより複雑な不統一法国家を成立させている。以下においては、複合的法律抵触国ともいうべき法的多面性を有する中国法を素材として、上述の問題について論及することとしたい。

第2款　複合的法律抵触国の場合

中国においては、大陸、香港、マカオおよび台湾等の異なる法域が存するため、区際法律抵触問題（香港、マカオ、台湾に関わる法律紛争）が生ずる。中国には現に4つの法体系があるため、当事者の本国法として中国法が指定された場合、それらのうちのいずれが適用されるべきかが主要な論点となっている[136]。しかも、準国際私法が存在しないため、法適用通則法第38条第3項によるか、または、同項を類推適用して、当事者とより密接な関係を有する地の

---

[133] 井之上宜信「ユーゴスラヴィアの国際私法典（1983年）について」法学新報92巻3・4号215頁および224頁注(210)参照。

[134] 笠原・前掲（注85）234頁以下参照。

[135] 清河雅孝「中国少数民族の婚姻規定の諸問題」産大法学23巻2号22頁以下、同「中国少数民族の婚姻規定」同123頁以下、陳明侠（西村幸次郎＝塩谷弘康共訳）『中国の家族法』（敬文社、1991年）205頁以下参照。

[136] 木棚照一＝松岡博＝渡辺惺之『国際私法概論（第5版）』（有斐閣、2006年）70頁以下（木棚）参照。

第 3 節　密接関連性の確定における当事者意思

法を本国法とする立場が有力である[137]。密接関連性の有無の判断において、当事者の現在の住所、常居所、居所のほか、当事者自身の帰属意思も重要な要素とされている[138]。

これに対して、中華人民共和国国内における現実的な法の抵触は、一つには、広大な同国を構造するいくつかの少数民族が有する漢民族と異なる歴史、文化、風俗、習慣の尊重の所産としての地域に根着いた法と一般法（共通法）との並存によってもたらされるものであり[139]、いま一つは、香港およびマカオの返還の後、引き続き維持されることとなった資本主義のもとにおける従来の法と社会主義のもとにおける本土の法との並存によってもたらされるものである[140]。これら両者の状況はそれぞれ凡そ次のごとくである。

まず、前者についていえば、その根拠となっているのが中華人民共和国憲法第116条である。これによって、中国に存在する5つの自治区は、その人民代表大会が、それぞれの民族の政治・経済および文化の特殊に従って、自治条例や単行条例を制定する権限が付与されている。これを受けて、同条と同文の規定が中華人民共和国民族区域自治法（1984年5月31に公布施行）第19条に定められている。そして、とくに身分法関係についていえば、同国婚姻法（1980年9月10日公布、2001年4月28日修正）第50条、同国相続法（1985年4月10日公布、同年10月1日施行）第35条、および、同国養子縁組法（1991年12月29日公布、1998年11月4日修正）第32条が、民族自治区にそれぞれの特定の法領域における条例制定権を付与している[141]。例えば、上記婚姻法第50条は、次のごとく定めている。すなわち、「民族自治地方の人民代表大会は、現地民族の婚姻家庭の具体的状況に結合させて、弾力規定を制定する権限を有する。自治州・自治県が制定した弾力規定は、省・自治区・直轄市人民代表常務委員会に報告し承認を受けた後に効力を生じる。自治区が制定した弾力規定は、全国人民代表大会常務委員会に報告し承認を受けた後に効力を

---

[137]　溜池・前掲書（注13）186頁以下参照。
[138]　溜池・前掲書（注13）187頁参照。
[139]　欧龍雲「中国における『一国両制』と法の抵触」北海学園大学法学研究29巻2号96頁以下参照。
[140]　欧・前掲（注139）90頁以下参照。
[141]　欧・前掲（注139）96頁参照。

57

第 2 章　準拠法の選定における私的自治

生じる。」と[142]。

　現在、同国婚姻法第 50 条に基づき、自治区が規定している条例として、次に挙げる 4 つのものが知られている。すなわち、新疆ウイグル自治区執行〈中華人民共和国婚姻法〉（以下、〈婚姻法〉と略称）的補充規定（1980 年 12 月 14 日公布、1988 年 10 月 5 日第 2 回修正）、西蔵チベット自治区施行〈婚姻法〉的変通条例（1981 年 4 月 18 日公布、1982 年 1 月 1 日施行）、寧夏回族（イスラム教徒）自治区執行〈婚姻法〉的補充規定（1981 年 6 月 15 日公布・施行）、内蒙古自治区執行〈婚姻法〉的補充規定（1981 年 9 月 21 日公布・1988 年 11 月 19 日修正）がそれである[143]。概していえば、これらの自治区婚姻法と一般法である婚姻法との主な異なる点は、前者が後者に比して、婚姻年齢、計画出産などの条件を緩和している点に見い出すことができる。例えば、婚姻年齢について、中華人民共和国婚姻法第 6 条が男子は満 22 歳、女子は満 20 歳と定めているのに対し、諸条例は、早婚の習慣を反映し、男子は満 20 歳、女子は満 18 歳と定めている。計画出産についても、少数民族がそれを実行するか否かは、その自発的意思に従うとする条例がある[144]。因みに、これらの条例は、自治区内の少数民族にのみ適用されるとするもの、自治区内に居住するその他の少数民族にも適用されるとするもの、自治区内に戸籍を有する不在者を含め、区内に常住または暫定的に居住するすべての民族に適用されるとするもの、少数民族と婚姻した漢族にも適用されるとするもの等がある[145]。このように、諸条例が適用される地域が自治区内に限られ、また、原則として少数民族に限られており、そこには、地的・人的要素を兼ね備えた複合的法制を有する地域が存在することは事実である[146]。従って、中華人民共和国婚姻法の適用に際しては、ときとして、その適用関係について特段の考慮が求められることとなるであろう。

　いま一つ、本土法と香港法・マカオ法との関係は、一国両制の形成によってもたらされるものである。一国両制とは、一国内において 2 つの異なる政治制

---

[142]　条文は、加藤美穂子『詳解中国婚姻・離婚法』（日本加除出版、2002 年）536 頁による。
[143]　加藤・前掲書（注 142）482 頁以下参照。
[144]　加藤・前掲書（注 142）484 頁参照。
[145]　欧・前掲（注 139）97 頁以下参照。
[146]　欧・前掲（注 139）85 頁参照。

第 3 節　密接関連性の確定における当事者意思

度が存在することを指し、中国の場合についていえば、社会主義制度と資本主義制度が併存することを意味している[147]。これに法的根拠を与えたのが 1982 年 12 月 4 日に公布施行された現行憲法である[148]。その第 31 条は、「国家は、必要のある場合には、特別行政区を設置することができる。特別行政区において実施する制度は、具体的状況に照らして、全国人民代表大会が法律でこれを定める。」と定めている[149]。一国両制の方針は、1984 年 5 月 15 日、第 6 期全国人民代表大会第 2 回会議においても承認され、そして、1984 年 12 月 19 日の「中英間の香港問題に関する共同声明」附属文書 1 の第 1 点が香港特別区において、50 年間、社会主義制度や政策を実施せず、香港従来の資本主義制度と生活方式を保持することを明らかにしている[150]。また、同様に、1987 年 4 月 13 日の「中葡間のマカオ問題に関する共同声明」第 2 項が、「一つの国家、二つの制度」がマカオにおいても採られることを明確にしている[151]。

　憲法第 31 条および第 62 条第 13 項に基づき、香港に特別行政区が設置されることを前提に同特別行政区に適用される基本法が、1990 年 4 月 4 日、第 7 期全人代第 3 回会議において、「中華人民共和国香港特別行政区基本法」として採択され、また、第 26 号主席令により、同日公布され、そして、1997 年 7 月 1 に施行されている。同法第 5 条において、一国両制の採用、そして、50 年間これを変えないことが明文化されている[152]。その間、香港において適用される法律および特別区の立法機関によって修正された法律を除き、香港における従来の法律が行われることとなる。すなわち、普通法、衡平法、および、香港に特有の条例、附属立法、慣習法等がそれである[153]。一方、マカオについても、同様に、1993 年 3 月 31 日、「中華人民共和国澳門特別行政区基本法」として、第 8 期全国人民代表大会第 1 回会議において採択、第 3 号主席令により、同日公布され、そして、1999 年 12 月 20 日施行された。同法もまた、香

---

[147]　加藤・前掲書（注 142）505 頁以下参照。
[148]　欧・前掲（注 139）88 頁参照。
[149]　中国研究所編『中国基本法令集』（日本評論社、1988 年）8 頁掲載の邦訳による。
[150]　欧・前掲（注 139）88 頁以下参照。
[151]　欧・前掲（注 139）89 頁参照。
[152]　欧・前掲（注 139）91 頁以下参照。
[153]　欧・前掲（注 139）92 頁参照。

港基本法と同様に、その第5条において、社会主義の制度や政策を実施せず、従来の資本主義の制度とその生活様式を保持し、50年間これを変えない旨を定めている[154]。マカオ返還後の法制度については、同法第8条が、マカオにおける従来の法律、法令、行政法規およびその他の規範性を有する文書等は、同法に抵触するか、または、マカオ特別行政区の立法機関もしくはその他の関係機関による法定手続によって修正されたものを除き、効力を保持すると定めている[155]。すなわち、マカオにおいては、今後も、大陸法系のポルトガルの法制度が行われることが明らかにされている。

第3款　本国法の決定における帰属意思

(1) 国際私法における一般原則

日本国際私法によって外国法が指定された場合であって、当該外国法が多数法国の法であったとしても、同法への連結が、当事者の住所や常居所、物の所在地、法律行為の行為地などを連結点として行われているときは、おのずからいずれの法を適用すべきかの判断においてさしたる困難な問題は生じない。これに比して、多数法国の法が当事者の国籍を連結点として指定された場合には、その指定は、ひとまず、国籍が帰属する国家の包括的な私法秩序に対して行われたものと解されることとなるため、その者の本国法としていずれの地域の法を適用すべきかについて決定しなければならない。これは、戸籍が特定の場所との関連付けにおいて、前記の連結点とは異なり、より抽象的であることによってもたらされる問題である。そして、この問題の解決については、法廷地法の国際私法に基いて決定すべきとする直接指定主義と本国の準国際私法に依拠して決定すべきとする間接指定主義の2つの立場がある。立法、判決、学説上、間接指定主義が多くの支持を得ており、日本国際私法上の立場も基本的にはそれにほかならない[156]。しかし、その立場にも限界があることは、次に述べるごとくである。

間接指定主義の下においては、いずれの国が法廷地になろうとも、いずれか

---

[154] 欧・前掲（注139）93頁参照。
[155] 欧・前掲（注139）93頁参照。
[156] 木棚＝松岡＝渡辺・前掲書（注136）65頁以下（木棚）参照。

第 3 節　密接関連性の確定における当事者意思

の者につき、その本国法として適用される法体系は一定のものとなり、本国法の適用の本来の趣旨である安定性が確保されるという合理性がある。しかし、本国に準国際私法の法則が存しない場合には、間接指定主義によりえないということもしばしば指摘されているところであり、そして、準国際私法を有しない多数法国が少なくないこともまた事実である。その場合、直接指定主義の立場から本国法を決定するほかはないということが一致した見解である[157]。その立場から、最も重視されている基準は当事者の住所である。すなわち、それが存在する法域の法をもって、その者の本国法としようとする考え方が採られている。住所によって解決できない場合には、常居所、居所、過去の住所・常居所・居所等を基準とすべきことが主張されているが、要するに、当事者が最も密接な関係を有する地域の法を本国法として適用すべきであるということが、そこにおける基本理念である[158]。

　改正法例第 28 条第 3 項前段（法適用通則法第 38 条第 3 項前段）もまた、当事者が地域により法律を異にする国の国籍を有するときは、その国の規則に従って指定される法律によるべきものと定めており、それが間接指定主義の立場を採用しているものと解されている[159]。また、そのような規則がない場合についても、同項後段は、当事者に最も密接な関係がある地域の法律を当事者の本国法とすると定め、最終的には直接指主義の立場からの解決方法を採るべきことを示している。このように、間接指定主義の立場を原則とし、それによりえない場合に直接指定主義の立場をもって補うべきものとした解決方法は、改正法例以前においても、すでに、「遺言の方式の準拠法に関する法律」第 6 条、および、「扶養義務の準拠法に関する法律」第 7 条によって採られていたものである。

　人的な多数法国法の場合についても、上述したところと同様に考えることができる。すなわち、準国際私法に代えて、人際法によって定まる法が本国法として適用されるべきとするのが通説の考え方である[160]。そして、問題の法域

---

[157]　山田・前掲書（注 4）81 頁参照。
[158]　山田・前掲書（注 4）81 頁参照。
[159]　山田・前掲書（注 4）82 頁参照。
[160]　山田・前掲書（注 4）85 頁以下参照。

に人際法の法則が存しない場合には、やはり、最密接関連法が適用されるべきものとされている。その決定のための基準として、人種、宗教、社会的階級などが挙げられている[161]。改正法例第 31 条（法適用通則法第 40 条）において、人際法に依拠した間接指定主義の立場を採用し、人際法がないときは最密接関連法によるとして、直接指定主義の立場を補充的に採用している。扶養義務の準拠法に関する法律第 7 条も上記と同様の定めをしている。つまり、多数法国に国内的法抵触の解決のための規則が存すれば、それを尊重し、それがない場合には、法廷地国際私法上の立場に立ち戻るというのが、通説の立場にほかならない。

(2) 一般原則の具体的応用

中国の異なる 4 つの法域の法規からいずれを適用すべきかについて調整するための法規、すなわち、抵触法が必要となる。一般的に準国際私法と呼ばれるものがそれである。しかし、現在、中国には準国際私法は存在しないといわれている[162]。確かに、単一の法典としての準国際私法はいまだ存在しないが、実質的には、準国際私法としての役割を果たしている実定法規は、婚姻法の分野に限ってみても、次のように少なくない。例えば、「華僑と内地の公民、香港・マカオ同胞と内地の公民との間における婚姻登記取扱い規定」（1983 年 3 月 10 日、民政部）、「大陸住民と台湾住民との間における婚姻登記管理取扱い暫定法」（1998 年 12 月 10、民政部）などが中国の婚姻法を適用すべきことを定めている[163]。また、華僑、香港・マカオ・台湾の同胞と内地の公民との離婚問題に関する法律の適用についても、原則として、婚姻についての法律適用の問題の場合と同様であるが、元来、離婚事件がかなり複雑かつ特殊な状況を呈することが多いことに鑑み、例えば、華僑と内地公民との離婚問題については、中国の婚姻法および海外居留民政策に基づき、国外華僑に配慮すべきものとされ、また、夫婦双方が国外に居住している華僑の離婚問題については、原則として居住国において処理されるべきであり、それが受理されない場合にの

---

[161] 山田・前掲書（注 4）86 頁参照。
[162] 欧・前掲（注 139）95 頁、木間正道＝鈴木賢＝高見澤磨＝宇田川幸則『現代中国法入門（第 5 版）』（有斐閣、2009 年）172 頁（宇田川）参照。
[163] 木間＝鈴木＝高見澤＝宇田川・前掲書（注 162）218 頁（鈴木）参照。

第 3 節　密接関連性の確定における当事者意思

み中国の婚姻法のもとに処理されるべきであるとされている[164]。中国法の適用は、華僑や香港・マカオの同胞によって中国公民が養子とされる場合においても同様である[165]。

　他方、異なる民族の間における法律の適用関係については、条例の中に見い出されるものとして、例えば、漢民族とその他の少数民族との関係において、漢民族の婚姻年齢につき、中国婚姻法によると定めているもの、また、区域内の少数民族および少数民族と婚姻した漢民族につき、条例が適用されると定めているものがある[166]。さらに、実定法として規範性を有する文書として、民族の異なる男女間の婚姻問題に関する内務部回答、および、少数民族と漢族との通婚に関する最高人民法院開示が挙げられる。前者においては、他民族との婚姻を認めない風俗習慣や戒律があれば、可及的にそれを尊重するよう説得すべきであること、また、漢族男子と回族女子が婚姻する場合には、回教の戒律に従うべきであることが示されており、後者について、少数民族の風俗習慣を尊重すべきことは、華東分院による照会に対しても示されている[167]。

　次に、現在の準国際私法についていえば、中国においては、特別な区際抵触規定が設けられていないため、区際法律抵触問題を解決する場合には、中国の法院は、基本的に、国際私法の規定を参照して解決を行っている。香港、マカオ、台湾に関わる民事関係は、現時点において、それ以外の規定が最高人民法院の司法解釈を通じて設けられている[168]。その場合においては、それぞれの区域における現行国際私法規定を準用することとなる。これらの国際私法規定として、中国においては、中華人民共和国渉外民事関係法律適用法、手形小切手法、海商法等の法律、香港地区のそれとしては、英国の抵触法、マカオ地区のそれとしては、マカオ民法典中の国際私法規定がある。これらの諸規定をもって、これらの地区間における私法関係の抵触を解決することが可能となる。

　大陸には、1988 年 8 月 9 日、最高人民法院によって発表された「人民法院

---

[164]　笠原・前掲（注 117）59 頁以下参照。
[165]　笠原・前掲（注 117）62 頁以下参照。
[166]　欧・前掲（注 139）97 頁以下参照。
[167]　欧・前掲（注 139）98 頁以下参照。
[168]　杜・前掲書（注 92）80 頁参照。

が台湾に関わる民事事件を処理する場合についての若干の法律問題」がある。これによれば、婚姻関係、夫婦財産関係、扶養・養子縁組関係、相続関係、家屋関係、債権債務関係、時効関係等の民事事件を処理するにあたり、裁判所は、法廷地法である本土法を基礎として、事件の特殊性を考慮に入れて、現実的な取扱いをなすべきものとされている[169]。また、2010年4月26日、最高人民法院審判委員会が、「最高人民法院が台湾に関わる民商事事件を処理する場合についての法律適用問題の規定」を可決し、同規定は、2011年1月1日から施行された[170]。台湾には、台湾地域および大陸地域人民関係条例（1992年7月31日公布、同年9月18日施行）がある。その原則的規定である第41条によれば、台湾地区人民と大陸地区人民の間の民事事件は、本条例に別段の定めがある場合を除いて台湾地区法による[171]。また、大陸地区人民相互間および大陸地区人民と外国人との間の民事事件は、同様に、本条例に別段の定めがある場合を除いて、大陸地区の規定を適用するとされている[172]。

いずれにしても、中国におけるそれぞれの法域に統一的な準国際私法が存在していない現状において、日本国際私法のもとに中国法を指定した場合における間接指定主義の立場による中国人の本国法を確定できないのが現実であり、直接指定の立場からその確定を行わざるをえないであろう。

(3) 準国際私法の意義

多数法国法に属する者の本国法を指定した場合、いずれの法を適用すべきかについて、日本国際私法の立場が、まず、同国の準国際私法、ないし、ときとして、人際法の規則に従うべきであるとする間接指定主義のそれであることはすでに述べたところである。そして、その立場は、学説が一致して支持しているといっても過言ではないであろう。しかし、そこにいう準国際私法の厳密な意義の理解については、次のように、見解の相違が存在している。すなわち、一方の見解によれば、準国際私法は一国内における異法地域間の私法の場所的抵触を解決する法であり、それは、私法の場所的抵触を解決する法である点に

---

[169] 欧・前掲（注139）102頁参照。
[170] 杜・前掲書（注92）81頁参照。
[171] 欧・前掲（注139）102頁参照。
[172] 欧・前掲（注139）103頁参照。

第 3 節　密接関連性の確定における当事者意思

おいて、国際私法と機能・性質を同じくしているとされる。これに対して、いま一方の見解によれば、それは、本国の内部的な関係において属人法がいずれの地域の法律であるかを定める統一的な原則であり、当該法律関係を本国のそれによって解決するということは、抵触法的解決を意味するものではなく、本国においてその国の国民が国内のいずれの地域に属するかを決定するということに過ぎない。後者の立場につき、山田教授の言葉に従い、より具体的にいえば、次のごとくである。すなわち、法廷地の抵触規定によれば本国法を適用すべき関係、例えば、不動産の相続関係が、本国の準国際私法によれば不動産所在地法によるべき場合に、本国における不動産所在地の法律を本国法と見做すというのではなく、本国の準国際私法が住所地法を属人法としている場合には、本国における住所地の法律を本国法として適用することである[173]。後者のこのような立場が、日本において支配的な見解であるとみられる。

　ところが、実際上、属人法がいずれの地域の法律であるかを定める統一的な規則としての準国際私法を有している国は殆どみることができない。その典型的な例は、わずかにスペイン民法（1974 年）第 14 条等に散見されるに過ぎない。同条は、その第 1 項において、一般民事法または特別法もしくは地域法のいずれに従属するかは、民事上の帰属身分によって決定される、として、第 2 項以下に、例えば、人は、両親が有すると同一の一般法の領域、または、特別法もしくは地域法の領域のいずれかに民事上の帰属身分を有する、とする諸規定をおいている[174]。しかし、中国法にはそのような規定は存在していない。中国法に存在するのは、婚姻法の分野についてみるならば、一般法としてのいくつかの自治区の条例、そして、地域法としての香港法やマカオ法である。これらの諸法に存在する規定は、人がいずれの地域に帰属するかについての規定ではなく、法の抵触を解決するための規定である。従って、準国際私法の意義につき、前記のような日本国際私法における支配的な立場に立つ限り、多数法国法の国民の本国法の決定につき、間接指定主義の立場を貫いて、それを行うことは不可能とならざるをえないであろう。

---

[173]　山田・前掲書（注 4）80 頁。
[174]　総覧 234 頁以下参照。

第 2 章　準拠法の選定における私的自治

(4)　最密接関係地の確定

　当事者の本国にしかるべき準国際私法が存在しないとき、当事者に最も密接な関係がある地域の法律を当事者の本国法として適用する、というのが法適用通則法第 38 条第 3 項において採られている立場である。すなわち、これは、身分および能力に関する法律関係について、最密接関連地の法をもって当事者の本国法とする立場であり、一律的に、住所とか、過去の住所とか、あるいは、首府所在地とかいうような基準によって決めることをせず、事案に即して、その点について解決を図るべきとするものである。この立場は、属人法として、身分および能力に関する関係について最も密接な関係にある法を選択・指定するという国際私法の基本理念に合致すると考えられ、支持を得ている[175]。しかし、最密接関連法を決定するにあたって考慮されるべき要素については、必ずしも一致した見解はないようにみられる。前記の山田教授の見解によれば、まず、住所が基準とされていたのに対し[176]、道垣内教授の見解においては、常居所地、最後の常居所地、出生地、生育地等が同様に考慮されている[177]。また、溜池教授の見解によれば、属人法（本国法）が適用されるのは身分および能力の法律関係であるから、その関係について当事者に最も密接な関係を有する地域の法律によろうというのが本来の趣旨である[178]。いずれにしても、そこにおいて強調されている点は、属人法として本国法が適用されることの趣旨である。木棚教授によっても、本国法が適用されるのは、当事者の予測ないし期待の保護という意味で当事者の利益に適合し、法的安定性、判決の国際的調和という意味における秩序の利益に役立たせようとする趣旨にほかならず、これらの利益衡量の観点から考慮されるべきものとされている[179]。

　近時、諸外国において、国際私法的利益の比較衡量という観点から準拠法の選定が行われるべきであるとする立場は益々勢力を得ており[180]、その動向は

---

[175]　溜池・前掲書（注 13）174 頁参照。
[176]　山田・前掲書（注 4）81 頁。
[177]　澤木＝道垣内・前掲書（注 18）40 頁。
[178]　溜池・前掲書（注 13）174 頁。
[179]　木棚＝松岡＝渡辺・前掲書（注 136）63 頁（木棚）。
[180]　すでに早くからそのような動向を俯瞰していたものとして、ノイハウス（桑田訳）・前掲（注 33）133 頁以下がある。

第3節　密接関連性の確定における当事者意思

日本においても顕著になっている。平成元年における法例の改正がそのような立場から行われたものであることは明白である。そして、その際、基本理念として挙げられたのが、未成年者の保護をはじめとする当事者利益の保護であることもまた疑いのないところである[181]。この理念は、準拠法の選定において、当事者の利益となる準拠法を可及的に選定する方向へ導く規則の定立を目していることが看取される。なお、法例における当事者の利益の保護としては、国際私法の次元における形式的なそれと実質法の次元における実質的なそれとが混在しており、その意味において当事者利益の保護は徹底されていない[182]。しかし、現行法のもとにおいても、できるだけ当事者の実質的利益を顧慮した上で準拠法を選定することが許されないものではないであろう。このことを婚姻法の分野に関連していえば、当事者が望む婚姻や離婚の成立をできるだけ認め、また、当事者がすでに成立しているものと信じた婚姻や離婚の有効性をできるだけ認めることにほかならない[183]。そのような理由から、本国法の決定における密接関連性の判断においても、上に挙げられていた客観的な基準のみならず、当事者がいずれの地域ないし法域に帰属するものと考えていたか、また、それを望んでいたかという主観的な基準も採用されるべき余地があるように思われる。当事者の意思を考慮することは、本国が多数法国である場合における本国法の決定の際に行われるべきこととして、日本においても、学説上、有力に主張されてきたところである[184]。

　結局、多数法国の国民の本国法の決定は、当面の法律関係ないし身分関係の成立の保護という観点から、時として、当事者の意思をも含めた諸要素を考慮して行われるべきであるということになるであろう。そのような立場からいえば、密接関連法の意義は、当事者が望む利益の確保を大きく左右することになるという意味において、当事者に密接に関係している法律であるということができる。

---

[181]　木棚照一「改正法例の理念と課題」澤木敬郎＝南敏文編著『新しい国際私法』（日本加除出版、1989年）所収、287頁以下参照。
[182]　笠原・前掲書（注3）154頁以下参照。
[183]　例えば、ノイハウス（桑田訳）・前掲（注33）141頁以下参照。
[184]　松岡博「国際私法の課題と展望」ジュリスト731号255頁参照。

第2章　準拠法の選定における私的自治

(5)　中国人の本国法の決定

　日本国際私法の立場から、本国法の決定はいずれの地域と最も密接な関連性を有しているかという側面から行われることとなるが、その際、しかるべき利益衡量の観点をも加味することが、今日の日本国際私法の理念に合致するものと思われる。そうであるとすると、密接関連性の意義もまた、安直に当事者といずれかの地域との客観的に看取される紐帯の有無としてではなく、前述したように、当事者の利益にとって重大な影響を及ぼすものと考えられる要素であると思われる。すなわち、当事者間の婚姻や離婚の成立をより有利に保護することとなる法律が行われている地域にこそ、当事者は最も密接な関連性を有するというべく、可及的にそのような法律の適用へと導くことが、今後における国際私法の解釈、運用において要請されるべき点である。

　翻って、中国は、上述されたように、一般法に加えて、いくつかの自治区・州・県の条例、返還後の香港法およびマカオ法、さらには、台湾法によって構成される国家であり、それぞれの法は、一個の法体系における一般法、特別法、地域法として位置づけられるものである。従って、中国人の本国法の適用についても、それらの適用関係の調整として理解することができるであろう。その際、考慮されなければならないのが、それぞれの法にみられる実質的な内容であると思われる。まず、一般法に対する特別法についていえば、後者は、現在、婚姻法のような特定の分野において、自治地区に帰属する少数民族を優遇するものとして行われているものである。従って、当事者の利益の保護という観点からは、特別法が優先的に適用されるべきである。これに対して、一般法と香港法またはマカオ法との関係は、全く別個の法体系であって、後者の内容が本質的に前者のそれよりも当事者の利益を保護しようとするものであるということはできない。そのいずれの法の適用が当事者にとって有利であるかは、個々の規定を比較検討することによって始めて知りうるものである。このような観点から、それぞれの婚姻法についてみれば、例えば、次のようないくつかの重要な規定において、両者が相違していることを指摘することができる。まず、婚姻年齢について、本土法第6条によれば、男子は満22歳、女子は満20歳と定められているのに対して、香港法（香港婚姻条例）第13条、第14条から、男女いずれも満16歳をもって婚姻することが認められている[185]。

第3節　密接関連性の確定における当事者意思

　この場合、後者の立場を採ることが婚姻の成立により多く資するものであることは明白である。また、香港法（香港婚姻訴訟条例）第11条により、離婚は裁判所による判決という方法によってしか認められていないのに対し、本土法第32条は当事者の自由意思による協議離婚を認めている[186]。この場合、後者の立場を採ることが離婚の成立により容易な途を開いているということができる。従って、中国人たる当事者の利益の保護をできるだけ実現しようとするならば、身分関係のいかんにより、時として本土法を、そして、時として香港法（ないしマカオ法）を適用するようにしなければならないこととなるであろう。

　中国の場合、本土法が一般法であって、その適用が原則であることは言を俟たない。従って、従来、一般法が行われてきた地域に帰属していた国民の本国法の適用にあたり、自治地区の少数民族を除き、今後も、同様に、一般法が適用されるべきであるということには異論はないであろう。これに対して、問題となるのが、返還後の香港やマカオに帰属する者の本国法の決定についてである。この場合、香港やマカオに帰属する者を本土から切り離し、従来通り、専ら香港法またはマカオ法を適用すべきものと考えることは、必ずしも正当ではないように思われる。蓋し、香港およびマカオが中国に返還されることにより、それらに属していた者たちは、法的にも中国国民となり、従って、本来ならば、本土法の適用を受けるべきところ、政策的な配慮から、それらの地域において行われてきた法体系がそのまま残されることとなったに過ぎず、しかも、それらの者とそれらの法体系の結び付きは、従来ほどの密着性および拘束性を失っていると思われるからである。香港およびマカオの復帰とともに、それらの帰属民の意識もまた中国に帰属するものへと変化する可能性が大きいものと考えるべきであろう。従って、当事者の意思の尊重という点を顧慮するならば、時として、それらの者に本土法を適用することがより好しい場合もあろうかと思われる。また、同時に、利益衡量の観点からみても、それが活かされるためには、身分関係の問題における連結の多元化が図られるべきであろう。すなわち、本土法と香港法ないしマカオ法の中、より当事者の利益をもたらしうる法、例えば、婚姻年齢については香港法、離婚の方法については本土の婚

---

[185]　国安＝春生主編『香港婚姻継承法律』（広東人民出版社、1991年）4頁参照。
[186]　国安＝春生主編・前掲書（注185）15頁以下参照。

姻法を適用して判断するということである。この場合、当面の問題ごとに、それについて援用される実質法が選定されうると解すべきであって、いずれか一方の法をもって常に同一当事者を規律することは、当事者の利益の保護のために連結の多元化を図るべきとする趣旨に反することとなるであろう。

香港およびマカオが中国に返還された後、両者は中国の領土の一部となって、中国の主権の支配下におかれることとなり、返還前に両者において行われていた法体系は、現在も、同様に行われ、中国法における地域法として残存しているところである。しかし、このことは、従前の香港法やマカオ法が属人法として今後も従前からの帰属民を支配し続けることを意味するものと考えるべきではないであろう。蓋し、両地域に従来の法体系が存続していても、従前の帰属民の大陸本土への移動は比較的に容易になり、人々の帰属意識の側面における変化にも著しいものが認められるようになっていることは想像するに難くないからである。人々のそのような意識の変化は、当然のことながら、従属すべき法についても生じてくるものであり、そして、それは婚姻や離婚を始めとする多くの身分関係の準拠法の選定、適用における信頼や期待となって現われてくるであろう。従って、外国の事情を理解して、従来よりも一歩踏み込んだ木目細かな判断、解決が望まれるところである。すなわち、中国人の本国法の決定も、問題ごとに、適用される実質法の内容を見極めて行われるべきである。このことを準拠法の決定においてより具体的にいえば、従来の本土法、香港法、マカオ法について比較法的観点から検討し、その結果を一定の目的の実現に向けられた多元的連結において活かすことであると思われる。

第4節　若干の考察

第1款　諸国立法の動向の分析

契約法の分野においては、かつて、質的制限論、量的制限論、法律回避論から、当事者自治に関する制限論が主張された。しかし、実際には、契約と全く関連性がない法であっても、当事者の明示の指定による選択が許され、また、当事者による明示の指定がない場合には、「黙示意思探求の理論」を援用して、契約の全体的情況から、できるだけ、契約の準拠法の選定に当事者意思を反映

第 4 節　若干の考察

する傾向が強まっている。行為地法等の客観的連結素に基づく準拠法の適用は、当事者による明示または黙示の意思の表明がなかった場合に限られている[187]。当事者自治の制限についても、現代的な利益を考慮して、労働者保護、消費者保護、借地借家人保護等の利益保護の観点から、「公法理論」あるいは「公序論」、さらに、前出契約債務に関するローマⅠ規則（ローマ条約）以後、「強行法規の特別連結理論」等の構成をもって、弱者利益の保護に適う法の優先的適用の立場が支配的になっており、上記のような伝統的な制限論は影を潜めるに至っている[188]。

それに対して、国際私法における当事者の意思は、主たる連結素として、または、副次的な連結素として、客観的連結に干渉しているが、いずれにしても、その形態は制限的である。最も広く当事者自治が認められてきた契約の準拠法においてさえも、上述のような現代的意義における制限を受けている。すなわち、密接関連性の原則および弱者利益の保護、そして、時として、両性平等の原則からの制限である。しかし、その反面、当事者自治（制限的当事者自治）が本則または補則として採用される法律関係の範囲が拡大されていることも事実である。諸立法からも知られるように、財産法関係としては、不法行為ばかりか、物権、信託、仲裁へと拡大されており、家族法関係においても、伝統的に制限的当事者自治が普及していた夫婦財産制のほか、相続、離婚、婚姻の身分的効力、離婚後扶養、氏名の準拠法の選定においても、制限的当事者自治を採用する立法例が見られるようになっている。とくに、夫婦財産制および相続については、当事者の意思を主たる連結素とする立法例も少なくない。長い間、当事者意思を連結点とする立法例は限られており[189]、また、とくに、家族法関係については、当事者による準拠法の選択の範囲も、法律関係や当事者と密接な関連性を有する法とか、または、国籍のような生来の国家共同体の

---

[187]　木棚＝松岡＝渡辺・前掲書（注136）135頁以下（松岡）参照。
[188]　例えば、山田鐐一「当事者自治の原則の現代的意義」争点121頁以下、木棚＝松岡＝渡辺・前掲書（注136）141頁以下（松岡）参照。また、強行的適用法規については、注釈第1巻34頁以下（横溝大）において詳細である。
[189]　Gannagé, op. cit., p.441. また、遺留分権利者等の被相続人の近親に認められる権利が準拠法選択によって害される可能性を懸念して、一定の制限を設定する立法例も見られる（注釈第2巻191頁（林貴美）参照）。

法とか、住所もしくは常居所の法とかに関わるものに制限されていた。僅かに、ハーグ夫婦財産制条約第3条およびハーグ相続準拠法条約第6条のみが、財産の所在地法の選択を許していたに過ぎない。オランダ離婚抵触法に見られたような法廷地法（オランダ法）への連結は、今日、一般論からいっても国家主義的であり、最密接関連法への連結が益々優勢になっている昨今、財産所在地法への連結は、不動産に関する問題でない限り、一般的には拘泥されていない。現在は、当事者の国籍、住所、常居所が存在する国の法に限るのが妥当であると考えられている[190]。

　それでは、今後、当事者自治は、それが制限的な範囲に制約されているとしても、その適用範囲を拡大すること、そして、当事者が選択することができる法の範囲を拡大することは、果たして妥当であろうか。国際私法における私的自治ないし当事者意思の尊重の趨勢が、さらに前進しようとしていることは顕著である。万国法学会（Institut de Droit International）は、第72会期において、その趨勢に敏感に反応した結果、フランスのルッスアルン（Y. Loussouarn）教授の基調報告に基づき、婚姻の身分的効力および離婚に関し、夫婦が共通国籍および共通住所を有する場合であっても、本国と住所地国とが異なるときは、本国法および住所地法からの夫婦による選択を許すべきことを諸国に勧告するという注目すべき決定を採択している[191]。

第2款　国際私法における当事者自治の意義

　それでは、国際私法における当事者自治の拡大の傾向は、契約の準拠法の選定における私的自治の原則の他の法分野への波及として理解すべきか、それとも、国際家族法に内在する独自の理念および必要性に基づく展開として理解すべきであろうか。その点については、当事者の意思による連結の範囲が当事者の国籍、住所、常居所の所在する国家の法に限定されていることから、その目的ないし利点が、本国法主義と住所地法主義ないしは常居所主義との対立を克服する点にあるものと考えざるをえない。いかに私的な家族法関係であって

---

[190] Gannagé, op. cit., p. 440.
[191] Gannagé, op. cit., p. 448. さらに、笠原俊宏「国際私法におけるイスラム専制離婚—フランス破棄院判例を中心として—」法学新報113巻11・12号97頁参照。

第 4 節　若干の考察

も、国家ないし社会の全体の構造と深く関わっていることは否定することができない[192]。このように、婚姻の財産的・身分的効果、離婚、相続、氏名の領域への当事者自治の導入という近時の現象は、本国法と住所地法ないし常居所地法の適用関係の調整という観点から理解することが可能である。抵触規則がそれらの中のいずれかの法を指定していても、当事者の意思によってそれを退けて、それ以外の法を準拠法とすることができることが、とくに家族法関係における当事者自治の拡大の根拠となっていると見ることができるであろう[193]。しかし、本国法主義と住所地法主義ないし常居所地法主義との対立が、いずれか一方の放棄によって解消することは望ましいことではないといわれている。なぜならば、それらの法は相互に補完し合っていると理解されるからである[194]。確かに、最近の国際条約および国内立法を概観すれば、その多くにおいて、国籍、住所、常居所という連結素は様々な情況に応じた複合的な組み合わせをもって併用されている。法適用通則法上の属人法における本国法主義の原則もまた、補助的に、常居所地法の適用を定めている点に見ることができるごとくである。

　上記のような観点から見て、本国法、住所地法、常居所地法からの当事者自治が現実性を帯びる場合として、外国移住者の家族法問題の規律の場合が考えられる。外国移住者の生来の本国の家族法とその住所ないし常居所が所在する国の家族法との間における法文化が衝突する場合である。とくに、イスラム教徒がイスラム諸国からヨーロッパ諸国へ移住した場合には、世俗法の側面が強いヨーロッパ法と宗教法の側面が強いイスラム法との対立に由来する問題が発生する。それらの法の対立の緩和が困難であり、また、夫婦の保護をも顧慮して、ヨーロッパ諸国の学説および判例が得た解決は、いずれの法へ依拠するかをイスラム人夫婦の意思によらしめることである[195]。同様な解決の傾向は離

---

[192]　Gannagé, op. cit., p.439.
[193]　Gannagé, op. cit., p.441.
[194]　Gannagé, op. cit., p.440 et suiv. なお、国籍や住所において「主権の原則」が働く一方、常居所において働くのが「親近の原則」であり、従って、それらの連結素における理念には大きな相違があることを指摘しているのが、西賢『属人法の展開』（有斐閣、1989 年）194 頁以下である。
[195]　Gannagé, op. cit., p.449. 参照。端的な例を挙げるならば、一夫多妻婚の問題がそれである。二番目の婚姻の有効性の準拠法の決定は、最初の婚姻の挙行時に夫婦が締結することを合意した結

第 2 章　準拠法の選定における私的自治

婚および専制離婚に関しても指摘されることができる。かつて、イスラム圏に植民地を多く有していたフランスにおいては、とくに北アフリカのイスラム諸国裁判所の判決の承認要件が軽減され、事実上、それらの諸国からの移住者が、フランス法とそれらの者の本国法からの準拠法の選択を許されることとなり、それをもって、異なる法文化が併存するよう工夫された対処方法が講じられている[196]。

　このように、とくに家族法事項に関する限り、当事者自治は、諸国立法上の属人法における本国法主義と住所地法主義ないし常居所地法主義との対立の中にあって、その調和を実現するための役割をも担っている。そのような観点から、日本の渉外私法事件に対処すれば、例えば、在日韓国人（在日朝鮮人）やフィリッピン人等を当事者とする家事事件の件数が圧倒的に多く、形骸化したそれらの者の本国法の機械的な適用を退けるためのいくつかの理論的構成の中にあって、当事者の意思によってその属人法を決定する当事者自治を導入することは、最も実効性を有する準拠法の選定を可能として、現実的であり、また、当事者の利益にも適う法の選定を可能とするように思われる。

　今日の国際私法規則の主要な趨勢を分析することにより、そこに、実質的判断を基盤とした2つの規則が存在していることが見出される。それらの一つは、準拠法を選定する前に、抵触するいくつかの実質法の内容を考慮することを要求している諸規則であり、他の一つは、望ましいと考えられる一定の実質的な結果の実現が意図されている諸規則である[197]。遺言、婚姻、通常の契約のように、法律行為の形式的または実質的な有効性を優遇するものとか、準正、嫡出性、離婚のように、一定の身分形成を優遇するものとか、不法行為の被害者、契約関係における消費者や労働者、扶養権利者等の弱者ないしその

　　合類型に関する夫婦の意思の探求に基づくことになるが、それも当事者自治によって調整することが可能となる。

[196]　Gannagé, op. cit., p. 449 et suiv.

[197]　Symeon C. Symeonides, General report, in: Symeonides (ed.), op. cit., p. 37 et seq. 例えば、ルイジアナ国際私法における「内容志向の抵触規則」は、管轄選択規則よりも3対1の割合で勝っている。その他の立法においてもそれが増えている。それらの規則は、「結果志向の抵触規則」か、または、当事者の準拠法選択を許すか、または、一方的規則か、本来の準拠法からの除外を許す双方的規則である。なお、1991年のルイジアナ国際私法について、笠原・前掲（注74）95頁以下。

第 4 節　若干の考察

利益が保護に値すると考えられる一方当事者を保護するもの等がそれらの規則である。これらは、裁判所による択一的連結という抵触規則によって遂行される場合のほか、保護されるべき一方当事者に準拠法の選択を許すことによって実現されようとしている[198]。また、後者の場合に、当事者自治を許しながら、その自治を制限する規則により、選択された法律の適用結果から、消費者、労働者、扶養権利者のような弱者の保護を図ろうとするものもあることは、前記の諸国立法例において見られたところである。前出 EC 契約債務準拠法条約において採用されている「強行法規の特別連結の理論」が正にその原型であり、それらの規則は、法適用通則法においてもすでに導入されているものである。

　それでは、当事者自治が国際私法において果たす役割は何であるか。解決の予測性（法的安定性）および具体的妥当性（正義）の 2 つの要請を目的として掲げて、発展を遂げてきたのが現代法である。しかし、今日の国際私法において、当事者自治の導入の拡大は、明らかに、弱者である当事者の利益の保護を確保するという解決の具体的妥当性の要請のため、抵触規則の柔軟化を促進していることを示している。それにより、制限的ではあっても、当事者の双方または一方は、それらの者にとって最も有利な法を選択することが可能となる[199]。そこにおいて求められている当事者の利益・正当な期待の保護は、債権債務関係における当事者自治についても、また、家族法事項についても妥当することである[200]。オランダ離婚抵触法が法廷地法であるオランダ法の選択の余地しか認めていないことの偏狭さについては、すでに見たように、批判的に言及されることもあったが、それも、協議離婚を許容するに至った同国法の立場を顧慮した結果であると考えることができないわけではない[201]。そこにおいては、国際私法における当事者自治の役目が、客観的な価値衡量において優劣を付けることに必ずしも馴染まない私法関係に関して、当事者が主観的に自己に有利ないし好都合な法の選択を認めることにより、当事者の意思を尊重することであることが明らかにされている。しかし、やはり、一定の望ましい

---

[198]　Symeonides, op. cit., p. 38.
[199]　Fausto Pocar/Costanza Honorati, Italian private international law at the end of the 20th century: Progress or regress?, in: Symeonides（ed.）, op. cit., p. 293.
[200]　松岡・前掲書（注 88）38 頁参照。
[201]　杉林＝笠原・前掲（注 110）184 頁。

第 2 章　準拠法の選定における私的自治

実質的な内容を実現するための解決は、択一的連結によって行われるのが最も確実な方法であろう。

かくして、契約の準拠法における当事者自治の原則が、当事者意思の尊重の理念から、契約自由の原則の一端を構成するものであり、私的自治それ自体に、それが原則とされる意義が認められるのに対して、家族法関係における当事者自治は、そのような意義とともに、嫡出保護、準正保護、要扶養者保護等のように、一定の結果が実現されてこそ意義を有する場合が多い。しかし、近時、家族法関係においてのみならず、債権契約における準拠法選択の自由についても、実質法が当事者の利益の保護のための強行規定を含んでいる場合には、実質法と一致することが求められる場合があることも否定できない。

翻って、とくに、家族法関係への当事者自治の導入の背後に存在すると考えられるのは文化的衝突であり、しかも、それぞれの法文化の価値を尊重する限り、それらの優劣に対する評価が極めて困難であり、文化的優位性を決し難いということであろう。また、それと同時に、明らかになったと考えられるのは、属人法の決定基準における国籍主義、住所主義、常居所主義のいずれも、決して絶対的に優位する決定基準ではないということである。従って、そこにおいて看取されるのは、困難な問題の解決において、当事者の意思を反映させる余地があるということである。

第3章　外国法の適用における私的自治

第1節　はじめに—準拠外国法の性質

　当面の行為が事実行為（act of fact）であるか、それとも、法律行為（act of law）であるかという区分は、民事実体法における法的効果の発生との関わりにおいて重要な意味を有するが、民事訴訟法においても存在する類似の問題、すなわち、立証対象が事実問題（matter of fact）であるか、法律問題（matter of law）であるかという区分は、とくに、攻撃および防御において弁論主義が採用されている諸国の渉外私法事件において、その解決の如何を決定づけることとなり、従来から、重要な基本問題であるとされている。渉外事件において外国法を適用する前提として、まず、何よりも、その調査および援用において、一般的に、外国法が事実であるか、それとも、法律であるかが明確にされなければならない。前者は「外国法事実説」（以下、「事実説」とする）と呼ばれ、後者は「外国法法律説」（以下、「法律説」とする）と呼ばれている。外国法を事実として理解すれば、弁論主義の下にあって、訴訟当事者が外国法の存在および内容の立証責任を負うのに対して、外国法を法律として理解すれば、裁判所が職権をもってその存在および内容を調査する事項、すなわち、職権探知事項となる。

第2節　諸国における外国法の位置付け

第1款　大陸法および英米法における外国法

(1)　大陸法

　大陸法系の諸国においては、最終的に、裁判官が判断することであるが、事実問題であると判断された場合における訴訟当事者および裁判所の権利義務については、弁論主義が採用されていて、通常、裁判所は当事者が提出した証拠以外の証拠収集を行うことができない。従って、当事者自らが、証拠の提出方

式、例えば、証人の尋問、専門鑑定人の鑑定、提出すべき書証の決定等の証拠について、当事者が自由に決めて裁判所に提出する。裁判官は、当事者から提出された証拠の合法性、真実性および関連性を審理し、事件と関連性がない証拠については、それを斥けつつ、証拠資料の証明力を自由に認定する権限を有している。それに対して、当面の問題が法律問題であると判断された場合、当事者は法律を挙証するとか、関連法律の援用を要求する義務はない。従って、裁判官は法律を周知しなければならず、事実を根拠として法律を適用しなければならない。しかし、裁判官が、現代社会における多量の法律について、そのすべてを周知しているということは不可能であり、裁判官は、精々、具体事件に適用されるべき法律を調査しなければならないというに止まっているのが現実である。いずれにしても、大陸法系諸国の裁判官は、当事者による法律内容の主張に拘束されることはない。

(2) 英米法

まず、事実問題について、英米法系諸国の民事訴訟においては、徹底した当事者主義が採用されている。殆どの事実問題の挙証責任は当事者にある。比較法の立場からみると、挙証責任については、職権主義および当事者主義の2つの立場があるが、証拠責任の負担の問題は、取り分け、当事者主義の下においては重要であり、いずれか一方の当事者から、何らかの事件事実が提出されたときは、挙証責任をも負担すべきこととなり、確信が抱かれる程度に立証しなければならない。法律問題についても、英米法系の民事訴訟においては、当事者が自ら証拠を提出し、自らの主張および請求を証明するための法的根拠を示す責任がある。当事者は、関連する成文法および判例法上における最新の先例を提示しなければならない[202]。

第2款　外国法の性質に関する学説

まず、「事実説」の根拠は、内国法のみが法律として唯一であるということである[203]。一国の法律の効力の範囲はその領域内に限られるべきであり、その範囲を超えることは、他国の主権を侵害することになるとされている。この

---

[202] Geeroms, op. cit., p.23.
[203] 櫻田・前掲書（注13）113頁参照。

説は、17世紀のオランダにおけるいわゆる「国際礼譲説」が根拠となっている。すなわち、一国の法律は本来その領土を限界として効力を有し、その境界外には効力を及ぼさないことが原則であるが、領土内の他国民については、礼譲のため、その本国法を相互に尊重して、それを適用すると説くものである。国際礼譲説の立場からは、諸国の法律はすべて属地的であり、外国法の適用は主権国家間における国際礼譲原則および相互尊重の結果であるということになる[204]。かようにして、外国法は、内国裁判所にとって、その本国と同様に拘束力を有するものではなく、事実という形態をもって位置付けられるものである。但し、法律が一国の立法者の立法権限および立法手続に基づいて制定されることにより、法律の性質を具備するようになること、外国法が本来法律であり、その法律としての属性が外国の承認を得ずに喪失すること、また、外国法の適用が内国法（内国国際私法）の適用の結果であり、内国主権を侵害することにもなること等が、「事実説」の欠点として指摘されている。さらに、外国法の証明責任を当事者に分担させることは、その調査能力の点において問題があるとも指摘されている。そのような問題点を顧慮した結果、外国法の性質を単純な事実とする立場も変化していることが看取される。すなわち、外国法は確かに一つの事実問題であるが、しかし、一つの特殊な事実問題であるという見解も登場している[205]。なお、外国法を事実としながら、単純な事実とは区別する見解もある。裁判官が職権をもって外国法を適用する権限を有せず、当事者が外国法の内容を証明することを原則とするが、当事者が確実に外国法の内容を証明できないとき、裁判所は外国法を適用することができる。外国法は完全な事実ではなく、事実としての側面を有するとする説もある。この学説はフランス、ベルギーにおいて支持されている。また、後述するところであるが、スペイン最高裁判所判決において示された立場によれば、外国法は事実とされながら、裁判所は外国法の状況を提示し、その適用を当事者に委ねるというものである。この立場は、外国法を資料（datum）として位置付けるものであるとみられる[206]。

---

[204] 許宗德＝楊炳芝＝李春霖総編『中華人民共和国法律大百科全書（国際法巻）』（河北人民出版社、1999年）159頁参照。
[205] J. H. C. Morris（李東来等訳）『法律冲突』（中国対外翻訳出版公司、1990年）40頁。

第 3 章　外国法の適用における私的自治

　次に、「法律説」は、内国の衝突規則を通じて外国の法律規範に国籍を授与しつつ、かつ、外国法規範を内国法体系に導き入れ、そして、それに内国法律規範としての効力を与える。従って、裁判官は、内国規範と同様に外国法の内容を確定し、当事者の意思に違反しても、外国法を適用する義務を有する。この学説は、前述したドイツのサヴィニー（Savigny）が提唱した「内外国法律平等論」からの影響を受けている[207]。外国法は内国法と同じ属性を有するものであり、法律の存在について、当事者が任意的に取り扱うことは許されてはならず、しかも、国際社会において、諸国は相互にその主権を尊重しなければならない。外国法の適用とは、外国国家の主権を尊重することでもある。この説の欠点として指摘されているのは、次のような点である。すなわち、内外国の法律が平等であるとすれば、「法律の効力は領域を越えず」の原則に違反することとなり、内国の主権を侵害する恐れがある。また、渉外事件に関連する2つの国の中の一国の法律を適用することは、主権平等・尊重の理念に反することとなるという点である。この学説はイタリアの通説となっている[208]。なお、外国法も法律であるとしながら、内国法と異なり、内国法律規範と事実との間に位置付けられる規範であるとする学説もある。それによれば、外国法の証明は、純粋な事実の証明と異なり、裁判所は、当事者から提供された範囲を超えて追求することができるとする立場である。オランダ、スイス等においてこの説が採用されている。さらに、外国法を内国法の一部とする説がある。それによれば、内国国際私法によって外国法を指定したとき、当該外国法は内国法に吸収され、内国法の一部になるとされる[209]。しかし、外国法は内国法でないため、内国において法律の性質を有せず、外国法が最終的に適用できたことの根拠として、内国国際私法の規定にそれが求められている。

　さらに、「既得権説」は、外国法の適用を当事者の既得権（acquired right, vested right）を尊重することであるとして、一部の英米学説において唱えられている立場である。すなわち、裁判所が渉外事件において外国法を適用する

---

[206]　ノイハウス（桑田訳）・前掲（注33）140頁参照。
[207]　イタリアにおける立場として、木棚＝松岡＝渡辺・前掲書（注136）77頁（木棚）参照。また、櫻田・前掲書（注13）43頁以下参照。
[208]　韓徳培主編『国際私法新論』（武漢大学出版社、1997年）200頁参照。
[209]　イタリア学説として、櫻田・前掲書（注13）125頁参照。

ということは、実は、当事者が外国法の下に取得した権利について、その効力を与えることと考える[210]。例えば、英国のダイシー（Dicey）教授は、法律の域外における一般的効力を否定しながら、裁判官が渉外事件において外国法を適用するのは、外国判決の承認としてではなく、訴訟当事者が外国法によって取得した権利を保障することであるという[211]。しかし、既得権説には、次のような欠点がある。一つは、特定の権利を保護するということは、当該権利を認める外国法の域外的効力の承認である。各国は、外国判決の承認および執行をもって外国法上における権利および義務を実現する義務があるが、そうであるとすると、既得権理論に依拠する必要性はなくなる[212]。また、いま一つは、準拠外国法の規定と内国法上の公序良俗とが抵触する際に、外国法上の既得権が尊重されないことが説明できなくなることである[213]。

さらに、「法理説」は、裁判官が渉外事件を受理したとき、法規がないことを理由として裁判を斥けることができないため、法規がないときに準じて、最終的に法理学の原則に従う結果、外国法を適用することになるとする[214]。しかし、このように、法規の欠缺を補充することは、事案に内国法が適用されるべき場合であって、渉外事件の場合には、同様に考えることはできないという批判がある[215]。

英米法系諸国が外国法を事実とした理由は極めて現実の考慮に基づくものである。すなわち、外国法の調査には、時間および費用が掛かり、しかも、満足な結果が得られない場合もある。果たして、裁判官をして、当事者が援用した外国法の挙証が正しいことを信じさせることができるものであろうか。それは極めて難しい問題である。

内国裁判所が渉外私法事件に外国法を適用する理由は、外国法を適用することが、強行法である内国国際私法に定められており、それに拘束されるからである。従って、裁判所は職権をもって外国法を調査、適用しなければならな

---

[210] 劉鉄錚＝陳栄傳『国際私法』（三民書局、1998年）204頁参照。
[211] 許＝楊＝李総編・前掲書（注204）160頁参照。
[212] 韓主編・前掲書（注208）66頁。
[213] 劉＝陳・前掲書（注210）208頁参照。
[214] 1923年大理院上字第151号判決参照。
[215] 劉＝陳・前掲書（注210）210頁参照。

い[216]。外国法の適用は、内国法の効力であるということができる[217]。外国法を法律であるとしたならば、その根拠については、以下の理由のように考えることができるであろう。

　まず、国際法の観点からみれば、現代国家の主権主義が原則であり、その原則のもとにおいて、国家は平等で、相互の主権を尊重すべきであるが、それには、他国の立法および司法の尊重も当然に含まれるものと考えられる。従って、外国法を一つの事実としたならば、内国裁判所は外国法の内容を事実の面から審査することとなり、衝突規範によって外国法を援用することは分断されることとなる。このような事態は、外国立法の尊厳を損なうものであり、国際法上、認められるものではない。

　次に、いかなる国家の衝突法の立法趣旨に鑑みても、外国法の適用の目的は、内国法が渉外事件の判断基準となる法律を欠缺しており、公正な判断を図るためには、外国法が法律であるという前提を想定することが、抵触法の本質に適うこととなる[218]。

　そして、裁判官に対し、具体的な渉外私法事件の発生後に外国法を援用する局面においては、裁判所による事実認定、法律適用、結論という三段論法において、論理的に、外国法は法律でなければならない[219]。その場合に、外国法を事実と認定することは、事実を事実に適用するという矛盾が生じることになるといわざるをえない[220]。他方、領域外における効力を当然に有するものとはいえない外国法が、内国抵触法の必要的な援用を経て指定された結果として、外国法の具体的法規が具体的な事件において拘束力を有する法律となるものと考えられる。これが日本学説における通説である[221]。さもなければ、外国法は、客観的に見て、法律としての性質を具有する事実であるというべきであろう。かくして、外国法は、その全体として、本質的には法律であるが、事実としての特徴も併せ持つ特殊な法律である。

---

[216]　澤木＝道垣内・前掲書（注18）52頁以下参照。
[217]　劉＝陳・前掲書（注210）211頁以下参照。
[218]　櫻田・前掲書（注13）125頁。
[219]　劉＝陳・前掲書（注210）211頁以下参照。
[220]　陳栄傳「外国法在渉外実物物上的問題」台湾本土法学2002年33期151頁。
[221]　櫻田・前掲書（注13）125頁参照。

上述のように、外国法の性質については、「事実説」および「法律説」の両説が有力であるが、それらの説の折衷説にも相当の根拠があり、説得力がある。実際には、いずれの国も、その立法および裁判実務において、完全的に純粋な「事実説」か、または、「法律説」の立場を採用しているものはない。英国は典型的な「事実説」の立場を採用する代表的な国であるといわれることがあるが、外国法を一般の事実と異なる特殊な事実であると認識されていることを看過してはならない。他方、ドイツは典型的な「法律説」の立場を採用する代表的な国であるといわれるが、外国法と国内法とを区別することが認められ、外国法の調査に関して、特別な規則が設けられている。このように、事実に属する側面、および、法律に属する側面を併せ持つ外国法の適用は非常に複雑な特殊の問題であり、外国法を安直に事実または法律のいずれかであると断定することは妥当ではない。前述したように、英米法系諸国が外国法を事実として認定した理由は極めて現実の考慮に基づくものである。すなわち、外国法の調査には、時間および費用が掛かり、しかも、満足な結果が得られない場合もある。それは極めて難しい問題である。近時、有力に主張されている見解によれば、外国法の取扱いの問題は、単に法的性質論としてではなく、法政策の問題である[222]。

　外国法の適用は、内国法の適用と異なる特殊性が存在しているため、その本質が事実か法律かという問題の他にも、外国法の調査に関わる問題が依然として解決されていない。外国法の調査責任をいかように分配すべきか、外国法の調査をいかなる方法をもって行うか、外国法の調査が不可能である場合はいかように処理すべき等、理論的に解決されるべき多くの問題があるが、これらの諸問題は、いずれも、外国法を法律または事実と認定することによって直ちに解決できる問題ではない。その解決は、国際私法が外国法を準拠法として選択している趣旨や渉外事件における手続法的要請を考慮して行われるべきであることが指摘されている[223]。そして、外国法の内容は当事者の主張、立証の如何を問わず、裁判所によって職権で調査され、確定されるべきである。裁判所が当事者に外国法の内容を証明させるとしても、それは当事者に挙証責任を

---

[222]　櫻田・前掲書（注13）124頁参照。
[223]　木棚＝松岡＝渡辺・前掲書（注136）76頁（木棚）参照。

負わせるものではなく、裁判所の調査を容易にするためであるという指摘がある[224]。この見解こそが日本の裁判実務の現状を最も的確に表現していると評することができるであろう。

むしろ、渉外事件を渉外財産事件と渉外家事事件とに区分したうえで、この問題を考えるべきではないか。すなわち、前者においては、外国法を事実として取り扱う余地が広いのに対して、後者においては、外国法を可及的に法律として、それに忠実を期すべきであろう。蓋し、前者は、契約自由の原則等、当事者意思が援用されるべきであるのに対して、後者は、準拠外国法の強行的適用の要請が支配する法分野であると考えられるからである。

第3節　外国法の調査責任

第1款　外国法の調査責任に関する理論および立法

外国法の調査責任の分配（いわゆる外国法の挙証責任の分配）の問題は、主として渉外民事訴訟において、いずれの者が外国法の存在およびその内容を調査する責任を負担すべきであるかという問題である[225]。一般的に、挙証責任は2つの面の意味を含んでおり、その一つは、行為の意味における挙証責任、すなわち、いずれの者が証拠を提供すべきであるかという事項証明責任、いま一つは、結果の意味における挙証責任、すなわち、挙証しなければ、その結果について責任を負わなければならないという結果責任である。以下においては、上記の中、前者に関して論及することを目するものであり、調査責任を果たすことができなかったことによる法的結果については、外国法の内容の不明の場合の問題として、節を改めて論じることとする。

(1) 理論的根拠

まず、第1に、「当事者負担説」は、外国法を単純な事実とすることを基本な出発点とし[226]、しかも、民事訴訟の一般原理に基づいて、外国法の証明は、

---

[224] 木棚＝松岡＝渡辺・前掲書（注136）76頁以下（木棚）参照。
[225] 山田・前掲書（注4）129頁以下、溜池・前掲書（注13）245頁以下、澤木＝道垣内・前掲書（注18）52頁以下、櫻田・前掲書（注13）126頁以下、木棚＝松岡＝渡辺・前掲書（注136）76頁以下（木棚）参照。
[226] 山田・前掲書（注4）129頁以下、溜池・前掲書（注13）245頁以下、木棚＝松岡＝渡辺・前掲

第3節　外国法の調査責任

当事者が自ら行い、裁判所は外国法を調査する責任を負わないことを主張する説である。従って、当事者がいずれかの外国法の適用を主張しても、その者がその具体的な内容を証明できないときは、裁判所は外国法を適用する必要はない。外国法が事実であるため、その内容について、当事者が同意したかもしくは争わないとき、または、外国法の内容が本国法と同じであることを認めたときは、裁判所は、それ以上、当事者に証拠の提供を求めることはできない。さらに、裁判官は当該外国法の内容を知悉しているか、または、その適用に関する先例があっても、当事者による証明に応じなければならない[227]。いずれの者が主張して、いずれの者が証明するかの基本な証拠法則に基づいて、その一方当事者は挙証責任を負わなければならない。すなわち、いずれかの外国法を適用すべきと考える一方当事者が、それを裁判所に請求し、挙証しなければならない[228]。裁判官と比べて、訴訟当事者は紛争事件に絡んだ外国法に最大の関心をもって接するため、何らかの具体的な紛争に関連する外国法については、当事者（およびその代理人・弁護士）の方が裁判官よりも熟知している可能性がある[229]。従って、当事者負担説の立場に拠ることが、最も、当事者の積極性を利用することにより、充分に外国法に関する資料の検索および提供を引き出して、事件に適用すべき外国法の本来の内容に迫ることができる。しかし、外国法の任意法規の内容について、双方当事者間に異議がないとき、裁判所は当該外国法を判決の根拠とするが、それに対して、当事者が挙証できないか、または、提供した外国法の内容の真否について確定できないときは、挙証責任分配原則に基づいて、挙証責任を負う当事者にとって不利な結果となり、国によっては、請求を棄却するという処理が行われることとなる。

　　書（注136）76頁以下（木棚）参照。
[227]　山田・前掲書（注4）130頁、溜池・前掲書（注13）243頁、木棚＝松岡＝渡辺・前掲書（注136）76頁（木棚）参照。
[228]　山田・前掲書（注4）131頁、溜池・前掲書（注13）245頁、木棚＝松岡＝渡辺・前掲書（注136）76頁（木棚）、劉興善「法院於外国法適用案件所扮演角色之探討」劉鉄錚教授六秩華誕祝寿論文集『国際私法理論與実踐（一）』（学林文化事業有限公司出版、1998年）所収、307頁参照。
[229]　山田・前掲書（注4）129頁、溜池・前掲書（注13）243頁、木棚＝松岡＝渡辺・前掲書（注136）76頁（木棚）参照。法適用通則法第9条、第16条、第21条が定める当事者による準拠法の変更の場合には、当事者の利益の尊重のため、当事者の責任で準拠法の内容を明確化すべきとする見解もある（木棚編・前掲書（注18）112頁（樋爪誠）参照）。

第3章　外国法の適用における私的自治

　次に、第2に、「裁判所負担説」は、外国法の性質が法律であるということを基礎として、「裁判所は法を知る」（Jura novit curia）という原則のもとに、法律としての性質を有する外国法の内容について、裁判官が調査する義務があり、当事者が挙証責任を負うべき範囲には属さないとする説である[230]。ドイツがこの説の代表者であり、早くから、サヴィニーの国際私法理論の影響を受けたドイツ裁判所は、国際私法規定に基づく外国準拠法をもって渉外事件を解決するとき、裁判所が外国法を調査する義務を有するものとする。その後、1877年のドイツ民事訴訟法も、このような立場に立つものである。従って、裁判所は、当事者から提供された証拠に限らず、情況により、職権をもってその他の関連資料を援用し、適当な処理を行うことができる[231]。当事者負担説とは全く反対の見解から、裁判官に対して、外国法の内容を調査し、また、裁判官が当事者に提示した外国法を証明することを要求することができる[232]。抵触規則が指定する外国法の内容を調査し、外国法を適用して事件を審理することは、裁判所の権利のみならず、その義務でもある。当事者は裁判所の外国法調査に協力することがあるが、これは当事者の権利であって、義務ではない。しかし、裁判官が内国法を知悉すると同様にすべての外国法を知悉し、そして、それを正確に適用することを求めることは、裁判官に過度な負担を負わせることとなる。そのため、渉外事件の審理においては、前述した「任意的抵触法の理論」がその根拠としているように、外国法を適用することが多くの不便を生ぜしめるため、裁判所が法廷地法を適用して外国法の適用を代替しようとする動きが現れている[233]。政策的配慮という点からしても、裁判官に外国

---

[230]　山田・前掲書（注4）129頁、溜池・前掲書（注13）243頁、木棚＝松岡＝渡辺・前掲書（注136）76頁（木棚）参照。因みに、ドイツ民事訴訟法第265条規定は、「外国の有効な法律、慣習法および法規が知られないときは、裁判所が証明しなければならない。裁判所がこれらの法律を証明するときは、当事者に提出された証拠に制約されない。裁判所は、証拠を調査するため、その他の情報の出所または必要な処分を利用することができる。」と定めている。

[231]　山田・前掲書（注4）131頁、溜池・前掲書（注13）245頁、木棚＝松岡＝渡辺・前掲書（注136）77頁（木棚）、劉・前掲（注228）307頁参照。

[232]　山田・前掲書（注4）131頁、溜池・前掲書（注13）245頁、木棚＝松岡＝渡辺・前掲書（注136）76頁（木棚）参照。

[233]　山田・前掲書（注4）131頁、溜池・前掲書（注13）249頁、木棚＝松岡＝渡辺・前掲書（注136）77頁（木棚）参照。

第3節　外国法の調査責任

法の提供を求めることには疑問がある。

　そして、第3に、「折衷説」は、外国法の調査証明が容易でないこと、諸国の法律が極めて煩雑であること、裁判官も万能ではなく、当事者も法律の専門家でないことを考慮し、一定の者に挙証責任のすべてを負わせることは妥当でないと考える。従って、当事者負担説、または、裁判所負担説のいずれかに一律的によっている国は殆ど見られず、多くの国々は折衷説の立場によっている。このような立場からは、当事者も裁判所も、ともに、一定の調査責任を負うこととなる。具体的にいえば、以下のように、折衷説の立場に立つ見解から主張されている。すなわち、①裁判所は職権によって外国法を調査しなければならないが、当事者に協力を求めることができる。裁判官の調査をより重視し、当事者から提供された証拠を認定することもできるうえ、拒絶または制限を加えることもできる[234]。あるいは、②原則として、当事者が外国法を証明しなければならないが、一定の情況の下において、裁判官は自ら調査しなければならない。例えば、裁判官が本来的に法律の内容を知悉すべきであった場合であり、法適用通則法第3条により、裁判所が法律の不存在を認定するような場合である。このような場合には、裁判所は職権をもって調査しなければならない。あるいは、③原則として、裁判所が職権をもって外国法を調査しなければならないが、一定の情況の下にあっては、当事者が証明しなければならない。因みに、スイス連邦国際私法第16条第1項は、「適用されるべき外国法の内容は、職権によって確定されるべきものとする。そのため、当事者の協力が要求されることができる。財産法上の請求の際には、証明が当事者に課せられることができる。」と定めている。

(2)　諸国立法の概観

　現在、多くの国々は、外国法の内容の証明の問題について、民事紛争の有効な解決のため、国際私法または民事訴訟法の立法上の明文規定により、裁判所および当事者が密接に協力すべきことを定めている。しかしながら、理論的に整理すれば、大凡、前述のような3つの立場が存在している。まず、当事者負担説は、成文法に見い出されることはできないが、基本的に、英米等、コモン

---

[234]　山田・前掲書（注4）131頁、溜池・前掲書（注13）245頁、木棚＝松岡＝渡辺・前掲書（注136）77頁（木棚）、韓德培主編・前掲書（注208）202頁参照。

第 3 章　外国法の適用における私的自治

ロー系諸国および一部の南米諸国の裁判実務において採用されている。それに対して、裁判所負担説は、一部の西欧諸国、例えば、オーストリア、イタリア、オランダ、および、一部の東欧諸国、さらに、南米のウルグアイ等の立法にその明文規定を見ることができる[235]。例えば、オーストリア国際私法（1978 年）第 4 条第 1 項は、「外国法は職権によって調査されるものとする。」と定めており[236]、また、前出イタリア国際私法制度改正法（1995 年）第 14 条第 1 項第 1 文は、「外国法の確定は、裁判官により、職権をもって探求される。」と定めており、さらに、前出アゼルバイジャン共和国国際私法（2000 年）第 2 条第 1 項は、「外国法の適用に際し、裁判所は、法規の内容の確定のため、当該国家におけるその公式な解釈および適用の実務に従い、全ての措置を執らなければならない。」と定めている。しかし、大多数の諸国の立法は、折衷説の観点を採用している。例えば、セネガル家族法（1972 年）第 850 条第 1 項は、「外国法の内容は、セネガルの裁判権の前において、それを利用する訴訟当事者により、また、必要があれば、裁判官の請求により、すべての手段によって明らかにされる。」と定め、第 2 項は、「裁判官は、その者の個人的な外国法の認識の状態をすべての者に受け入れられる一般的な事実とみなすことができる。」と定めている[237]。ハンガリー国際私法（1979 年）第 5 条第 1 項は、「裁判所または他の官庁は、それに知られていない外国法について、職権をもって調査する。必要な場合においては、それは、鑑定を受け、また、当事者によって提出された証明をも顧慮しなければならない。」と定めている[238]。前出旧ユーゴスラビア国際私法（1982 年）第 13 条第 1 項は、「裁判所またはその他のすべての官庁もしくは機関は、職権をもって準拠外国法の内容を確定しなけれぱらない。」と定め、第 3 項は、「訴訟当事者は外国法の内容に関する公文書を提出することもできる。」と定めている。ペルー民法典（1984

---

[235]　新しいウルグアイ国際私法については、笠原俊宏「ウルグアイ東方共和国国際私法の邦訳と解説（上）、（中）、（下）」戸籍時報 754 号 9 頁以下、755 号 17 頁以下、756 号 44 頁以下参照。

[236]　総覧 70 頁以下参照。

[237]　総覧 180 頁以下参照。

[238]　同項の規定は、2017 年のハンガリー国際私法第 7 条および第 8 条に受け継がれている。笠原俊宏「ハンガリー共和国の新しい国際私法典（2017 年）の邦訳と解説（上）」戸籍時報 770 号 30 頁以下参照。

年）第2051条は、「ペルーの国際私法規則に従って管轄権を有する外国規定は、職権をもって適用されなければならない。」と定め、第2052条は、「訴訟当事者は、それらの者が外国法の存在および意味について適当であると考える証拠を提出することができる。裁判官は、その者が適切と考えない証拠方法を退けるか、または、制限することができる。」と定め、第2053条は、「裁判官は、職権をもって、または、当事者の申立により、行政権に対し、その者が外交手段により、適用することが問題である法律が属する国の裁判所から同法の存在およびその意味に関する情報を得ることを請求することができる。」と定めている[239]。前出スイス連邦国際私法（1987年）第16条第1項は、「適用されるべき外国法の内容は、職権によって確定されるべきものとする。そのため、当事者の協力が要求されることができる。財産法上の請求の際には、証明が当事者に課せられることができる。」と定めている。ルーマニアの国際私法を調整する法律第105号法（1992年）第7条第1項は、「外国法の内容は、専門家の意見または他の然るべき方法に則り、それを制定した国家の機関から得た証明により、裁判上の審理を通じて確定される。」と定め、その第2項は、「外国法を援用する当事者は、その内容を証明することを義務づけられることができる。」と定めている[240]。前出チュニジア国際私法典（1998年）第32条第1項は、「裁判官は、その者の知識の範囲および適当な期間内において、職権をもって連結規則による外国法の内容の証明を報告し、また、そうでない場合には、当事者の協力のもとにそれを行うことができる。」と定め、第2項は、「その他の場合においては、外国法に基づく請求を行う当事者がその内容を証明しなければならない。」と定めている。キルギスタン共和国民法典（1998年）第1169条第1項は、「外国法の適用に際し、裁判所又は他の国家機関は、外国の然るべきその公的解釈、適用の実務および学説に従い、その規定の内容を確定する。」と定め、その第3項は、「争訟に関与した者は、それらの者がその請求もしくは異議の根拠付けの際に援用する外国法規の内容を確証する文書

---

[239] 総覧348頁参照。
[240] 笠原俊宏「外国国際私法立法に関する研究ノート(1)——ルーマニア国際私法（1992年）——（上）、（下）」大阪国際大学紀要国際研究論叢8巻1号89頁以下、2号121頁以下参照。因みに、その後における新しいルーマニア国際私法（2011年）については、笠原俊宏「ルーマニア国際私法の改正について—新旧法の比較検討」東洋法学57巻1号279頁以下参照。

第 3 章　外国法の適用における私的自治

を捜出するか、または、その法規の内容確定の際に、他の方法をもって裁判所若しくは他の国家機関を援助する権利を与える。」と定めている。前出スロベニア共和国の国際私法および民事訴訟法（1999 年）第 12 条第 1 項の規定は、「裁判所または他の所轄官庁は、職権により、準拠外国法の内容を確定しなければならない。」と定め、その第 3 項は、「手続においては、当事者は、外国法の内容に関する外国所轄官庁または機関の公文書または他の文書を提出することができる。」と定めている。前出カザフスタン共和国民法典（1999 年）第 1086 条第 1 項は、「外国法の適用に際して、裁判所は、それぞれの外国におけるその公的解釈、適用の実務および学説に従い、それに関する規定の内容を確定するものとする。」と定め、その第 3 項の規定は、「事件の当事者は、それらの者がその請求または抗弁の立証において援用する外国法規定の内容を確証する文書を提出するか、または、それらの規定の内容の確定において他の方法で裁判所を支援する権利を有するものとする。」と定めている。前出ベラルーシ共和国民法典（1999 年）第 1095 条第 1 項は、「外国法の適用に際し、裁判所または他の国家機関は、当該国家における公権解釈、適用実務および法理と一致して規定の内容を確定しなければならない。」と定め、第 3 項の規定は、「訴訟当事者は、それらの者がその主張または異議の根拠付けの際に関連する外国法規の内容を証明する証拠書類を提出する権利を有し、また、裁判所は、その法規の内容の確定に際し、他の方法をもって援助する権限を有する。」と定めている。前出ロシア民法典第三部（2001 年）第 1191 条第 1 項は、「外国法の適用のため、裁判官は、関係外国における公式な解釈、長年の実務および現実の学説に従い、その規則の内容を確定する。」と定め、その第 2 項は、「外国法規の内容を確定するため、裁判官は、手続規則に従い、ロシア連邦法務省並びにロシア連邦または外国における全ての資格のある機関の援助および説明を要求することができる。また、裁判官は鑑定人を任命することができる。」と定めている。前出モンゴル国民法典（2002 年）第 541 条第 1 項は、「通常裁判所および仲裁裁判所は、外国法の適用に際し、公式の注釈および慣例の実務に従い、法規の内容を確定しなければならない。」と定め、同条第 3 項は、「当事者は、当該外国法規の内容を確認する文書を提出する権利を有する。」と定めている。前出ベルギー国際私法（2004 年）第 15 条第 1 項は、「本法によって指

定された外国法の内容は裁判官によって確定される。」と定め、さらに、その第２項は、「裁判官がその内容を確定することができないときは、その者は当事者の協力を要求することができる。」と定めている。前出トルコ国際私法および国際訴訟手続法（2007 年）第 2 条第 1 項の規定は、「裁判官は、職権により、トルコ抵触法規則、および、その規則に基づいて基準となる外国法を適用する。裁判官は、適用すべき外国法の内容を確定するため、当事者の助力を利用することができる。」と定めている。

第 2 款　英米法における状況

(1)　英国法

英国は外国法が事実であることを堅持しており、そのため、当事者が外国法の内容について挙証責任を負い、裁判官は調査責任を負わない。英国における外国法の調査責任分配に関する規則は、以下の通りである。すなわち、事件の審理の過程において、審判機関は何らかの特定の事項について、直接に、その真実性を確認して証拠として証明する必要がないとするいわゆる「司法認知」（Judicial notice）という訴訟証明方式が、一貫して採用されている[241]。「司法認知」の対象は特定な事項であって、事件の事実を含みながら、事件と関連している法律を含んでいる。英国証拠法上、「司法認知」は、一切の実務は必ず証拠をもって証明するという原則の例外として理解されてきた。英国証拠法は「司法認知」の対象を 4 つに分類している。すなわち、①周知の事実、②調査を経て司法上において認知された事実、③英国法、欧州共同体立法および英国国会の立法手続、④成文法の関連規定がそれらである。これによれば、英国民事訴訟の関連規則に基づき、外国法は「司法認知」の範囲には属さないように見られる。従って、英国裁判官は外国法を適用するに際し、専門家である証人の協力を依頼しなければならない。この規則はすでに多くの事件の中で確認されている。例えば、1947 年の A/s Tallina Laevauhisus v. Estonian State Steamship Line 事件[242]において、エストニア国家船舶会社が、エストニア政府の委託人として、船舶の損害賠償について完全な権利を有するか否か問題とされ

---

[241]　田中英夫編集代表『英米法事典』（東京大学出版会、1991 年）483 頁参照。

[242]　A/s Tallina Laevauhisus v. Estonian State Steamship Line [1947] 80LI. 1.Rep. 99, 105 (C.A.).

第3章　外国法の適用における私的自治

た。当時、エストニアはソ連に占領にされ、ソ連がエストニアの主権の行使を主張していた。船舶損害が発生した直後、エストニア国家船舶会社は国有化を実施して、当該会社は間接にソ連政府が代表するようになり、国際法に基づいて、代替ないし修正する以外に、旧エストニア法が相変わらず適用されるべきであると主張した。そして、最初の所有者は専門家による証拠を提出しながら、旧法により、その者が損害賠償請求権を有するということを表明した。それに対して、裁判所はエストニアの新法の効力について疑いを抱いたが、エストニア国家船舶会社はソ連法とエストニア新法に関するいかなる証拠も提出することができないため、裁判所は、英国の専門家の証拠がない場合には、外国法の内容を決定することはできないとした。

　総括的に言えば、英国の法律の実践には、以下のような規則が存在するとされている。まず、第1は、英国裁判所が外国法について調査を行い、外国法が「司法認知」の範囲に属さなければ、事実として、当事者はその内容について証明しなければならず、それに反すれば、抵触規則によって外国法が指定されても、裁判官は外国法を適用しない。第2に、通常、外国法の証明方法は専門家の証人（expert witnesses）であるが、証明責任を負う一方当事者が簡単に外国の立法または外国裁判所の判決ないし権威的な著作の援用をもって証明することは認められず、これらの資料は、専ら専門家の証人の部分的証拠として提出とされ、専門家の証人の協力がなければ、裁判所はこれらの資料を評価・解釈することができない。第3に、通常、被告が外国法の証明責任を負うが、外国法の内容を証明する責任は双方当事者間に分配されており、原告と被告のいずれに外国法の証明責任を負担させるかは、英国の外国法証明プロセスにおける重要問題である。外国法は事実事項として取り扱われてきたが、そのために、一方当事者の弁論を経なければ、英国裁判所は積極的に外国法を適用せず、そして、外国法を証明する責任は、その主張または抗弁が当該外国法を基礎とする一方当事者が負う。原告が英国法に基づいて訴訟を提起した場合、被告が外国法を根拠として弁論する場合には、通常、被告が外国法を証明する責任を負うこととなる[243]。当事者が外国法に言及するのみで、証明しないか、

---

[243]　しかし、例えば、一方の当事者が起訴状もしくは答弁書にある外国法を言及したのみで、外国法の具体的な効果について詳しく陳述しなかったときは、その当事者が外国法の証明責任を担当

第3節　外国法の調査責任

または、証明が不十分である場合、裁判官は当事者に外国法の内容について証明またはさらなる充分な証明の提出を要求することができる。当事者が裁判官のこの要求に従わなければ、当該事件には英国法が適用されることになる。他方当事者は、外国法について専門家の証人による証明を提出する義務はなく、裁判所は、通常、他方の専門家証人から提供された証拠を採用するが、その証拠は一貫して、しかも、明晰かつ確実である[244]。裁判所は、提示された証拠により、外国法の内容が正確に伝えられていないと判断したら、当該外国法を適用しないが、しかし、裁判官が推理によって判断を下すことは、当事者から提出とされた資料範囲を超えることになるので許されない。第4に、英国裁判所は、外国裁判所の判決について、外国法の証拠として考慮するが、それを証拠として、英国裁判所を拘束することはない。第5に、英国裁判所が外国法を適用するのは、それが英国の法律規定および周知の事実として援用されるからであり、外国法として援用されたことを意味するものではない。外国法は、その後のすべての別事件において、改めて証明されなければならない。同様に、外国法が援用された英国裁判所判決から外国法を推測してはならず、このような判決は一つの「準先例」（quasiprecedent）であるが、当該判決は以後の裁判所を拘束するものではない。そして、第6に、上訴裁判所は、第一審裁判所が所有する訴訟文書を改正する全面的な権利を有し、事実問題につき、新しい証拠を採用する全面的な自由裁量権を有する。「外国法問題は、一つの事実であっても、しかし、一つの特殊な事実である。外国法の事実裁決と普通の事実裁決とは異なる性質を有する問題である。」と言われる所以である[245]。なお、

　する必要はない。Fentiman, op. cit., p.149. 参照。グラスゴー大学の経済学者雑誌事件において、裁判官がこの観点を採用した。当該事件は、被告が原告側の名誉を侵害し、また、侵害性を有する文字は、英国以外の国々で出版された。被告側は、この請求理由により、原告側が審理中にこれらの外国法の内容を証明すべきであると主張した。裁判官は、被告の主張を否定し、原告が訴訟中に明白に諸外国法の内容を説明していないことを理由として、被告側に外国法とイギリス法との差異を証明することを課した。University of Glasgow v. The Economis Limited. [1997] E.M.L.R. 195.

[244]　かつて、外国法の問題は陪審団によって決定されたが、現在は、1987年法第69条第5項の規定により、外国法の問題は裁判官が独自に決定する。

[245]　伝統的な英国上訴制度の規定により、初審裁判所だけが証人の陳述を聴取する権利がある。上訴裁判所は陪審団をつけない情況で判決を下すため、上訴裁判所は新しい証拠方法を考慮することはできない。しかし、上訴裁判所は初審裁判所が提供した書類の評価の際に、証拠の解釈につ

第3章　外国法の適用における私的自治

それ以外に、英国裁判所は、下級裁判所において、外国法を事実問題としているが、上訴裁判所においては法律問題として取り扱われている[246]。

　英国法上、裁判官は外国法について「司法認知」を行ってはならず、当事者が外国法の内容を証明しなければならないという原則が堅持されてきたが、一定の情況の下では、外国法はすでに裁判所に把握され、証明は必要なくなることがある。これらの事件について、専門家証人を通じて外国法を十分に証明する必要がないとまではいえないが、外国法の内容を根本的に証明する必要はないということである。例えば、一つには、いわゆる「一般法律原則」（general principles of law）がそれとして挙げられる。「一般法律原則」は、一つの国家のみならず、諸国に承認された法律原則であり、その内容について改めて証明する必要はない。1863年のDi Sora v. Phillipps事件[247]において、裁判所は「一般法律原則」を知るべきと考えられている。しかし、「一般法律原則」の存在およびその内容を証明することは困難である。いま一つは、「公認の事実」である[248]。外国法が周知な内容であれば、裁判所は直接的に適用して、当事者にその内容を証明させる必要はない。例えば、Saxby v. Fulton事件[249]において、当事者は、賭博がモナコにおいて合法であることを証明しなかったが、「周知の事実」として、モンテカルロは世界でも有名的な賭博の都であり、それゆえ、当地においてルーレットで遊ぶことは合法的であると判断された[250]。「周知の事実」についていえば、主審の裁判官のみが当該外国法の内容を承知するだけでは足らず、通常の知識と経験を具備する者も分かることが求められた。外国法を一つの「周知の事実」と判断するには客観な基準が求めら

　　いて広範な権利を有する。従って、外国法の問題については、かつて、上訴裁判所は初審を担当した裁判官の書類と証拠の解釈を訂正することにより、外国法の意味に関する判決を変更することができるに止まったが、現在では、伝統的な上訴制度の法規にならって、上訴裁判所が上訴審で再び裁判を行う方式が規定された。拙稿「外国法の調査責任に関する若干の考察」東洋大学大学院紀要47集87頁以下、とくに、91頁以下。

[246]　J. H. C. Morris, Conflict of Laws, 1998, p.39.
[247]　Di Sora v. Phillipps [1983] 11 E. M. L. R. 1168, 1171.
[248]　威廉＝泰特雷（劉興莉訳）『国際衝突法』（法律出版社、2003年）513頁。
[249]　Saxby v. Fulton (1909) 2 K. B. 208, 211, per Bray J.
[250]　すでに1856年、モンテカルロでは賭博場を開設し始めている。現在では、米国・ラスベガス、中国・マカオとともに、世界の三大賭博場と称されている。

第 3 節　外国法の調査責任

れ、いわゆる一般人の認識を基準としなければならないが、統一的な基準は存在しない。「外国法が周知の内容であれば、当事者はその内容を証明する必要がない。」という観点は、例えば、Ei Ajou v. Dollar Land Holdings Plc 事件において、裁判所が外国法について司法認知を行ってはならないことが明言されている[251]。第 3 は、裁判所が、その他の法域の裁判所からの上訴事件を審理する管轄権を有するとき、当該裁判所は上記法域の法律を知っていると推定される。例えば、高等法院はスコットランドから上訴された事件を審理した際、当該事件がスコットランドまたは北アイルランドの法律に関連して、議会の上院がスコットランドまたは北アイルランドの法律について「司法認知」を行うことができる[252]、つまり、高等法院がスコットランド、イングランドおよび北アイルランドのいずれかの法域からの上述事件を審理する際には、スコットランド、イングランドおよび北アイルランドの法律について既知な事実として取り扱うものとされた[253]。第 4 は、以前の判例から確定した外国法の内容である。一般的に、外国法が訴訟の中において事実として存在していても、外国法は、本来、各事件の中で証明されなければならず、過去に審理された同様な英国裁判所判決から外国法規則を推断することはできない[254]。しかし、英国の 1972 年の民事証拠法（1972 Civil Evidence Act）第 4 条第 2 項の規定により、初審裁判所または上訴裁判所がすでに確定した外国法の問題については、その後の民事訴訟において、当該外国法を証拠として取り扱うことが認められ、判決は引用可能な形式の判例集であれば良いとされている。そして、第 5 は、法令の例外規定である。このような法令が数少ないにもかかわらず、ある法令の規定によれば、裁判所は、特定の情況に基づき、外国法認知を行うことが明確に規定されていた。例えば、1950 年の「扶養条例」第 22 条第 2 項の規定においては、「本条第 1 項の目的のため、連合王国の如何なる法廷も、連合王国のその他の法域の法律について、司法認知を行うことができる。」と規定されていた。

---

[251]　Fentiman, op. cit., p.250.
[252]　Geeroms, op. cit., p.119.
[253]　威廉＝泰特雷（劉訳）・前掲書（注 248）513 頁。
[254]　拙稿・前掲（注 245）93 頁以下。

第3章　外国法の適用における私的自治

(2) アメリカ法

　アメリカの各州裁判所は、外国法の調査責任分配問題につき、その取扱い方法が一致していない。連邦裁判所と州裁判所との間、および、州裁判所相互の間においては、大きい差異が存在している。連邦裁判所は、以前、英国裁判所の取扱い方法を踏襲したことがあった。当初、事実問題を証明する方法をもって外国法問題に対応した。外国法の適用を主張する当事者は外国法の内容を証明する責任を負い、裁判所は外国法について証明する必要がないとしながら、証明する権利もないとしていた。外国法規定は、証拠技術規則として証明を求める以外、裁判所が外国法を「司法認知」する範囲として認めない。裁判官が外国法を巡って独自に研究を行うことは禁止されていた。外国法の調査が一つの事実問題として取り扱われたため、一旦、証拠が不十分とか、または、明らかな錯誤を生じた情況が発生したら、外国法の証明問題については、上訴審において容易に取り消すことになる。外国法を求める一方の当事者がその内容を調査および証明する責任を負うが、調査によって、外国法に関する陳述が余りにも簡潔であれば、提訴または弁論の過程における挙証は失敗を招く結果となる。多くの場合、幾つかの特殊な証拠規則、例えば、鑑定（authentication）規則、最良の証拠（best evidence）規則、および、伝聞証拠（hearsay）規則等に阻害されることがある。専門家の証人は、特定の国家の法律について証明を行い、しばしば、外国法の翻訳が提出されても[255]、このような事実の証明方法は効率が悪く、また、費用も掛かり、手続の目標と完全に背馳することとなる[256]。当事者が外国法について挙証に失敗すると、最終的には、外国法は裁判所によって適用されない結果となる[257]。従って、経済的に優勢な当事者は他方当事者を凌駕することとなる[258]。

　1966年7月1日、「米国連邦民事訴訟規則」（F.R.C.P.）第44.1条の修正に

---

[255] Schmertz, The Establishment of Foreign and International Law in American Courts: A Procedural Overview, *Virginia Journal of International Law*（以下、*Va. J. Int'l L.* とする）1978, p.180.

[256] Arthur Nussbaum, Proving the Law of Foreign Countries, *American Journal of Comparative Law*（以下、*Am. J. Comp. L.* とする）1954, p.66.

[257] Ibid.

[258] John R. Brown, 44.1 Ways to Prove Foreign Law, *Tulane Maritime Law Journal* 1984, p.186.

第3節 外国法の調査責任

伴い、米国連邦裁判所の外国法証明制度は統一され、外国法の証明について効率的な規則が設けられた。当該条文の規定は、「裁判所は、外国法の内容の確定において、連邦証拠規則に基づき、当事者から提供されたか、又は、採用されることが可能か否かにかかわらず、証言を含む一切の関連資料を考慮することができる。裁判所の確定は法律問題の規律と見做される。」と定められていた。当該条文は、外国法の調査責任を裁判所に与えず、外国法を調査する権利を与えるものであって、裁判所は証明義務を負うものではない[259]。しかし、当該条文に外国法の問題を可能な限り解決すべきという意味が含まれており、すべての可能な資料を利用しなければならず、裁判所が外国法の調査に積極的な役割を果たすことが期されていた[260]。その後、当該条文は、次のように修正されるに至った。すなわち、「外国法の内容に関する訴訟を提起した当事者は、その訴状またはその他の合理な書面の方法により、裁判所に告知しなければならない。裁判所は、外国法を確定する際、当事者によって提出されたか、あるいは、連邦証拠規則の規定と一致するか否かに拘らず、証拠を含む一切の関連資料を考慮することができる。裁判所の確定は法律問題の確定と見做される。」というのがそれである[261]。これにより、第44.1条は裁判官を自由にしたが、当事者は裁判所に関連する外国法の問題を告知するか、または、外国法の関連内容を証明する責任を免れていない[262]。第44.1条が裁判所に外国法問題を認定する自由裁量権を付与したことにより、事件に役立つ提案または事件の公正的な審判が見込まれる[263]。米国最高裁判所は、すでに外国法を証拠問題として取り扱わないこととなる。これは、当事者が複雑な証拠規則に従い、外国法の内容を証明する必要がないことを意味している。同時に、当事者が、裁判官に対し、外国法について「司法認知」を要求することができないことを

---

[259] Geeroms, op. cit., p.120.
[260] Charles A. Wright/Arthur R. Miller, Federal Practice and Prcocedure, 1995, p.208.
[261] Daniel Lumber Co. v. Empresas Hondurenas, S. A., 215 F. 2d 465 (5th) Cir. 1952.; Bank of Nova Scotia v. San Miguel, 196 F. 2d 950, 957 n. 6 (1st) Cir. 1952.
[262] 第44.1条の起草者は、外国法の証明されない問題については回避する態度を採用している。従って、一つの抵触問題として、これが最高裁判所の規則を制定する権力を超えることになった。United States v. McClain, 593 F. 2d 658, 669 n. 17 (5th Cir.), cert denied, 444 U. S.918(1979).
[263] Brown, op. cit., p.186.

第3章　外国法の適用における私的自治

意味している。「司法認知」は証拠規則中の一つの原則であるため[264]、外国法の調査について、継続して「司法認知」という概念を使うのは不適切なこととなった。「米国連邦民事訴訟規則」第44.1条は、裁判所が外国法について「司法認知」を行う権利には言及していない。例えば、裁判官が自ら外国法について研究を行う場合に、そのような対応が「米国連邦民事訴訟規則」第44.1条の要求を満たしているということである。例えば、Trans Chem. Ltd. v. China Nat'l Mach. Import & Export Corp 事件[265] において、双方当事者とも専門家証人を依頼したが、双方当事者が反対の意見を提出したため、裁判官が自ら中国法について探究し、その結果、当該判例は、確かに、裁判官が独自に外国法を調査してはならないという観点に反論することとなった。「米国連邦民事訴訟規則」第44.1条は、裁判所が外国法について行った探究の結果を必ず当事者に告知することを明確に規定していない。しかし、裁判官が外国法について探究することは、司法資源の無駄と考えられている。実務上、双方当事者から提出された証明資料が相互に矛盾していなければ、裁判官は直接的に当事者から提供された資料によって外国法の内容を確定することとなって、外国法の内容について、殊更、探究することはしない。例えば、Golden Trade v. Lee Apparel Co. 事件[266] において、双方当事者から提出されたノルウェー法に関する資料について衝突していないことを理由として、裁判官は直接にこれらの資料によって外国法の内容を確定した。注目されるのは、米国連邦民事訴訟規則第44.1条が、裁判官のみの調査責任を重く負担させて、当事者およびその代理人の外国法を証明する責任を減らしていないことである。相変わらず、当事者が関連資料を提供し、外国法の内容を証明しなければならないと定められている。渉外民事に及ぼす事件を審理する最中において、裁判官は依然として当事者に一定の証明資料を求めることが可能であって、当事者の代理人は常に裁判官に協力して外国法の調査に専念しなければならない[267]。

　アメリカの数多くの州においては、「連邦民事訴訟規則」第44.1条に確定さ

---

[264]　Geeroms, op. cit., p.120.
[265]　978F. Supp. 266, 278-290（S. D. Texas 1997）.
[266]　143 F. R. D. 514, 524（S. D. N. Y. 1992）.
[267]　Roger J. Miller, The Reception of Foreign Law in the U. S. Federal Courts, *Am. J. Comp. L.* 1996, p.32.

第3節　外国法の調査責任

れた規則が採用されている。州により、直接的に採用し、また、依然として「司法認知」という概念を利用しながら、当該規則が間接的に採用されている。米国の多数の州はすでに関連する法令を設けて、裁判官は外国法について「司法認知」を行わなければならないと決めていたが、州により、幾つかの条件が加えられている。例えば、カリフォルニアとニューヨークは、当事者が裁判所へ充分な資料を提出した以外は、裁判所が自由に外国法について「司法認知」を行うことを認めているが、有名な Walton v. Arabian American Oil Co.事件[268]においては、「司法認知」を行うことは、裁判官の自由権を濫用することであると論じられている。また、数少なくない州、例えば、イノリイ州、アイオワ州、ケンタッキー州、ユタ州においては、依然として、「コモン・ローの伝統」に則った観点が堅持されており、外国法を一つの事実問題と考えて、証拠規則によって当事者が証明を行う必要があると考えられている。これらの州においては、外国法の調査問題について、成文法は規定されておらず、判例法によって関連する規則が設けられている。

第3款　大陸法における状況

(1)　日本法

外国法が事実であれば、その適用は当事者の主張・援用を待って行われ、外国法が法律であれば、その適用、および、そのための前提となる調査は職権をもって行われることとなる。前述のように、日本学説においては、外国法を法律（判断の基準）であるとして、その調査については職権探知主義が支配している。すなわち、日本国際私法が外国法を準拠法として指定することにより、外国法は内国において法律としての効力を有することとなるとするいわゆる狭義の外国法法律説が有力である。しかし、国際私法が外国法の適用を定める以上、裁判所が職権をもって外国法を調査・適用することが当然であるとする見解もある。そして、また、いずれの立場がとられるべきかの問題は、外国法が事実であるか法律であるかに関わらない法政策的問題であるという指摘もされている。いずれに根拠を求めるにしても、日本国際私法上、徹底して、外国法

---

[268]　Walton v. American Oil Co. 233 F. 2d 541（2d Cir. 1956).

第3章　外国法の適用における私的自治

の調査・適用は職権によるべきとする立場が支持され、確立されていることは明らかである。比較法的に見ても、職権探知主義は広く支持された普遍的な立場として確立しており、日本国際私法における立場もそれに同調するものである[269]。

かくして、その卓越した支配の現状を見る限り、いかに、当事者主義ないし弁論主義に基づく任意的抵触法理論の提唱に相当な説得力があるとしても、当事者自治の下に、当事者によって法廷地法が選択される以外、その実現には極めて程遠いのが現実であるというほかはない。

(2)　ドイツ法

大陸法系国家の一般的な規則においては、裁判官は、当事者の協力を求めることにより、外国法の有効性およびその内容を調査する。立法の明文化がなされてない国においては、実務上、明確に、裁判所が職権によって外国法を調査しなければならないが、当事者の協力を求めることができる[270]。しかし、ドイツとフランスとは異なっており、以下の通り、ドイツの裁判官は比較的に重い調査責任を引き受けているのに対して、フランスの裁判官のそれは比較的に有限的である。

ドイツは民事訴訟法の中で外国法調査についての明文規定を設けている。すでに、19世紀、ドイツ民事訴訟法第265条が外国法の調査問題について規定していた。現行のドイツ民事訴訟法第293条の規定は、「外国法、慣習法およ

---

[269]　因みに、諸国の立法例を見ると、日本と同様に徹底した職権探知主義の立場を採っているか否か、また、当事者による外国法の証明をも認めているか否かはともかくとして、それらのすべてが職権探知主義を原則としている。例えば、前出スペイン民法典第12条第6項、前出オーストリア国際私法典第4条第1項、前出ハンガリー国際私法第5条第1項、前出旧ユーゴ国際私法第13条第1項、前出ペルー民法典第2051条、パラグアイ民法典の公布に関する法律（1985年12月23日法律）第22条第1項、前出スイス連邦国際私法第16条第1項、前出ブルキナファソ人事・家事法典第1008条第1項、前出イタリア国際私法第14条第1項、前出リヒテンシュタイン国際私法第4条第1項、前出ウズベキスタン民法典第1160条第1項、前出キルギスタン民法典第1169条第2項、前出チュニジア国際私法典第32条第1項、前出スロベニア国際私法・国際手続第12条第1項、前出カザフスタン民法典特別編第1086条第2項、前出ベラルーシ民法典第1095条第2項、前出大韓民国国際私法第5条、前出ロシア連邦民法典第三部第1191条第1項、前出ベルギー国際私法第15条第1項前段等がそれらである。

[270]　Jacob Dolinger, Application, Proof and Interpretation of Foreign Law: A Comparative Study in Private International Law, *Arizona Journal of International and Comparative Law* 1995, p.12.

び条例が、裁判所に知られないときは、証明しなければならない。それらの法規の調査の際には、裁判所は当事者から提出された証明に拘束されない。裁判所は、他の情報源をも利用し、かつ、かような利用の目的のため、必要な命令を下す権限を有する。」と定めている。この規定の内容のみから見れば、裁判官が積極に外国法の内容を調査する必要があるか否かは必ずしも十分に明らかではないが、長きにわたり、ドイツ連邦裁判所は、一貫して、当該条文を根拠として、裁判官が積極的に適用すべき外国法を調査しなければならないと考えてきた。しかも、十分に各種の資料を利用して外国法の内容を調査する責任がある。数多くの渉外民事事件を通じて、裁判官が外国法の調査を拒絶するとか、または、調査責任を完全に当事者に委任するようなことは殆ど見ることができない[271]。裁判官によるこの規則の違反の場合には、上訴審手続の中で是正されることとなる。しかし、裁判官が充分に取得した証拠資料を考慮したか否かは、必ずしも厳密な問題ではなく、一般的に、この問題に関し、上級裁判所が第一審判決の変更を行うことは殆どない。通常、上級裁判所は、下級裁判所の裁判官がいかように外国法を調査したかを審査することはない。例えば、1961年の一つの事件において、上訴人は、裁判官がドイツ駐在アフガニスタン大使館および国際運輸組織の理事への照会を経て、アフガニスタン法上の取扱いに関する疑問に応えたが、このような方法による外国法の調査が妥当ではないにもかかわらず、連邦裁判所は、下級裁判所が具体的にいかなる手段を利用して外国法を調査したかの問題に干渉せず、下級裁判所が外国法を調査した際の裁量権の逾越の可否を問題とするのみであることが注目される[272]。しかし、また、1992年の一つの事件においては、契約の双方当事者がスペイン法の適用を認め、スペイン法の関連条文を援用したのみであったが、連邦裁判所は、そのような処理方法が外国法の調査の要件を満たしておらず、充分にスペイン法の関連法律規定を明確にしていないと判決した。スペインの裁判実務がいかようにそれらの条文を適用しているか、また、研究者が、それらの条文について、いかなる見解を有するかを明らかにすることなく、専ら法条の皮相的な意味のみをもって判決を下したものであることが指摘されている[273]。しか

---

[271] Geeroms, op. cit., p.93.
[272] BGH, *Neue Juristische Wochenschrift*（以下、*NJW* とする）1961, 410, 411.

第3章　外国法の適用における私的自治

し、それと同時に、下級裁判所について、外国法調査責任の一般的、抽象的な原則を導くのは非常に困難なことであり、やはり、異なる事件の具体的情況に頼らなければならないと考えられている。言い換えれば、完全に不案内な外国法、または、当事者が提供した外国法情報について、結果として、裁判官は非常に重い調査責任を負担しなければならないということである[274]。1991年の一つの事件において、連邦裁判所は下級裁判所の判断を棄却した。その理由とされたのは、当該判決が利用可能な手段を一切使わず、ベネズエラ法を調査しなかったという内容であった。この事案においては、1983年の船舶抵当法の公布前のベネズエラ法上における船舶質権の可否、および、一般の船舶への複数の質権設定の可否について争われた。連邦裁判所は、下級裁判所が可能な手段を一切尽さず、関連する法律を調査する責任を全うしていないと考え、当該事件の特殊な情況、つまり、立法規定、関連判例、ベネズエラ学者の通説的立場の反映する情況の下においては、裁判官が、ベネズエラ法律実務を熟知しているベネズエラ本拠地の弁護士に対して、正確な情報の提供を要請すべきであったと指摘した[275]。

　ドイツ民事訴訟規則においては、当事者が若干の資料の提出によって外国法の内容を証明しようとする場合には、裁判官がそれらの資料の内容および意味について審査して確定しなければならない。裁判官は外国法の調査に主たる責任を負うが、当事者の協力を求めることも可能である。とくに、当事者が簡単に外国法に関する資料を取得した場合には、当事者に外国法の翻訳または個人の意見の提出を求めることができる。しかし、裁判官が当事者の協力を求めることが、外国法の調査責任を当事者に移転したことを意味するものではなく、裁判官が調査責任を尽くした結果であると理解されるべきものである。なお、簡易手続および欠席審判手続においては、裁判所は当事者から提供された資料のみを参考にすれば良いが、幾らかの非訟事件においては、裁判官の外国法調査責任は絶対的であり、当事者から提供された資料によって外国法の内容を決定することはできない。

---

[273]　BGH, *NJW* 1992, 3106, 3107.
[274]　Geeroms, op. cit., p.96.
[275]　BGH, *NJW* 1991, 1481.

第 3 節　外国法の調査責任

(3) フランス法

　フランスは外国法の調査問題について明文規定を設けていない。フランス破棄院（Cour de Cassation）は、これらの関連問題の処理において極めて重要な役割を担っているが、その態度は曖昧であり、裁判官および当事者が、いかなる範囲内、いかなる程度に調査責任を負担すべきかについて、明確な結論は出されておらず、「外国法調査の挙証問題は、未だに最終的な解決がなされていない」ということができる[276]。フランス破棄院は、1959 年と 1960 年における 2 つの典型的な判決、すなわち、Bisbal 事件[277]、および、Compagnie Algérienne de Crédit et de Banque 事件[278]において、以下のような規則を明確にしている。すなわち、フランス抵触規則による外国法適用の事件において審理する場合には、いずれか一方の当事者の要求がなければ、フランス裁判官は外国法を適用する義務がない。しかし、当事者が外国法の援用を要求しなく

---

[276] 威廉＝泰特雷（劉訳）・前掲書（注 248）519 頁。

[277] この事件では、当事者はスペイン人夫婦であるが、当時、スペイン法上、夫婦の離婚は許されないため、フランス裁判所は、フランス法に依り、彼らの別居を離婚として判決を下したものである。事件を審理する裁判所は、彼らがスペイン人であることを知っていたが、両当事者のいずれもスペイン法の適用を請求しなかったため、裁判所は、フランス法を準拠法として彼らの離婚を認めた。判決後、妻は、控訴院が職権によってスペイン法を適用すべきと考えて、破棄院へ上訴を提起した。しかし、破棄院民事部は、この上訴を棄却した。その理由については、「夫婦の一方が実質審理した裁判官に離婚を禁止するスペイン法の請求をしなかったため、妻は原審裁判所の判決を非難することができない。」とされ、破棄院は、「フランス法の抵触規則は、少なくともある外国法を適用するとき、公法としての性質を有しない。この意味から、当事者により外国法を適用する請求が申し立てられるべきであるが、実際に審理を担当した裁判官が職権に依らず外国法を適用したことを非難することはできない。」と言い渡した。Henri Battifol/Paul Lagarde『国際私法総論』（中国対外翻訳出版社、2002 年）454 頁から引用。換言すれば、フランスにおいては、抵触規則による外国法の適用の可否は、当事者の請求によることになるが、裁判官は積極的に外国法を適用する義務はない。例えば、当事者が外国法の適用を申し立てなかったとき、裁判所はフランス法によって事件を審理し、判決を下すこととなる。なお、その後の Compagnie Algérienne de Crédit et de Banque 事件において、フランス裁判所は、このような処理の方法について、重要な是正を行っている。

[278] 1960 年 3 月 2 日の判決により、下級裁判所が、上訴人に対し、職権により外国法を適用したことを理由として上訴が提起された事件において、破棄院は、自らが管轄権を有しないと考えている。すなわち、破棄院は、下級裁判所による外国法の適用問題について、錯誤の有無を考える権利を有しないことを同時に指摘した。すなわち、実質審理した裁判官は、「自由に」適用すべきであって、双方の当事者から援用されていない法律を探求することができる。この判決はその後の長い時期にわたり、外国法の適用に関する指導的な先例となった。

第3章　外国法の適用における私的自治

ても、裁判官自らも、外国法を調査、適用することができる。従って、Bisbal 事件において、外国法の適用が公共政策に関わらないものと裁判所が認める限り、当事者が自ら外国法の適用を要求せず、そして、裁判官が積極的に外国法を適用しないことを非難することはできない。一方、Compagnie Algérienne de Crédit et de Banque 事件においては、裁判所は、自らの判断により、外国法を適用すべきであり、双方当事者によって援用されていない外国法を調査することができると指摘されている。ある学説によれば、1966 年 7 月 1 日の米国連邦民事訴訟規則（F.R.C.P.）第 44.1 条の修正・発効後、フランスにおける外国法調査制度の裁判実務も影響を受けて、小さな修正が実行されたといわれる。その理論からみれば、外国法調査の問題は、フランスにおいては一つの事実問題であり、当事者が証明責任を負わなければならない[279]。フランスは米国連邦民事訴訟規則中に表わされた各種問題を回避したが、その理由は以下の通りである。すなわち、①フランスおいては、裁判官への外国法の証明は、あたかも内国法の弁論を行うことと同様、厳格な証拠規則は設けられておらず、個人知識について鑑定を行う必要がなく、また、伝聞証拠を排除する規則も必要もない。②事実問題は最終的に上訴裁判所へも上訴を行うことが可能である。③外国法を証明する要求は常に適用されることではない[280]。例えば、裁判官は、自らが外国法に一定の認識を有するか、または、外国法の内容に意義を認めなければ、外国法を「司法認知」の範囲に帰属させることができる[281]。証明する方法も柔軟性を有しているが、外国法を熟知する者が署名した覚書の提出が求められる。裁判官は 1 名の専門家を指定して証明させることができる。外国法の原文の提出については強制的に要求されないが、当事者が外国法の原文のみを提出したことをもって、外国法の内容が証明されたとは認められない[282]。

　上記の規則は、恒常的に理論的批判を受け続けたが、裁判実務上、30 年近い期間にわたって不変的に適用されてきた。しかし、1988 年 10 月 11 日およ

---

[279] Brigitte Herzog, Proof of International Law and Foreign Law Before a French Judge, *Va, J. Int'l L.* 1978, pp.651, 658.
[280] Herzog, op. cit., pp.651, 658.
[281] Herzog, op. cit., p.659.
[282] Herzog, op. cit., p.662.

び 18 日の 2 つの判決の中において、フランス破棄院はその立場を変更した[283]。すなわち、裁判官が抵触規則によって外国法を適用する場合、外国法はフランス法に代替されることがあってはならないと表明された。換言すれば、それ以前、裁判官は外国法の適用を選択することができたが、現在、裁判官は外国法を調査、適用する責任がある。前者の事件においては、アルジェリア人女性が、親子関係のため、ある男性に対して訴訟を提起したが、裁判所はフランス法によって判決を言い渡した。それに対して、破棄院はこの判決を取り消した。その理由は、フランス抵触規則により、親子関係は母の本国法を適用することになるからである。後者の事件においては、あるスイス人が常居所地のスイスにおいて死亡したが、その財産の一部を愛人に贈与した。それに対して、控訴院は、フランス法を適用して判決を言い渡したが、破棄院は、当該判決を法律の適用違背と認定し、フランス抵触規則に基づき、遺産事件は死亡した者の常居所地法を適用すべきであり、当該事件へは、フランス法ではなく、スイス法を適用しなければならないと判断した。このような裁判所の立場変更の結果、研究者は幾つかの分析を行った。ルケット（Yves Lequette）教授が指摘した理由は次の通りである。すなわち、裁判官による自動的な外国法の適用を維持する規則、および、当事者から外国法を選択する規則との 2 つの方法を共存させることは困難であり、また、ドイツ、イタリア、スイス、スペイン、ギリシア等の周辺国家との協力が要請される[284]。また、ポンザール（André Ponsard）教授が強調するところによれば、このような変更は、主として、民事訴訟法規定により、法律に基づいて事件を審決しなければならないというのがその理由である[285]。しかし、その 2 年後、破棄院は、再び、比較的に折衷的な態度の取扱いへと、その立場を変更した。1990 年の Coveco v. Vesoul 事件において、オランダ会社がスペイン会社へ肉製品を販売して、フランス会社に運送を頼んだが、貨物がスペインで入関を拒否された。その理由

---

[283] Judgment of Oct. 11, 1988. (Rebouh v. Bennour), Cass. Civ. 1ère, *Rev. crit. de d.i.p.* 1989, p.368.; Judgment of Oct. 18, 1988. (Schule v. Phillipe), Cass. Civ. 1ère, *Rev. crit. de d.i.p.* 1989, p.369.

[284] Yves Lequette, L'abandon de la Jurisprudence Bisbal (à propos des arrêt de la Première Chambre Civile des 11 et 18 octobre 1988). *Rev. crit. de d.i.p.* 1989, p.277 et suiv.

[285] André Ponsard, L'office du Juge et l'application du droit étranger, *Rev. crit. de d.i.p.* 1990, p.613, n.18.

第3章　外国法の適用における私的自治

は、豚肉がすでに腐敗していたということである。オランダ会社はフランス会社に対し、損害賠償を理由として訴訟を提起した。破棄院は、以前の立場と変わった原因、つまり、当事者が外国法を適用する要求がなければ、裁判所が積極的に外国法を適用しないことを非難してはならず、裁判所は自由に外国法の適用の可否を決定することができる。しかし、Bisbal 事件と異なるのは、裁判所が裁判官の自由裁量権に一定の制限を設けたこと、すなわち、関連する抵触規定は、フランスが加盟した国際条約によるか、または、当事者の合議事項について自由な処分権限を有しない場合、裁判官は職権をもって外国法を調査、適用する義務があるとするものである[286]。そして、より最近の 1999 年の Mutuelle 判決において、フランス破棄院は、部分的に Coveco 事件の規則を変更した。当該事件では、当事者が合議事項について自由な処分権を有すれば、裁判官は外国法を調査、適用する義務がなくなり、関連する抵触規則が、フランスが締結した国際条約に規定されていたとしても、裁判官は当該義務を有しない。従って、フランスの裁判官は、現段階において、2 つの情況には、外国法の証明責任を負う。すなわち、①当事者が合議項目について自由処分の権限を有しないか、または、抵触規則が、フランスが締結している条約に属すれば、裁判官は外国法を適用する義務を負い、さらに、外国法の内容を調査する義務を負うことになった。また、②当事者は合議項目について自由処分の権限を有するが、裁判官は、自己決定により、外国法に基づいて事件を審理し、外国法を調査することになる。フランスは外国法の調査について立法規定を設けておらず、関連問題は破棄院判決から解決が得られることとなる。以上の分析からみれば、破棄院が外国法の適用問題につき、絶えず変化し続けている態度をとり、当初、裁判官が外国法の適用を選択できる状態から、裁判官が責任をもって外国法を適用するか、または、裁判官が一定の限度内において外国法を適用する権利を有するように変更された。結局、フランスにおいては、外国法が法律として強制的に適用されるか、はたまた、事実として裁判官の自由裁量

---

[286] 拙稿・前掲（注 245）98 頁以下、とくに 99 頁。因みに、当事者の「自由処分権利」(Waivable right) という概念については、フランス法では正確な意味を有しない。通常、契約、権利侵害および財産事項（婚姻財産および相続を含む）が、当事者が自由処分できる権利に属すると考えられている。しかし、身分および能力は、当事者が自由に処分できる事項に属さない。

第 3 節　外国法の調査責任

権をもって適用されるか、いまだ、立法と実践は必ずしも明確ではない。

　現行フランス民事訴訟規則に基づいて、当事者が紛争事項について自由処分の権限を有しない事件において、裁判官が外国法を調査する責任を負い、当事者は外国法を調査する責任を負わない。しかし、当事者が紛争項目について自由処分の権限を有しても、当事者が外国法の適用を要求する場合には、当事者が外国法を調査する責任を負うようになる。破棄院判決は、1993 年の Amerford 事件[287]において、当事者が紛争事項に自由処分の権限を有する事案において、例えば、当事者が抵触規則によって外国法を適用した判決から得た結果が、フランス法の適用によると異なる裁決を得ることとなることを示すには、当事者が外国法の内容を証明しなければならないとした。当事者が外国法の内容を証明しなかったときは、裁判官はフランス法によって事件を審理するようになる。1996 年の Agora Sopha 事件[288]においては、裁判所は再びこの立場を繰り返して明言した。双方当事者の中、いずれに外国法の調査責任を担当させるかの問題について、まず、フランス破棄院の著名な Lautour 判決[289]において確立された規則に基づけば、外国法について証明責任を負うべき者は訴訟を提起した当事者であり、外国法を提出した当事者ではない。つまり、原告側が外国において発生した権利侵害行為について訴訟を提起し、他方、被告側が外国法を適用すべきことを要求したような状況下においては、原告側が外国法の証明責任を負わなければならない。Lautour 規則が、事実上、発揮した効果は、当該規則が一方当事者に外国法を証明する努力を促すことである。また、相手の当事者が外国法に関する弁論を提出することによって遅滞することになるため、1993 年、フランス破棄院の当該規則は廃止となり、また、Amerford 事件において新たな規則が設けられた[290]。すなわち、訴訟事項について、双方当事者が自由処分の権限を有する場合には、外国法の適用を要求する当事者が、外国法の証明を経て当該外国法の適用とフランス法の適用によって異なる法律効果を説明しなければならない。しかも、当該当事者は原

---

[287]　Ameford, Cass. Com. Fr., 16 Nov. 1993, Bull. Civ. 1993 IV, no. 405, 294, 295.
[288]　Agora Sopha, Case. Le civ. Fr., 11 June 1996, Bull. Civ. 1996 I, no, 243.
[289]　Lautour, Cass. Le civ. Fr., 25 May 1948, *Rev. crit. de d.i.p.* 1949, p. 89.
[290]　Ameford. Cass. Com. Fr., 16 Nov. 1993, Bull. Civ. 1993 IV, no. 405, 294, 295.

第3章　外国法の適用における私的自治

告であるか、被告であるかは、全く関係がない。Amerford 事件においては、荷送人が、貨物の損害を理由として、運送人に対して違約訴訟を行ったが、被告は、米国イリノイ州法の適用を主張し、原告もこれに対して異議を述べなかった。この情況下において、Lautour 規則によれば、原告側が同州の法律を証明しなければならないため、原告の請求が当該州法に基づいて提起された理由があった。しかし、新しい規則により、被告側が証明しなければならないと考えられ、被告側は外国法の適用を主張しながら、イリノイ州法とフランス法との区別を証明しなければならない。以上の内容からみれば、フランス裁判所による外国法は、当事者の要求によって適用される。また、裁判官は積極的に外国法を適用する義務がない状態から、裁判官が自ら外国法を適用する決定を下すこと、さらに、裁判官が職権によって外国法の適用を決定する等の段階を変遷してきている。

第4款　近時の立法例における外国法の証明

(1)　スペイン民事訴訟法

外国法の証明に関する問題は、すべての国々の国際私法の適用の結果として発生する。その場合において、諸国の対処の仕方が異なっており、それについて、大陸法系諸国と英米法系諸国に二分したうえで、それらの立場の相違について、第2款および第3款において整理された。スペイン国際私法においても、外国法の適用の際に生じる諸問題について、いかに対処すべきかが問題となってから、すでに久しい。そこで、本款においては、その問題の規律に関わる同国の民事訴訟法が改正されたことを機として、日本と同じく大陸法系に属しているスペインにおいて、当該問題に関する論議がいかに展開され、そして、いかなる結論に到達しているかを辿ることにより、前の叙述からは十分に言及されなかった継起的な論議の流れの中で、外国法の適用に関する一連の問題について、その問題点を掘り下げ、そして、その対処のあり方について検討することとしたい。

かつて、外国法の証明は、スペイン裁判所にとって、対立が存在しない問題であった。それによれば、最高の至上の平和（pax suprema）の問題の一つであり、スペイン最高裁判所（以下、「最高裁判所」とする）の第1部門がそれ

第 3 節　外国法の調査責任

について責任を負っていた。事実、1889 年以前、スペイン民法典は、その問題について何ら言及しておらず、最高裁判所が外国法の証明を規律するための規則を定立し、その基本原則に依拠されていた。明文規定をもって、外国法の証明に関する新しい条文を導入したのは、漸く、1974 年の民法典[291]においてである。いくつかの下級裁判所が同民法典第 12 条第 6 項について、異なる解釈の展開を試みた。しかし、最高裁判所の視野から、同項については、最高裁判所によって 19 世紀に作り出された従前の基本原則を変更したものではなく、非常に特殊で分離された事件においてのみ、最高裁判所はそれ自身が確立した基本原則から遊離することができるという立場がとられていた[292]。

外国法の証明に関し、最高裁判所によって作り出された基本原則は、3 つの広範な提案に要約されることができる。まず、第 1 の提案において、外国法は、法律として取り扱うことはできないとされた。なぜならば、かような場合には、それは、スペインの統治への攻撃となるからである。スペインにおいては、いかなる外国法も法律として適用されてはならない。最高裁判所によれば、外国法は事実として取り扱わなければならず、そして、外国法が事実として考えられるから、その適用は、専ら当事者によって主張されなければならず、かつ、証明されなければならないとされた。第 2 の提案において、裁判所は外国法の証明において関与することができるが、そうすることは強制されるものではない。しかし、最高裁判所は、いつ、そして、いかように、裁判所が外国法の証明において関与することができるかを示していない。それゆえ、裁判所によるその関与は任意的であり、そして、随意的でもある[293]。第 3 の提案において、外国法が訴訟当事者によって証明されないときは、スペイン裁判所が、法廷地法適用の原則に則り、スペインの実質法に従って当面事件を判断しなければならない[294]。これらの 3 つの提案における規則は、非常に多くの最高裁判所判決において援用された。最高裁判所の観点からは、前出民法典第 12 条第 6 項および 1978 年スペイン憲法は、外国法証明の問題について、全く

---

[291]　笠原・前掲（注 84）234 頁以下参照。
[292]　Alfonso-Luis Calvo Caravaca/Javier Carrascosa González, The proof of foreign law in the new Spanish Civil Procedure Code 1/2000, *IPRax* 2005, p.170.
[293]　Ibid.
[294]　Ibid.

第3章　外国法の適用における私的自治

効用はないとされ、それらの立法にかかわらず、最高裁判所はそれらの3つの提案における規則を援用し続けた。従って、外国法の適用に関するその状況は、1974年民法典が公布される以前の19世紀において、最高裁判所によって築かれた状況と全く同一であった[295]。

スペインにおいては、その後、2001年1月8日に、同月7日成立の新民事訴訟法が施行され、それには外国法の証明に関する新しい規則が導入されている[296]。最も重要な規定は民事訴訟法典第281条第2項であり、その条文は次のように定めている。すなわち、「慣習および外国法も証明されるべきものとする。外国法の内容および有効性は証明されなければならず、裁判所はその適用のために必要であると考えるいかなる手段をも使うことができる。」と定めるのがそれである。それにもかかわらず、この民事訴訟法典第281条第2項は同法典中の他の諸規定、すなわち、民事訴訟法典第281条、第400条および第218条と一致して解釈されなければならないものである[297]。前出条文からも知られるように、民事訴訟法典第281条第2項が定める規則は、次の通りである。すなわち、第1に、外国法は証明されなければならない。第2に、外国法の内容および効力は証明されるべきである。第3に、一般規則として、訴訟当事者が外国法を証明しなければならない。もっとも、これらの規則に対しては、いくつかの例外が存在する。そして、第4に、外国法は、全体として、外国法に適用されないいくつかの証明規則に従う事実とは少し異なっている。以上の4点である[298]。

以上のような規則が明示されたにもかかわらず、スペイン民事訴訟法典第281条第2項は、外国法の証明について、それ以上の規則については何ら言及していない。すなわち、(1)外国法は、誰によって主張されなければならないか。そして、それが主張されなかった場合には、いかなる結果をもたらすか。(2)外国法は、すべての事件および訴訟において証明されなければならないか。(3)外国法を証明する適正な手続時期はいつか。(4)外国法を証明する手段は何で

---

[295]　Ibid.
[296]　Ibid.
[297]　Ibid.
[298]　Ibid., p.170 et seq.

第 3 節　外国法の調査責任

あるか。(5)外国法は誰によって証明されるべき、ないし、証明されることができるか。(6)外国法が証明されない場合には、いかなる結果をもたらすか。以上が、外国法の適用の際に生じる可能性がある問題点である[299]。

それならば、スペイン民事訴訟法典は、外国法の証明に関する上記のような重要な諸問題について、何ら言及していないのであろうか。一見すると、スペインの立法者は、単に、国際私法についてあまり注意を払っていないように見られる。しかしながら、その一方、スペインの立法者は、敢えて、外国法の証明に関するいくつかの輪郭を表現した過ぎず、かような証明に関する特別な規則を発展させる権限を裁判所に委ねているように見ることもできる。それゆえ、外国法の証明に関し、スペインは、法律上の規則、裁判所の規則の混合であるということになるであろう[300]。そのような態度を肯定的に解するならば、スペイン民事訴訟法典第281条第2項の規定における外国法の適用に関する制度は、従前に比して、より一層、柔軟なものになり、そして、大きく変化を遂げた難渋な最近のグロバリゼーションとの関わりにおける21世紀の国際的私的状況に対して、巧みに適用することができることとなり、それゆえに、同項の規定は、いわば、開かれた法文を提示する制度として定義されることができるものである[301]。

(2)　外国法の証明をめぐる疑問点の整理
①外国法の主張の必要性の有無

事実は当事者が主張しなければればならない（スペイン民事訴訟法典第399条参照）。しかし、外国法は単純な事実ではない（同法典第281条第2項参照）。それゆえ、外国法は当事者によって主張されなければならない。特定の事件への外国法の適用はスペイン抵触規則から直接的に導かれるものであり、当事者または裁判所は、外国法の援用を主張することはできない[302]。

1889年以前から、最高裁判所は、外国法の主張は、常に、関係当事者によってなされなければならないとする規則を確立していた。従って、当事者が

---

[299] Ibid., p.171.
[300] Ibid.
[301] Ibid.
[302] Ibid.

111

第 3 章　外国法の適用における私的自治

外国法の適用の問題を主張しないとき、外国法は考慮されてはならなかった。それに対して、新しい民事訴訟法の施行の結果、そのような主張は、外国法が単なる事実の証明と全面的に異なっているため、支持されるべきではない。それゆえ、今や、外国法の適用のために、その主張は必要とはされないと考えられることになった[303]。

②外国法の証明の必要性

新民事訴訟法典第 281 条第 2 項は明瞭に外国法は証明されなければならないと述べている。最高裁判所は、かつて、外国法が証明されなければならなかったことを支持している。外国法は、裁判所および当事者が、外国法としてではなく、スペイン法を知らなければならない（jura novit curia「裁判所は法を知る」原則を含む）という理由によって証明されなければならない（民法典第 6 条第 1 項）[304]。

しかし、それにもかかわらず、民事訴訟法典第 281 条第 2 項は、各個訴訟ごとに、すべての事件において、外国法が証明されなければならないか否か、という点については明言していない。それゆえ、特定の外国法の適用が非常に頻繁であるとき、当該特定外国法は、スペイン裁判所の前における問題について、かつて証明されたことがあるならば、その後のすべての個々の事件および訴訟においても証明されるべき必要はない、ということが支持されることになる。かような場合に、外国法の証明を求めることは、決して能率の良いことではない。異なる法規定に従い、例えば、鑑定人のように、裁判所ではないいずれかの官庁が、当該外国法の内容を知っているときには、特定の外国法は適用される資格が与えられている（民事登録規則第 91 条、鑑定規則第 168 条第 4 号等参照）[305]。

③外国法の証明の適正手続時期

事実の証明と外国法の証明とは全く異なっており、外国法の証明は特殊（sui generis）である。それゆえ、外国法は、控訴裁判所および最高裁判所においても、すなわち、第一審、控訴審、上告審のいずれにおいても、証明されるこ

---

[303]　Ibid.
[304]　Ibid.
[305]　Ibid.

とができるということが支持されることとなる。反対に、スペインにおいては、一般的規則として、事実は常に第一審においてのみ証明されることとされている[306]。

1889年以前、最高裁判所は、外国法は専ら第一審において証明されなければならず、控訴審または上告審において証明されることができないことを支持していた。最高裁判所の説明においては、明らかに、最高裁判所の視点から見て、外国法は単なる事実であり、外国法の証明が事実の証明と同様でなければならないということであった。それに対して、民事訴訟法典においては、事実と外国法との間の違いは明瞭であるから、今や、最高裁判所の前における事実の主張は拒否されるべきものであり、そして、外国法の証明は、第一審、控訴審および上告審のいずれにおいて認められなければならない。

④外国法の証明の適正証明手段

外国法の証明については、当事者による証明の場合、および、裁判所による証明の場合がある。まず、前者の場合について、民事訴訟法典第281条第2項は、いかなる証拠方法が外国法を証明するために適切であるかを明らかにしていない。この場合には、一般原則として、外国法の内容を適切に確認することを認める証拠方法のみが用いられることができる。そのような観点から、いくつかの証拠方法、例えば、公文書、専門家の報告、または、いわゆる外国法目撃が、外国法を証明するための証拠方法として適切に使用されている。しかしながら、他の証拠方法は外国法を適切に証明するのに使用されていない。例えば、事実の裁判上の確認、並びに、人および物の同一性が、それとして挙げられる[307]。

当事者は、専ら、公文書によって外国法を証明することができる（民事訴訟法典第317条参照）。かつて、いくつかの裁判所の判決がこの見解を受け入れていた。加えて、いくつかの下級裁判所は、外国法の証明が専ら公文書によって行われることを認めていた。その例として挙げれば、スペイン法務省の検事総長によって発行された外国法の内容に関する証明書が公文書であり、1889年に、外国法の内容に関する情報の証明書が、600件以上、検事総長によって

---

[306] Ibid.
[307] Ibid.

第 3 章　外国法の適用における私的自治

発行された。それにもかかわらず、私文書によっても外国法が証明されるべきであり、外国法の内容の確認に適正に使用されていることが明らかであるときは、証拠方法として認めることができる。しばしば、当事者は外国法の条文の単なるコピーを提出することがあるが、これらの文書は外国法を正しく証明するには適していない。事実、スペイン裁判所は、証明方法としてそれらの文書を拒絶している[308]。

　当事者は、専ら、専門家の報告という方法によって外国法を証明する権限を与えられる（民事訴訟法典第 335 条参照）。当該専門家が外国の専門家であることは必要でない[309]。

　これと対照的に、最高裁判所は、1889 年以来、外国法を証明するための 2 つの方法の累積、すなわち、公文書および専門家の報告を要求していた。しかし、現在、このような最高裁判所の態度は放棄されなければならない。なぜならば、民事訴訟法典第 281 条第 2 項は、外国法が証明されるべきとき、累積証拠方法を要求していないからである[310]。

　当事者によって同意された事実は証明される必要はない。いくつかの裁判所は、当事者が特定の外国法の内容に同意するとき、この外国法は証明される必要はないと決定している。しかし、この理論は、「議論の余地のない事実の理論」として知られているが、新しい民事訴訟法典の規則においては、そのような余地はない。蓋し、外国法は事実ではないからである。それゆえ、当事者がその内容に同意したとしても、外国法は常に証明されなければならない（民事訴訟法典第 281 条第 2 項参照）。1971 年、最高裁は、外国法の分野における「議論の余地のない事実の理論」を拒否している[311]。

　一方、後者の場合、すなわち、裁判所による証明の場合について、民事訴訟法典第 281 条第 2 項は、裁判所によることが必要であるとしても、裁判所が外国法を確認するためには、いかなる手段をも使用することが可能であることを明示している。これは制限のない規則である。従って、裁判所は適正であるな

---

[308]　Ibid., p.171 et seq.
[309]　Ibid., p.172.
[310]　Ibid.
[311]　Ibid.

114

らば、外国法を確認するために、いかなる手段も使用することができる。この規定は、とくに裁判所に対して、それが、局地的国際条約（例えば、1968年6月7日にロンドンにおいて署名された「外国法の情報に関するヨーロッパ条約」、1979年5月8日にモンテビデオにおいて署名された「外国法の証明および情報に関する汎米条約」）、および、スペインが他の国との間において署名したいくつかの多辺条約に含まれた個々の法的手段を使用することの権限を与えている。多辺条約は、メキシコとは1984年12月1日、ブラジルとは1989年4月13日、チェコ・スロバキアとは1987年5月4日、中国とは1992年5月2日、ブルガリアとは1993年5月23日、モロッコとは1997年5月30日、旧ソビエト連邦とは1990年10月26日、ウルグアイとは1987年11月4日に署名されている。さらに、民事訴訟法典第281条第2項は、個人的知識によって、外国法の内容を確認することを裁判所に認めている[312]。

　⑤証明の対象

　外国法は証明されなければならない。その場合における外国法という表現は、特定の論争に適用される外国の有効な法的規則、例えば、制定法、慣習、そして、ときには、裁判例等、すべての法源がそれに含まれる[313]。

　民事訴訟法典第281条第2項は、外国法の内容および効力が証明されなければならないことのみを宣明している。しかし、そのことから重要な問題が発生する。すなわち、これらの2つの点のみを証明するだけで足りるのか、それとも、民事訴訟法典第281条第2項によって述べられていない他の点についても、外国法の証明は包括しなければならないのか、という問題である。前者の立場は、2003年10月29日のマドリード地区労働判決において支持され、裁判所は外国法の内容および効力の証明を受け入れた。しかし、それにもかかわらず、後者の立場が、最高裁判所によって好まれ、そして、より正しいものとされたように見られる。それゆえ、外国裁判所が決定すると同じ方法により、スペイン裁判所も事件を決定することが必要である。外国法のすべての点がすべて証明されなければならない。かようにして、次の諸点が証明されなければならないこととなる。すなわち、(1)外国法の内容、すなわち、外国法の文字上

---

[312]　Ibid.
[313]　Ibid.

の表現、(2)最近建国された国々との関係において重要である外国法の有効性および存在、必要であるならば、(3)外国法を適用し、かつ、解釈する外国裁判の証明を含め、特定の外国規則の解釈、そして、(4)特定の事件への外国規則の適用がそれらとして挙げられる。それゆえに、最高裁判所の判示においては、スペイン裁判所が外国法の正確な意味について、いかなる合理的な疑いもないとき、初めて、外国法は正確に証明されたということになる[314]。

⑥外国法の証明責任の負担者

民事訴訟法は、一般に、当事者が外国法を証明しなければならないことを定めている（民事訴訟法典第282条参照）。それにもかかわらず、いくつかの例外がある。蓋し、裁判所は外国法の適用において関与することができるからである（民事訴訟法典第281条第2項参照）。しかし、民事訴訟法は、いかなる事件において、いかなる強さをもって、裁判所が外国法の証明に関与することができるかを特定していない。その問題を明らかにするために、いくつかの事件のグループを区別することが必要である[315]。

第1のグループ、すなわち、当事者による外国法の証明（伝統的な双方的抵触規則）につき、抵触規則が外国法の実質的内容にかかわらず、外国法を指定するとき（盲目の抵触規則）、外国法の適用により、関係当事者はかような外国法を証明しなければならない。この当事者は原告でも、被告でも良い。第1の例として、一方当事者が民法典第12条第2項によって認められている第一次反致を主張するときは、この当事者が反致を生ずる外国抵触規則を証明しなければならない。第2の例として、原告が外国法に基づく訴訟を提起するときは、その者が当該外国法を証明しなければならない。第3の例として、被告が外国法に基づく訴訟に対する回答を出すときは、その者が外国法を証明しなければならない。抵触規則が国際条約に含まれていることは状況を変えるものではない。それゆえ、次のような事件においてさえ、外国法を証明しなければならないのは、裁判所ではなく、関係当事者である。2003年11月18日のアリカンテ控訴裁判所は、この見解を受け入れている。その事件の内容は次のようなものである。すなわち、1980年6月19日の「契約債務の準拠法に関する

---

[314] Ibid.
[315] Ibid.

ローマ条約」に従い、国際的貸付けがベルギー法によって支配された。しかし、当事者のいずれもベルギー法を証明しなかった。そこで、裁判所自身もベルギー法を証明しないことを決定した。要するに、両当事者は、外国法を証明するときに生ずる費用を支払う必要はなく、経済的観点から見て、この規則は正しい規則である。外国法の適用が特別な利益のみに関係し、そして、一般利益に関係しないため、当事者が外国法の証明について決着するということは妥当であるように考えられる。特別の利益と社会的または一般的利益との間の区別は、他の重要な最大の分割（summa divisio）のもとに、フランス国際私法において認められてきた訴訟事件の可処分性または可処分権利（当事者双方および一方当事者は外国法を証明しなければならないが、裁判所はそれを証明しなくても良い）と、訴訟事件の付加処分性または不可処分権利（裁判所は当事者の訴訟的態度にかかわらず、外国法を証明しなければならない）との区別である。

　次に、第２のグループ、すなわち、裁判所による外国法の証明（外国法の職権による適用における立法者の特別な利益）である。いくつかの事件において立法者は特定の外国法の適用における明瞭な利益を表示している。これらの事件においては、当該利益が支配しなければならない。そこにおいて、当事者が外国法を証明しないときは、裁判所が職権をもってそれを証明しなければならない。外国法を証明する費用および負担は外国法によって見積もられることになる（社会的共同体に関する特定の利益）。いくつかの抵触規則は裁判所の職権による外国法の証明を要求している。例えば、(1)抵触規則において色付けられた内容によって指定された外国法、いわゆる、実質的に色付けられた抵触規則がその実質的内容を理由として特定の外国の適用を要求する。これらの抵触規則は微妙な利益（未成年者の保護、消費者の保護、取引の保護、労働者の保護、扶養権利者の保護など）を保護する。民法典第９条第５項（国際養子縁組をも参照）が挙げられる。(2)国際的に強行的な外国規則が挙げられる。これらの外国の規則は国家の重要な利益を保護する。それゆえ、それは裁判所により職権をもって適用されなければならない。

　そして、第３グループ、すなわち、裁判所による外国法の証明（当事者にとって外国法を証明することが不可能）である。しばしば、当事者は誠実に外

国法を証明しようとするが、しかし、成功しない。これらの事件においては、外国法裁判所が外国法を証明するか、または、外国法の証明を完成しなければならない。裁判所の関与が、実質に関する裁判所の決定に対する当事者の権利を保護するために必要である。それにもかかわらず、当事者が外国法を証明する最良の地位にいるときは、裁判所は外国法を証明する必要はない。この事件の場合には、当事者のみが外国法を証明しなければらならない。例えば、2004年2月26日のマドリード自治裁判所判決において、裁判所はオランダに常居所を有するオランダ市民である原告当事者がオランダ法を証明する完全な状態であったので、裁判所はそれを証明しないことを決定した[316]。

⑦外国法の不証明の効果

スペイン民事訴訟法はこの困難な問題に答えを提供していない。そのため、スペインの裁判所および研究者は、次のようないくつかの異なる理論を支持してきた。

第1の理論は、請求の不許可の理論である。すなわち、請求は内容を決定することができないため、認められてはならないとされる。しかし、この最初の理論は拒否されるべきである。なぜならば、2002年2月11日のスペイン憲法裁判所判決は、外国法が援用されないか、または、証明されないとき、請求の不許可を受け入れないスペイン民事訴訟法典により、審理された事件においてのみ、請求の不許可が可能であるということを判示している（民事訴訟法典第403条参照）[317]。

第2の理論は、スペイン実質法の理論である。すなわち、当事者が専らスペイン法を基礎として論議し、かつ、抵触規則によって指定された外国法を援用しないか、または、証明しないときは、スペイン実質法が適用されるべきであるとされる（法廷地法規則への回帰）。この理論は、(1) 1889年民法典の施行後においても、最高裁判所第1部門（民事部門）、および、1974年に施行された民法典の旧第12条第6項の効力の間において、(2)殆どのスペイン控訴裁判所が疑いもなく最高裁判所への上告を避けるため、(3)スペイン憲法裁判所において、また、(4)いくつかのスペイン国際私法規定が択一的抵触規則を採用すべき

---

[316] Ibid., p.172 et seq.
[317] Ibid.

ことを主張するスペイン研究者によって支持されている。しかしながら、このグループの理論もいくかの理由で拒否されるべきである。第1に、この理論は民法典第12条第6項において定められた抵触規則の強行性を無視している。外国法を援用しないことおよび証明しないことだけで、当事者がその適用を認めず、その結果、スペイン実質法へ導くことができるということは、民法典第12条第6項の下において受け入れられず、有効であるとはいえない。第2に、この理論は法律上の不確実性を主張している。蓋し、それによれば、特定の国際私法状況において適用されるべき法律が何であるかを知ることが不可能であるからである。それゆえ、この理論は当事者の法的確実性に対する権利を侵害するものである[318]。

　第3の理論は、裁判所の職権による外国法の適用の理論である。すなわち、当事者が外国法を援用せず、証明しないとき、裁判所は抵触規則によって指定された外国法を自発的に（motu proprio）適用しなければならず、そして、外国法を証明する費用の負担については、それを証明すべきであった当事者へ移転しなければならない。この理論は、民法典第12条第6項に定められたスペイン抵触規則の強行性と一致する。それにもかかわらず、この第3の理論も有効であるとはいえない。なぜならば、民事訴訟法典第282条によって考えられているような外国法証明の負担を尊重していないからである。この規定によれば、関連した利益が専ら私的利益であるとき、裁判所は当事者の義務を遂行してはならず、次のような2つの点が指摘されるべきである。第1に、この理論は明らかに民事訴訟法典第218条に違反している。裁判所は当事者によって主張されていない法的根拠に基づいて事件を決定してはならない。それゆえ、当事者が外国法を援用せず、証明しないとき、裁判所は外国法に基づく事件を決定することができない。第2に、外国法を証明することが不可能で、裁判所の出費を意味するばかりではなく、その負担を当事者へ移転することができない。時間を浪費する手続きでもある。要するに、なぜ、裁判所が、当事者がそれ自身の特別な利益のみに関わる証明をしなければならないための時間および財源を負担しなければならないのか。なぜ、裁判所が当事者によって主張され

---

[318] Ibid.

第3章　外国法の適用における私的自治

ていない法的根拠に基づく事件を裁定しなければならないのか、というのがその理由である[319]。

　第4の理論は、請求の拒否の理論である。当事者が専らスペイン法に関して論議し、外国法を援用せず、証明しないとき、裁判所は請求を拒否しなければならない。この理論が最も正しい。蓋し、第1に、裁判所は自発的に（motu proprio）外国法を適用してはならないが（一般規則として、当事者は外国法の証明の負担を推定されなければならない）、しかし、裁判所はスペイン実質法も適用することができないからである（抵触規則は強行的性質を有するものであり、その規則が外国法を適用すべきとして指定するとき、スペイン実質法に従って事件を解決することはできない）。第2に、民事訴訟法典第218条第2項は、当事者によって主張されていない法的根拠に基づいて、裁判所が事件を解決してはならないことを定めている。それゆえ、当事者がスペイン法について論議し、準拠法が外国法であるとき、裁判所は当事者およびその弁護士の義務を遂行することはできず、かつ、遂行してはならないからである（抵触規則によって、指定された外国法に基づく事件の提出）。第3に、この理論は当事者のいかなる法律詐欺をも排除する。事実、この理論の中身において、当事者は抵触規則に従い、外国法が準拠法である事件において、スペイン実質法を合意することが認められない。第4に、この理論は法的確実性を確かにする。それゆえ、準拠法は抵触規則によって指定された法と異なる法にはならないからである。第5に、この理論はいかなる裁判の拒否をも導かない。事実、この理論は紛争が法的見解から正しく根拠づけられなかったということのみを意味する。当事者は外国法を主張しなければならず、スペイン実質法に基づいて主張してはならない。請求が拒否されるとき、原告は抵触規則によって指定された外国法に基づいて正しく新しい請求を提出することができる。民事訴訟法典第400条は、この2番目の請求を妨げない。なぜならば、それは新しい訴訟物を提出するからである。それゆえ、既決の事件（res judicata）は、この新しい請求を阻止する。この第4の理論は、次の裁判によって採用されてきた。すなわち、(1)現行民事訴訟法典第281条第2項前号におけるいくつかの下級裁判

---

[319]　Ibid., p.173 et seq.

所、(2)最高裁判所の労働部門、そして、(3)間接的には、憲法裁判所によってである[320]。

⑧外国法の証明不可能の効果

いくつかの事件において、外国法の証明が不可能である（例えば、最近、建国された国々、戦争中の国々の法律）。民事訴訟法典第281条第2項は、これらの事件については何も言及していない。問題を解決するために、2つの異なる仮説が生ずる。第1に、もし、次位の連結規則が存在するときは、かような抵触規則の連結規則によって指定される法律が適用されなければならない。第2に、抵触規則が唯一の連結規則を有するときは、スペイン実質法が適用されるべきで、最後の根拠（ultima ratio）として法廷地法へ戻る。その他の解決、例えば、請求を拒絶したり、外国法の証明されない法律の内容とより緊密に結びついている外国法（母法）を適用したり、または、抵触する相異なる法律間における統合から生ずる統一法（補充法）を適用することは、それほど適正であるとは見られない[321]。

第4節　準拠外国法の内容の不明

第1款　総説

外国法の調査の結果、外国法の所在が明らかになった場合には、それを適正に解釈・適用しなければならない。日本国際私法が外国法を準拠法として指定するのは、外国法を内国法へ組み入れようとするものではなく、外国法として適用しようとするものであるから、外国法の解釈・適用は、その法秩序の中で、その外国の裁判所が行うようになされるべきであるとする立場が、日本国際私法に明文規定は置かれていないが、外国法の解釈の基準として確立されている。上述のような日本学説の通説は、諸外国の立法例とも符合するものであり、広く確立した立場であることが知られる。

しかし、外国法の調査が不可能である場合には、いかに対処すべきであろうか。外国法の調査が不可能とは、法定手続および方法を駆使しても、依然とし

---

[320]　Ibid., p.174 et seq.
[321]　Ibid.

第3章　外国法の適用における私的自治

て外国法の内容が確定できないという意味である。なお、外国法調査の失敗の認定問題については、次のように、若干の問題点に注意する必要がある。まず、外国法の調査が不可能な状況であるか否かについては、裁判所の職権によって認定しなければならない。大陸法系であっても、英米法系であっても、同様である。次に、外国法調査の失敗は、外国法を調査しないことと同一に解してはならない。また、外国法調査の失敗は外国法の欠缺と異なる意味を有する。いずれかの外国法の内容を調査した後に、当該外国法が事件に関する問題を規定していないことが判明したとき、そこには、外国法規の欠缺が存在する。これは、外国法の調査問題と違い、外国法調査の失敗ではないため、その他の解決方法を考慮しなければならない。外国法規の欠缺に関する問題は、外国法が事件に関連する問題について規定していないことである。それに対して、外国法調査の失敗というのは、外国法が当面の事件についていかなる内容を規定しているか分からないということであり、これら2つの問題は異なる意味を有している。従って、これら2つの問題が、本来、適用すべき外国法によって事件を審理できないという結果のみを見て、同様な問題であると混同して、全く同様に対処することは妥当でない[322]。

なお、裁判所が外国法を調査する職責を避けるため、調査の失敗を理由にして、内国法を代替適用することになれば、当事者または裁判所にとって、困難な外国法の適用問題を免れる方法となる虞がある。しかし、この場合であっても、国際私法の強行性を前提とする抵触法的処理が一貫として行われていることが、「任意的抵触法の理論」の援用とは異なっている点である[323]。

外国法調査の失敗についての処理としては、主に、次に掲げるいくつかの方法がある。内国法を推定的または代替的に適用する方法（内国法適用説）、当事者の請求ないし抗弁を却下する方法（請求棄却説）、本来的に適用すべき外国法と類似するか、または、近似する法を適用する方法（近似法説）、条理によるとする方法（条理説）、同一問題について用意された他の連結素によって確定される法律を適用する方法（補充的連結説）、一般法律原則を適用する方法（一般法律原則説）がそれらである[324]。

---

[322]　山田・前掲書（注4）134頁、木棚編・前掲書（注18）113頁（樋爪）等参照。
[323]　拙稿「台湾国際私法の強行性」東洋法学54巻3号341頁以下参照。

第4節　準拠外国法の内容の不明

　それでは、諸国法はいかなる方法を採用しているか。外国法調査の失敗に関する問題について、例えば、日本、ドイツ、アメリカ、英国等のように、何ら立法規定を設けていない国も少なくない。それに対して、規定を有する国々の国際私法ないし民事訴訟法は、その中で、外国法調査の失敗の処理につき、次のような方法を規定している。

　まず、内国法を適用する方法である。多数の国々がこのような方法を採用している。例えば、タイ国際私法（1939年）第8条、アラブ首長国連邦の国際私法に関する規定（1986年）第28条、トルコ国際私法および国際訴訟手続法（1982年）第2条第2項、モンゴル民法典（1994年）第425条第4項、チュニジア国際私法典（1998年）第32条第4項、ポーランド国際私法（1966年）第7条、ハンガリー国際私法（1979年）第5条第3項、ルーマニア国際私法（1992年）第7条、ベラルーシ共和国民法典（第1999年）第1095条第4項、オーストリア連邦国際私法法規（1978年）第4条第2項、スイス連邦国際私法（1987年）第16条第2項、リヒテンシュタイン国際私法（1996年）第4条第2項、ロシア連邦民法典第三部（2001年）第291条第3項、スロベニア共和国国際私法および訴訟法（1999年）第124第4項、カザフスタン民法典（1999年）第1086条第4項がそれを定めている。セネガル家族法（1972年）第85条第2項も、外国法が証明できない理由が、当事者が拒絶する場合にはセネガル法を適用しなければならないと定めている。ケベック民法典（1991年）第2809条の規定は、カナダのその他の州ないし地域および外国国家の法律を「既知の事実」と見做しており、当該外国法の内容を調査できない場合には、裁判所がケベックの現行法を適用することとなる。次に、同一問題について用意されたその他の連結素によって決定された法、または、密接関連法を適用すると同時に、内国法をもって補充する方法である。例えば、イタリア国際私法（1995年）第14条第2項の規定によれば、当事者の協力の下に、裁判官が外国法を調査できない場合には、同一問題について用意されたその他の連結

---

324)　山田・前掲書（注4）314頁以下、注釈第2巻359頁以下（山本和彦）参照。なお、それらの説のいずれが有力であるかは、定説が見られないとするのが一般的なようである（木棚編・前掲書（注18）115頁（樋爪）参照）。しかし、相当な努力をしても合理的な期間内に外国法の内容を推定できない場合には、内国法による補充も認めざるをえないとする説もある（中西康＝北澤安紀＝横溝大＝林貴美『国際私法』（有斐閣、2014年）108頁）。

素による法を決定しなければならない。その他の連結素がなければ、イタリア法を適用する。北朝鮮渉外民事関係法（1995年）第12条の規定によれば、ある外国法を準拠法として決定したが、当該外国法の内容を調査できない場合には、当事者と密接な関連性のある国家の法または北朝鮮法を適用する。さらに、比較的に適切な法を適用する方法である。ポルドガル民法典（1966年）第23条第2項の規定によれば、外国法の内容を調査できないか、または、連結素の欠缺によって準拠法の根拠を確保できない場合には、相対的に適切な法を適用にする[325]。

以上において取り上げた諸国立法をみると、イタリア国際私法およびポルトガル国際私法を除き、その他の国家ないし州は殆ど完全に一致した処理方法を採用している。すなわち、外国法が調査できない場合には、内国法を適用するという方法がそれである。当該規則は簡単、明瞭であり、多数の国家が採用しているものであるが、それは、外国法調査の失敗の処理問題について、理論的な意味および実践の検討を行う価値がないと考えている。

内国法を適用する方法は、英米法系の国々の広い範囲において認められてきたが、このような方法については批判が多い。外国法を内国法と同様と推定し、その両者が一定の近似性を有するという理由は、実際には、往々にして証明されることができないか、または、正反対な状況であることが証明される結果になることがある。また、内国法を類推適用することの大きな欠点は、外国法を内国法と同一であるとする根拠に欠けており、独断的ないし強行的に適用しようとする印象を持たれることである[326]。

一方、外国法の内容を調査できない場合に、内国法を代替適用することは、内国法を適用する点において同じ立場であるが、両者の理論根拠には、大きい違いが存在している。内国法を類推適用する理由は、内国法を外国法と同様と考えるからである。それに対して、代替的に内国法を適用する立場の根拠は、①外国法の内容を証明できなかった場合、裁判所にとって、熟知している内国

---

[325] より近時の立法例においても同様である。その一例として、アルゼンチン国際私法（2014年）第2595条a号（笠原俊宏「アルゼンチン共和国民商法典中の国際私法規定（2014年）の邦訳と解説(上)」戸籍時報744号26頁以下参照）がある。

[326] 山田・前掲書（注4）225頁参照。

法が当然に唯一の適用できる法になる。しかも、法律の欠缺があるという理由により、当事者の訴訟を却下するとか、または、その他の代替方法を有しない状況下においては、内国法の適用は仕方のない選択となる。②裁判所の目的である公正および正義を維持するためには、当面の事件に適切な法が欠缺しているとしても、審理を断ることはできない。そうすると、最も良い対応方法は内国法による救済を行うこととなる。③外国法を調査するためには、時間および費用が掛かるため、それを考慮すると、当事者が往々にして証明を行わないとか、または、外国法を充分に証明しないことには、むしろ、内国法を適用することによって事件を審理することを望んでいるという意味が含まれている。それゆえ、内国法を代替的に適用するのは、当事者の黙示意思の尊重であるとも考えられる[327]。

第2款　諸国法における実践の概観

(1)　日本法

今日、準拠外国法について、裁判所が職権をもって調査しても、また、そのために、諸官庁や当事者の協力を得ても、その内容を明らかにすることができない場合、裁判所が請求を棄却することができないことは、日本において異論はない。しかし、そのような場合に、いかように対処すべきであるかということになると、日本学説に統一された見解が見られるとはいえない。上述したように、内国法を適用すべきであるとする説（内国法適用説）のほか、あるいは、条理により、内容が不明とされる準拠外国法秩序全体から、当該外国法として妥当な解決を探究すべきである（条理説）とか、あるいは、法系、民族的・文化的親近性、政治的・経済的類似性等の近似性を総合的に判定して、最も近似すると見られる他のいずれかの法秩序における関連規定から推認される規則が代わって適用されるべきである（近似法説）と論じられている。また、困難な条理や不確実な近似法に基準を求めることなく、補充の連結素により、新たに次善の準拠法を探求し、それを判断基準とした法が合理的であるとする説（補充的連結説）も登場している。条理説を支持する見解は、かつての多数

---

[327]　横山潤『国際私法』（三省堂、2012年）89頁が、いわば緊急事態において裁判所が法的に確実な処理ができるのは法廷地法によってであるとする見解も同旨であると見られる。

説であり、現在もなお、それを支持する見解も見られるが、近時においては、近似法説が最も実際的であり、合理的であるとして、日本における有力な見解であるといわれている[328]。しかし、いずれの立場も支配的であるということはできないであろう。

　一方、日本の裁判例を見れば、かつて、北朝鮮法や中華人民共和国法が準拠法とされた場合には、その内容が不明であったため、その結果、請求を棄却した静岡地方裁判所昭和46年2月12日判決[329]や内国法を適用した京都地方裁判所昭和62年9月30日判決[330]があるが、多くは、条理によるか、または、近似法説の立場によったものが多く見られる。それらとして、韓国法の適用をもって北朝鮮法のそれに代えた福岡地方裁判所昭和33年1月14日判決[331]、大阪家庭裁判所昭和37年8月22日審判[332]、大阪地方裁判所昭和39年3月17日判決[333]の他、中華人民共和国法の内容を同じ社会主義法としてソビエト法等から類推した名古屋家庭裁判所昭和58年11月30日審判[334]等がある。

(2)　フランス法

　フランスの司法慣例においては、外国法の内容を調査できない場合、代替的にフランス法を適用する。それとして、次のような2つの判例がある。先ず、1970年6月22日のBudot v. Collet[335]において、パリ大審裁判所は、交通事故による損害賠償請求事件を次のように裁決した。事故の発生地アンドラにおいては、損害賠償に関する一般規則の規定がなく、また、交通事故に関する損害賠償の特殊規定も設けられていない。しかし、裁判所は、アンドラ法がローマ法および教会法を継受していることから、ローマ法および教会法上、加害者が責任を負うと認定し、相手方は賠償を支払うべきであると判断した。裁判所は、アンドラ法について問わず、代替的にフランス法を適用した。また、1971

---

[328]　溜池・前掲書（注13）249頁以下、さらに、山田・前掲書（注4）134頁以下、とくに136頁等参照。
[329]　下級裁判所民事裁判例集22巻1・2号160頁。
[330]　判例時報1275号107頁。
[331]　判例時報140号28頁。
[332]　家庭裁判月報15巻2号163頁。
[333]　判例タイムズ162号197頁。
[334]　家庭裁判月報36巻11号138頁。
[335]　*Journal du droit international*（以下、*Clunet*とする）1972, p.311.

第 4 節　準拠外国法の内容の不明

年 11 月 25 日の Zikman v. Lopato 判決[336]においては、アメリカ人とポーランド難民との間の罰金責任の負担について、ポーランド難民が在留した満州は、当時は、ロシア軍に支配されていて、丁度、日本が満州から軍隊を引き揚げ、中国軍もまだ進駐していない空白の時期であったため、本件の法的責任が発生した当時、当地において有効な法を調査することは極めて困難であった。そこで、裁判所は再びフランス法を適用することとした。以上の 2 つの事件について、学説からは、隣国アンドラ法を調査できなかった場合に、フランス法を代替適用したことは正義原則に違反していないが、満州事件における法律適用問題に関しては、フランス法を代替的に適用することは、満州において完全に異なる法文化が実施されていたことに鑑みて、その妥当性に疑問が抱かれている。より近時、1993 年 11 月 16 日の Amerford 判決[337]において、フランス破棄院は、外国法を調査できないか、または、外国法を調査する費用が当事者の請求額に比して高額である場合には、裁判所は、フランス法を代替適用することにより、事件を裁決しなければならないと判示している。すなわち、破棄院は、明確に、当事者が自由処分の権利を有する事件において、外国法の適用を求める当事者が外国法の内容を調査する責任を負い、それに反すれば、裁判所はフランス法を適用することによって事件を裁決することになるという内容を表明した[338]。

フランス裁判所はあまり外国法を適用しようとしていないようであり、外国法を調査できないときには、フランス法を適用する伝統を築いている。1971 年 10 月 19 日の破棄院判決[339]において、破棄院は、控訴院が外国法資料の欠缺を理由としてフランス法を適用した裁判を支持している。1980 年代、破棄院は、外国法に関連する特別な資料ではなく、一般的資料が欠缺する場合には、フランス法を代替適用することを合理的と考えている。1982 年 6 月 15 日の破棄院判決[340]は、当事者がユダヤ法の一つの特別な条文を証明できなかった事件に関するものであり、また、1980 年 10 月 22 日の破棄院判決[341]は、控

---

[336]　*Rev. crit. de d.i.p.* 1973, p.499.
[337]　Bulletin civil I, No.405, 294.
[338]　Geeroms, op. cit., p.205.
[339]　*Rev. crit. de d.i.p.* 1972, pp.70, 72.
[340]　*Rev. crit. de d.i.p.* 1983, pp.300, 302.

訴院がアルジェリア離婚法の一般内容の資料の欠缺の場合に、フランス法を適用して事件を判断している。従って、フランス破棄院は、「特別に援用された外国法の規定を証明できない問題」と、「外国法がその一般内容において欠缺する問題」とを区別し、前者の状況においては、証明できない問題の挙証責任を負う当事者に帰属させつつ、合理的にその主張を斥ける理由へ導き、その後の状況については、証明を提出できない場合に、裁判所所在地法を外国法に代替して適用している。なお、破棄院はこのような区別を行っているが、実際には、最終的な結果は殆ど同じである。例えば、上述した1982年の判決において、控訴院は、ユダヤ法の特別な条文を証明できなかったことを理由として、当事者の請求を棄却しているが、フランス法上においてもこれに関連する規定はないから、フランス法が適用されたとしても、最終的に請求を棄却する結果となるものであった[342]。

(3) ドイツ法

ドイツにおいては、裁判所が外国準拠法を調査できない場合には、同じように、ドイツ法を代替的に適用する。同様な取扱い方法は、外国法から論議が派生する場合、および、外国最高司法機関がいまだに当該法律について確定的な内容を決めていない場合にも適用されている。ドイツ連邦最高裁判所は、1977年10月16日の判決[343]において、便宜さを顧慮して、外国法を調査できない場合には、ドイツ法を適用して事件を裁決しなければならないと判示した。また、ドイツ連邦最高裁判所は、1981年の判決[344]において、同様に、トルコ法を調査できない場合に、当該事件にドイツ法を適用しなければならないと判示した。すなわち、当該事件の母子の住所が共にドイツと関連性を有することに鑑み、ドイツ法を適用して事件を裁決するのが最も妥当であると指摘した。連邦最高裁判所の判断は下級裁判所においても支持を得ているようである。例えば、1984年のシュツトガルト（Stuttgart）高等裁判所判決[345]においては、裁判所が親子関係に関するトルコ法を調査できないため、ドイツ法を適用して

---

[341] *Rev. crit. de d.i.p.* 1981, p.94.
[342] Geeroms, op. cit., p.206 et seq.
[343] BGHZ 394, S.69 u. S.387.
[344] *NJW* 1982, S.1215.
[345] IPRspr. 1984, Nr. 1.

事件を裁決した。しかし、このような処理方法をめぐり、外国法の規定を調査できない場合には、裁判所に対し、公平な考慮に基づいて事件を裁定するような裁量権を与えることが、一方的に内国法を代替適用するよりも妥当であると指摘されている[346]。

(4) 英国法およびアメリカ法

英国において、内国法を代替適用する案件はあまり多くない。最近の一つの事件は 2002 年 10 月 25 日の Shake v. Mohammed Al-Bedrawi 判決である[347]。ペンシルベニア法の証拠が反映していたため、下級裁判所が、ペンシルベニア法を英国法と同様と推定して、英国法を適用して事件を裁決した。上訴人は、上訴審において、ペンシルベニア州法が英国法と同じであることについて疑問を抱いて、上訴裁判所は、当該事件の問題について、外国法の調査失敗後には英国法を適用すべきかということに帰着した。最終的に、上訴裁判所は、両者は類似していると仮定する必要がなく、外国法を適用しなければならないと指摘した[348]。

アメリカ連邦裁判所は幾つかの事件においてアメリカ法を適用することによって外国法の調査不可能問題を救済している。例えば、Banque Libanaise pour le Commerce v. Khreich 事件[349]において、第五巡回裁判所は、上訴人がアブダビ法に関する証拠を再度提出する要求を斥けて、連邦地方裁判所によるアメリカ法を適用する決定を支持した。当該判決から見れば、連邦地方裁判所は内国法を推定適用したのではなく、内国法を代替適用したものである。その理由は、テキサス州法が代替適用されて、内容が決められる。カリフォニア証拠法典においては、明確に、裁判所は、外国法を調査できない際、または、公正な目的を求めて、カリフォニア法を適用する権利を有するとしているが、しかし、この前提がアメリカとカリフォニアの憲法を違反してはならないと定められている。何らかの場合に、内国法を直接適用することについて、当事者は内国法を適用すると同じとして黙認している。例えば、外国法が大陸法系に属

---

[346] Geeroms, op. cit., p.207.
[347] 42 C.A. 2002 [2003] Ch.350.
[348] Geeroms, op. cit., p.210 et seq.
[349] 915F. 2d 1000, 1006 (5th Cir. 1990).

する場合のように、内国法を適用することが往々にして内国法を外国法と同様とすることに失敗した場合に、外国法を適用することが直接に外国法を適用することと同じと考える。彼らの出発点は内国法が当該事件を支配するという考え方である[350]。

第3款　諸国立法例の概観

　諸外国国際私法における立法例を見れば、内国法適用説の立場をとるものと、補充的連結説の立場をとるものとに二分することができる。前者の立場のものとしては、前出オーストリア国際私法典第4条第2項、前出ハンガリー国際私法第5条第3項、前出スイス国際私法第16条第2項、前出ブルキナファソ人事・家事法典第1008条第3項、前出ルーマニア国際私法第7条第3項、前出エストニア民法典の一般原則に関する法律第127条第4項、前出リヒテンシュタイン国際私法第4条第2項、前出ウズベキスタン民法典第1160条第4項、前出キルギスタン民法典第1169条第2項、前出チュニジア国際私法典第32条第4項、前出スロベニア国際私法・国際手続法第12条第1項、前出カザフスタン民法典特別編第1086条第4項、前出ベラルーシ民法典第1095条第4項、前出アゼルバイジャン国際私法第2条第1項、前出ロシア連邦民法典第三部第1191条第3項、前出ベルギー国際私法第15条第2項後段等がある。一方、後者の立場のものとしては、前出ポルトガル民法典第23条第2項、前出マカオ民法典第22条第2項第1文等がある。前出イタリア国際私法第14条第2項は、まず、補充的連結を行い、それによっても補充法が得られないときは、内国法をもって補充するという立場である。同様に、2000年1月7日のスペイン民事訴訟法第281条第2項においても、明文規定は置かれていないが、前述の通り、一律的に内国法によるとする従来の立場は退けられており、新たな展開がされようとしている。上記に見られたように、諸外国の立法例には、内国法適用説の立場を採用したものが圧倒的に多いが、その立場については、日本学説においては、内国法への志向であるとして批判されることが多い。その一方、日本学説および判例において有力であるとされる近似法説の立

---

[350]　Geeroms, op. cit., p. 209.

場は、諸外国の立法例に見い出すことができない。確かに、真実の法ではない近似法が十分に本来の準拠法に代わりうるという保証もなく、常に妥当な結果をもたらすとはいえないとして批判されているが、極めて正当な批判であるというべきであろう。また、本来の準拠法が定まっているのに、それとは全く別個の法を適用することが躊躇されるのも当然であろう。結局、現状において、この問題に関する実定規則の存在からは程遠いといわざるをえない。

第4款　代用法たる外国法の価値

　国際私法は外国法を適用するのみではなく、その規範の目的として正確に内国法または外国法の適用を選択することであるから、内国法の適用は除外されていない。例えば、内国法が事件と密接な関連性を有しているならば、衝突規則によって内国法が適用されるのも適切なことと考えられる。それゆえ、内国法が補充的な性質を有し、外国法を調査できない場合に、内国法を補充的に適用するのが適切であると考えられる。

　純粋な理論に基づけば、外国法の調査失敗後、内国法を代替適用する結論を得るのはなかなか難しいことである。外国法と関連性を有する手続的規定については、単純に一つの理論に基づいて推論を行うことは好ましいことではなく、訴訟効果および手続の便宜の立場から考える必要がある。外国法の調査については、裁判所と当事者とが協力し、できる限り各種の資料を収集することにより、外国法調査の失敗の可能性を減らすべきである。それ以外には、外国法調査の失敗について厳格に検証して、外国法の適用範囲を極力縮少すべきである。外国法調査の失敗が認められた場合であっても、裁判所は内国法によって事件を審理しなければならない。現在の状況の下において、内国法を代替適用する方法よりも良い選択余地がないと考えられているため、多数の国々および地域はこのような措置しか講じていないように思われる。

第5款　外国法調査不能の場合のその他の処理方法

(1)　近似法の適用

　外国法の内容を調査できない場合であっても、裁判所は当事者の訴訟請求または抗弁を任意に却下してはならず、また、当該事件に内国法を適用してはな

らないとすれば、本来適用すべき外国法と類似している法を適用しなければならないと考えられている。例えば、オーストラリア法が英国法を起源としているため、適用すべきオーストラリア法を調査できなかったときは、裁判所が比較的に熟知している英国法を適用することによって事件を裁決する。適用すべき現行規範が不明である場合に、旧法が証明されたならば、旧法を適用して事件を審理することも良いと考えられる。例えば、裁判官が、現行ボリビア法に関する規定を調査できなかったときは、1830年のボリビア民法典に関する規定を適用すれば良いと考えるごとくである。但し、未だに、この方法を採用した立法は確認されていない。1978年のスイス連邦国際私法草案第15条第3項は、このような内容を規定していた。すなわち、「外国法の内容を調査できない場合には、裁判官は最も近似している法律を考慮する。最も近似している法律がない場合には、スイス法を適用する。」とするものである。しかし、1987年に正式に成立したスイス連邦国際私法第16条は、裁判官が近似法を考慮することを可能とする内容の規定を最終的に削除している。

　一方、司法実践において、ドイツおよび日本の裁判所が、そのような立場を採用していた。例えば、エクアドル人が、その父親の遺言により、父親に対する遺産遺留分権を剥奪された事件において、ドイツ裁判所は、当時、第一次世界大戦が終了したばかりで、アクアドル民法典を調査できないため、チリ民法典を見本として倣ったエクアドル民法典と類似しているチリ民法典を適用することが、法廷地法（ドイツ法）よりも正確な解決方法に近づくものであると考えた。一方、日本にもこの方法を採用している判例がある。養子縁組申立に関する東京家庭裁判所昭和38年6月13日審判[351]は、「準拠法として指定された外国法の内容が不明の場合には結局法例の準拠法指定の趣旨に添ってその内容を探求すべく、それにはまず準拠法国の全法秩序からその内容を推測すべく、若しそれが不可能ならば従前に施行されていた法令とか政治的経済的或は民族的に近似する国家の法秩序から準拠法の内容を推測すべきである。」と判示した。その他にも、例えば、北朝鮮法の内容が不明な場合には、大韓民国法および旧ソ連等社会主義国の法、ルクセンブルグ法の内容が不明の場合には、

---

[351] 家庭裁判月報15巻10号153頁。

第 4 節　準拠外国法の内容の不明

フランス法およびベルギー法、シリア法の内容が不明な場合には、フランス法およびエジプト法が近似法と見られている[352]。上記の判例の他、この立場をとる裁判例としては、大阪地方裁判所昭和 39 年 3 月 17 日判決[353]、千葉地方裁判所松戸支部昭和 40 年 8 月 11 日判決[354]、名古屋家庭裁判所昭和 58 年 11 月 30 日審判[355] 等がある。

　このような方法は、外国法の調査を失敗した後、本来適用すべき法と近似している法を適用して、請求または抗弁を棄却するとか、推定的または代替的に内国法を適用する問題を克服し、外国法の適用問題の欠点を排除して、国際私法の基本理念に適合する公正な結果を得られると考えるものである。

　しかし、その最大の難点は、いかにして近似法を判断するかが非常に困難な問題であり、その基準を確立することは難しいことである。現行法を調査できなかったときは、旧法を適用するという考え方もあるが、しかし、新法と旧法とは大きな差異がありうることに加えて、旧法は一般的に多くの欠点を有するため、例えば、旧法を適用して事件を裁決した場合には、決して妥当な判決が得られないと考えられる。従って、外国法を調査できない場合に、その起源となる国家の法を適用することができるが、諸国の法律には差異があり、全体的に類似している英米の法律であっても一致しないことが少なくないから、何らかの具体的問題の規定について、全く反対の規定が設けられている可能性がある。これらの状況に通じて、裁判官に大きな自由裁量権を与えたならば、同一事件について異なる判決を生じる可能性があり、司法の公正および予測可能性に重大な影響を与える恐れがある。そのほか、内国法の適用や訴訟の却下の方法と比べて、近似法を適用する方法は客観性を欠くと考えられる。

(2)　条理の応用

　近似法の適用によって外国法を調査できないか、または、それが欠缺している場合には、条理によって判決しなければならない。これは法解釈学における法律の不備に関する通常の補充方法の国際私法への応用と考えられる。一般法

---

[352]　山田・前掲書（注 4）136 頁参照。
[353]　家庭裁判月報 15 巻 2 号 163 頁。
[354]　家庭裁判月報 18 巻 9 号 53 頁。
[355]　家庭裁判月報 36 巻 11 号 138 頁。

理は、諸国の民法や学説において異なる意味を有しており、例えば、オーストリア民法は自然法原理と呼び、イタリア民法は法の一般原則と呼び、ドイツ学説は法律の自由精神によって得られた原則と呼んでいる。裁判官が事件を裁決する際には、当該抽象的原則について解釈を行い、これをもって事件を判決するための根拠として具体化しなければならない。なお、ここにおいて疑問として残るのは、それが法廷地の法理であろうか、それとも、当該外国の法理であるかという点である。

アメリカ連邦裁判所がこのような方法によって外国法調査の失敗問題を処理しており、とくに海商法事件において、このような解決方法がしばしば見られるようである。日本においても、学説および判例がこの取扱い方法を支持している。例えば、前出大阪地方裁判所昭和39年3月17日判決において、このような内容が指摘されており、後見人の本国法である北朝鮮法の内容が不明である場合に、法理により、近似社会である韓国の法を適用することが認められている。東京地方裁判所昭和41年1月13日判決[356]は、親子関係不存在確認事件において、明確に、母の夫の本国法である北朝鮮法が不明である場合には、条理を適用して事件を審決しなければならないと判示している。このような解決方法の欠点としては、裁判官に過大な自由裁量権を与えて、司法の公正および判決の調和に影響する恐れがあることが考えられる。

(3) 同一問題のための他の連結素の援用

この方法は、本来適用する外国法が調査できない場合に、当該法律関係のその他の連結素によって確定された法によるという意味である。例えば、一つの権利侵害事件において、権利侵害の結果発生地の法を調査できないときは、権利侵害行為地の法を適用し、また、行為地の法も調査できないときは、被害者の常居所地法を適用し、また、人の国籍を調査できないときは、その住所地法とか常居所地法を適用するという方法である。イタリア、ポルトガル等が、この方法を採用している。例えば、イタリア国際私法（1995年）第14条第2項の規定において、「当事者の協力によっても、裁判官が外国の制定法を調査できない場合には、その者は同一問題のために用意されたその他の連結素によっ

---

[356] 家庭裁判月報19巻1号43頁。

第 4 節　準拠外国法の内容の不明

て確定した法を適用しなければならない。その他の連結素がないときは、イタリア法を適用する。」と定められており、また、ポルトガル民法典（1966 年）第 23 条第 2 項の規定において、「外国法の内容を調査できないとき、または、連結素の欠缺のために準拠法の選定根拠を確定できない場合には、代替適用している法を適用する。」と定められており、マカオの法も、ポルドガル法に属するため、その民法典第 22 条第 2 項もこのような内容を規定している。すなわち、「適用する外国法を調査できない場合に、補充的に適用する準拠法を適用する。事実要素を確定できないか、または、法律要素によって指定した法を適用する場合には、同じ方法をもって取り扱わなければならない。」と定められている。以上のような方法により、国際私法理念にも適って、適用する法と事件とが密接な関係を確保することができることとなる。しかし、その不備な点として、とくに契約事件、権利侵害事件における連結素が多いため、各連結素によって確定した準拠法を確実に調査するための手続が煩雑であり、内国法を適用するような簡易性も有しないため、適用される可能性が低くなることが考えられる。その結果、事件の判決結果にも大きな不確定性がもたらされることとなる。

　(4)　一般法律原則の適用

　一般法律原則の概念について、いまだに統一な解釈がなく、国際司法裁判所規則第 38 条第 1 項が規定する「一般法律原則が明文をもって諸国に承認された場合」ということの意味、性質については争いがあり、主要な法源として考えられるのは国際条約および国際慣習である。国際商事紛争に適用される一般法律原則は、国際法の一般法律原則と基本的に同じである。現在、公認された一般法律原則としては、主に、約定を必ず遵守する原則、公平原則、信義誠実原則等がある。一般法律原則が適用される事件については、その多くの場合、一方当事者の国家の商事契約であり、とくに石油や投資契約に関する約款に多く規定されている。一般に異なる国家間の自然人と法人との間にはあまり見られない。国家を一方の当事者として発生した民商事紛争は、大体、仲裁解決によって解決されており、従って、訴訟となった事例はあまりなく、仲裁判断を受けるのが通常であると考えられる。

第 3 章　外国法の適用における私的自治

第 5 節　準拠外国法における法規の欠缺

第 1 款　総説

(1)　学説の概要

　今日、諸国における法体系の整備・充実には目覚しいものがあり、かつてのように、準拠法として指定されたいずれかの外国法体系の内容が不明であるとか、あるいは、何らかの法規が欠缺している際に生じる問題はすでに過去のものとなったというような考えも存在する。確かに、そのような問題が争点とされることが減少していることは否定できない。しかし、現在においても、それらの問題が全く一掃されたといえるかは、なお疑問が残るところである。今日における情報収集・検索の技術は飛躍的に発達し、それにより、外国法の内容に関する情報量も大幅に増加しており、その結果、個々の問題の解決に必要な外国法規の内容が不明の場合は確実に減少しているが、それとは逆に、外国法体系において一定の法規が欠缺して場合には、そのような状況の存在は却って明瞭なものとなって浮び上がっているということができるであろう。

　日本の国際私法には、準拠外国法の内容が不明である場合や法規が欠缺している場合に関する規定は存在しない。従って、そのような問題についての解決は判例および学説に依存してきた。そこで、学説に目を転ずれば、従前より、講学上、準拠外国法の内容が不明な場合の問題とその法規の欠缺の場合とは、類似する問題として、同時に論じられることが一般的であり、そして、ときには、同一の解決方法が提唱されることも見受けられる。しかし、両者の問題は、準拠実質法の適用における明確な判断基準の不存在の場合に関わる問題であるという共通性は見られるとしても、本質的には、大きく異なる問題であるというべきであろう。蓋し、準拠外国法の内容が不明な場合とは、法規が欠缺しているか否かについて不明であることをも含めて、それが不明な場合であるのに対して、準拠外国法上の法規が欠缺する場合とは、それが欠缺していることがすでに確実なこととして判明している場合である。かくして、本来、両者は異なる問題であるといわねばならないであろう。

　近時、準拠外国法の内容が不明な場合の問題については、外国立法・学説に

第 5 節　準拠外国法における法規の欠缺

おける動向を踏まえたいくつもの精緻な研究が発表されるに至っている[357]。しかし、その一方、準拠外国法上における法規の欠缺の場合については、それに的を絞った研究は必ずしも大きな進展が見られていないのが実状であるといっても過言ではないであろう。そこで、ここにおいては、両者の問題の解決に際しては、それらの問題の特性に即したそれぞれの考慮が必要であるという観点に立ち、後者の問題について、とくに日本の学説および判例を中心とし、また、比較法的考察をも交えつつ、若干の論及を試みることとしたい。

　準拠外国法において一定の法制度ないし法律関係に関する規定が欠缺している場合の解決について、それを大きく分類すれば、次のような 2 つの立場がある。すなわち、その一つは、準拠外国法の内容が不明な場合ととくに区別することなく、そのような場合と同様に考慮されていると見られる立場（以下、便宜上、「不区分説」とする）であるが、例えば、溜池教授の見解がそれであると理解することができるであろう[358]。それに対して、いま一つの立場は、準拠外国法の内容が不明な場合と区別した上で、それに適った解決の方法が論じられている立場（以下、便宜上、「区分説」と称する）である。そして、後者の立場も、さらに詳しく見れば、一定の法制度ないし法律関係に関する法規の欠缺を当該法制度ないし法律関係が禁止されているものと解釈し、その結果、法適用通則法第 42 条（改正法例第 33 条、改正前法例第 30 条）に定められた公序良俗に反するとして、当該外国法の適用が排除されるべきか否かが検討されるべきとする見解（以下、便宜上、「法制度禁止説」とする）が見られるとともに、当該準拠外国法体系における解釈の問題として解決すべきものと主張

---

[357]　例えば、石黒一憲「外国法が不明の場合」判例タイムズ 747 号 483 頁以下、神前禎「準拠外国法の「不明」をめぐって」法学協会雑誌 107 巻 6 号 105 頁以下、根本洋一「準拠外国法の内容不明の場合の処置—外国法の解釈と裁判所による法創造」横浜国際経済法学 4 巻 2 号 113 頁以下等がある。

[358]　溜池教授によれば、「外国法の欠缺または不明の場合には、条理によるべきである」とされ、その場合における条理とは、「普遍的な法の一般原則のごときものとしてではなく、その外国の法律秩序の中における条理としてこれを考えるべきである。」とし、さらに、「その欠缺は、その国における法の欠缺補充の方法に従って解決すべきである。最終的には、法廷地法によるのが実際的であるが、理論的にはあくまでその国の立場からする条理に基づいた解決を求めるべきであろう。」と論じられている。溜池・前掲書（注 13）248 頁以下参照。区分説の立場に立つ学説として、注釈第 2 巻 359 頁（山本和彦）参照。

する学説（以下、便宜上、「外国法解釈説」とする）も多くの支持を受けていることが看取される。このように、学説上の見解は必ずしも確立しているとはいえないのが、日本の学説の実状であるということができるであろう。以下においては、上記のような大まかな分類に従い、とくに、法制度禁止説および外国法解釈説の立場をとっている日本の学説について、より詳しく眺めてみることとしたい。

(2) 法制度禁止説の概要

まず、一定の法制度ないし法律関係に関する法規の欠缺を当該法制度ないし法律関係が禁止されているものと解釈し、従って、場合によっては、法適用通則法第42条に定められた公序良俗に反するとして、当該外国法の適用が排除されるべきか否かが検討されるべきとする見解についてである。

それとして、まず、澤木教授ならびに道垣内教授の見解が挙げられる。それによれば、「外国法の調査はかなり困難であり、裁判所が合理的な努力をしても、内容が不明であるという場合が生じる。まず注意すべきことは、外国法の不明と外国法の欠缺とを区別することである。」とされた上で、「たとえば、フィリピン民法中に離婚に関する規定がないことは、外国法の欠缺であって」、外国法の不明の問題ではなく、規定の欠缺に対しては、「フィリピンでは離婚を認めていないと解釈することができる。」といわれている[359]。なお、三浦教授によっては、「外国法の解釈は、外国法としてなさるべきである。従って、ある規範が法として実定性をもつか否か、規範の内容如何などは当該外国法秩序の全体との関連から決定される。たんに個々の法規のみと切り離して内国法解釈の方法によるべきでなく、当該外国の裁判官のなすごとく解釈すべきである。判例や学説の法源性もまた、当該外国法秩序から決定される。なお、当該事項につき外国法規が欠けている場合も、その外国の実質法全体からその意味を解すべきである。」とされて、基本的には、後述される外国法解釈説の立場がとられていると見られながら、結局、「たとえば、強制認知規定を欠いていることは、その国が強制認知を認めない趣旨と解するごときである。」といわれている[360]。

---

[359] 澤木＝道垣内・前掲書（注18）54頁。
[360] 三浦正人編『改訂国際私法』（青林書院、1983年）60頁以下（三浦）。

第5節　準拠外国法における法規の欠缺

(3)　外国法解釈説の概要

　いち早く、外国法解釈説の立場から、具体的に条理による解決を提唱されていたのが、長谷川教授並びに西山教授の詳細な論述においてであった。それによれば、「国際私法上裁判所が外国法を適用して裁判すべき場合に、その外国法を知ることは裁判所の責任にかかるのであるが、外国法を知ることは実際上容易でないこともある。裁判所自らの調査、当事者の証明、そのほかの方法をつくしても、ある渉外生活関係事項に関する外国実定法規の存否もしくはその内容を知りえないときには、裁判所としていかにすべきか。かかる場合には、当該の事項を規律すべき外国法秩序に欠缺しているものと見做して、その外国法秩序の下に、法規の欠缺に対処する方法に従ってこれを補充して裁判すべきである。国際私法の指定により裁判の基準となるべき外国法は、当該の事項に直接に関係ありとおもわれる個々別々の外国法規ではなくて、その規定をふくむ外国法の全体系であると考えるべきで、ある事項につき外国法の規範が欠缺しているとおもわれるか、または、その存否もしくは内容を知りえないときには、外国法は統一ある全体をなすものとして理解し、ある事項に関する法規範の欠缺を外国法秩序によって補填して裁判の基準をもとめるのである。かかる方法によるもなお、その欠缺を補填してない場合には、裁判の基準となすべき法の欠缺する場合と同様に条理によって裁判すべきである。しかしながら、私法の領域に属する渉外生活関係事項に関する直接の規定が外国法にかけているにすぎないか、または、その事項に関する外国法規範の内容が不分明であるにとどまるのではなくて、その外国法秩序の下においてはその事項が全く法の規律の外におかれていることの明らかなる場合、いいかえれば、国際私法の規定により裁判官が適用すべき外国法規範が真に無なる場合には、単なる外国法の欠缺の場合や、その内容不明の場合と同視すべきものではない。裁判所の適用すべき外国法規範が真に無なる場合には、外国法の欠缺補填やその補充・解釈は問題となしえない。この場合には、内国国際私法そのものの解釈が問題とせらるべきである。内国国際私法自体に何等規定するところなきかぎり、国際私法そのものに欠缺あるものとみて、これを補填して裁判すべきであろう。」といわれている[361]。

　条理による解決を提唱していた江川教授においても同様である。すなわち、

第 3 章　外国法の適用における私的自治

「裁判の基準となる法の欠缺する場合の一つとみて、条理によって裁判するよりほかに方法はないであろう。外国法の内容が不明である場合でも、その法秩序全体が知れない場合でなく、その一部のみ知れない場合には、知りうるところからして、拡張解釈、類推解釈等によりうる場合のあることはもちろんである。」といわれて[362]、また、山田教授によっても、「単にその外国に当該事項についての実定的な法規が欠けている場合とは区別されなければならない。」とされ、そして、「後者の場合には、その国の判例・学説を考慮し、あるいは法の欠缺を補充する条理により、その国の法秩序全体の見地から、その事項がいかに規律されるべきかを確かめるべきである。」といわれている[363]。欧教授による次のような見解もまた、ここにおける立場として位置づけることができるであろう。すなわち、「外国法の規定の解釈は、当該外国法秩序の構成部分として、その法秩序全体との関連においてなされるべきであり、個々の規定だけを切離して、内国法上の解釈方法を採るべきではない。」という見解[364]である。池原教授によっても、同様に、「単にその外国に当該の事項についての成文法規が欠けているに過ぎないような場合」については、「その国の判例・学説等をも考慮して、その事項がその国でいかに法的に規律されているかを確かめるべきである」といわれているが[365]、条理という基準は明言されてはいない。同様に、砂川教授によっても、「外国法の不明というのは、単にその外国法にその事項についての成文法規が欠けているに過ぎない場合とは区別されなければならない。このような、いわゆる「法規欠缺」の場合には、その外国法中にその事項についての規定が存在しないことが確認されており、その余の諸規定の内容はすでに知られているか、少なくとも知り得る状態等をも参酌して、当該国法秩序全体の見地から、その欠缺を補充すべき法規範を探求すべきであり、かかる推測または補充が可能である限りは、ここにいう「不明」ではない。」といわれている[366]。また、土井教授によっても、「外国法の内容の不

---

[361]　長谷川理衞＝西山重和「第四節外国法の適用」国際法学会編『国際私法講座第 1 巻』（有斐閣、1953 年）所収、223 頁以下。
[362]　江川英文『国際私法改訂版』（弘文堂、1972 年）50 頁。
[363]　山田・前掲書（注 4）134 頁。
[364]　欧龍雲『国際私法講義（補正版）』（文化書房博文社、1991 年）60 頁。
[365]　池原季雄『国際私法（総論）』（有斐閣、1973 年）240 頁。

第 5 節　準拠外国法における法規の欠缺

明は、準拠外国法のうちの特定の事項に関する規定が欠けている場合と区別される。後者は、当該外国の法秩序全体の立場から、不明の部分を推測し、補充することができる場合である。」といわれている[367]。さらに、また、木棚教授によれば、「外国法の内容が不明な場合と区別されなければならないのは、成文法規の欠缺の場合である。この場合には、その国の判例や学説を参照し、その国の法秩序全体からみていかに規律されるべきかにつき条理を探求すべきである。」といわれていることに加えて、「外国法の内容不明や規定欠缺の場合に、実効的連結ができない場合とみて、補充的連結により補充的準拠法を適用すべきとする説もある。しかし、すくなくとも本来の準拠法の内容が前述の方法で推測できるとすればそれによるべきであり、連結のやり直しはあくまで最後の手段とみるべきである。」といわれている[368]。すなわち、「欠缺補充の仕方についても、当該外国における処理に従う。」ということであろう[369]。櫻田教授によっても、条理説または最近似法適用説に基づく解決方法が支持されているのが、同教授において強調されていることは、安易に外国法の内容不明とすべきではなく、手段を尽くして本来の準拠法により得る限りは、それによるべきであるということである[370]。

なお、杉林教授の見解は、同じく条理を基準とすべき場合について論じるものであるが、その視点は若干異なっている。すなわち、「国際私法上の送致は被送致国の実質法全体への送致であるから、準拠法所属国の実質法の全体から推量して、問題の生活関係の実質的規律をなすべきである。たとえば、当事者の本国法たる民法に別居・離婚に関する規定のないことが、実質法全体からみて別居・離婚否認の趣旨であるならば別居・離婚を認めないものとして、別居・離婚の主張を否認すべきである。これに反し、社会事情の変化とか、立法ミスであった場合には、準拠実質法全体より判断して類推すべき規定が発見できたら類推方法をもって、類推法規さえもないときは条理によって新たに法規を創造して規律することとなろう。」といわれている[371]。

---

[366]　砂川恵伸「外国法の内容の不明」争点 72 頁。
[367]　土井輝生『国際私法』（成文堂、1970 年）46 頁。
[368]　木棚＝松岡＝渡辺・前掲書（注 136）78 頁（木棚）。
[369]　中西＝北澤＝横溝＝林・前掲書（注 324）106 頁参照。
[370]　櫻田・前掲書（注 13）130 頁以下参照。

第3章　外国法の適用における私的自治

そして、上記の数々の見解が総括されているのが笠原教授の見解であろう。それによれば、まず、「いかなる実定法規も存在しないことが明らかになったときは、知られている当該外国法秩序から推測することにより、欠缺の補充がはかられる（略）例えば、わが国の通説によれば、アメリカ法に強制認知に関する規定が欠けていることをもって、同法がそれを認めていないとか、フィリピン法に離婚に関する規定が欠けていることをもって、同法がそれを認めていないと解され（略）それらを認めないことが、具体的事案との兼ね合いにおいてわが国の公序良俗に反することとなると考えられる場合には、後述の公序則の発動により、妥当な解決をはかるべきである」とされ、さらに、同教授の独自の立場として、「それらの法制度が存在していない国においては、同国法上は、単にそれらが知られていないとみることができ（略）そのような外国法は当面の問題の準拠法として実効性を有しないということになる（略）。そこで、かような法の適用を断念し、わが国の抵触規則に従い、補充の準拠法ないし当事者に密接な関係を有する地の法の適用が検討されてもよいのではないか」というように論じられている[372]。

第2款　裁判例の概観

(1) 離婚に関する裁判例

準拠外国法上、離婚に関する規定が欠缺していることをもって、それが禁止されていると解し、その結果、日本の国際私法上の公序則に照らして、その適用の可否が問題とされた判例は多数に上っている。それらの中でも、改正法例前に、夫の本国法をもって離婚の準拠法としていた当時、とくにフィリピン人夫と日本人妻との間の離婚事件が圧倒的に多い。改正法例後、そのような場合には、夫婦の同一常居所地法ないし最密接関係法として、日本法が適用されることとなり、同種の判例は激減した。当時の判例として、(1)東京地方裁判所昭和33年7月10日判決[373]、(2)横浜家庭裁判所昭和35年4月20日調停（調停

---

[371] 杉林信義『国際私法（法例入門）』（冨山房、1974年）220頁。
[372] 笠原俊宏『国際家族法要説（新訂補正版）』（高文堂出版社、2004年）44頁以下。
[373] 下級裁判所民事裁判例集9巻7号1261頁、判例時報158号19頁、桑田三郎評釈・判例評論15号15頁。

第 5 節　準拠外国法における法規の欠缺

せず）[374]、(3)東京地方裁判所昭和 35 年 6 月 23 日判決[375]、(4)東京家庭裁判所昭和 36 年 11 月 10 日調停[376]、(5)横浜地方裁判所昭和 38 年 4 月 26 日判決[377]、(6)大阪地方裁判所堺支部昭和 38 年 9 月 16 日判決[378]、(7)大阪地方裁判所昭和 42 年 7 月 14 日判決[379]、(8)東京地方裁判所昭和 42 年 9 月 1 日判決[380]、(9)東京地方裁判所昭和 45 年 4 月 11 日判決[381]、(10)横浜地方裁判所昭和 48 年 1 月 18 日判決[382]、(11)東京家庭裁判所昭和 51 年 9 月 6 日審判[383]、(12)東京地方裁判所昭和 53 年 3 月 10 日判決[384]、(13)東京地方裁判所昭和 54 年 5 月 18 日判決[385]、(14)東京地方裁判所昭和 55 年 6 月 13 日判決[386]、(15)大阪地方裁判所昭和 55 年 8 月 25 日判決[387]、(16)東京地方裁判所昭和 56 年 2 月 27 日判決[388]、(17)京都地方裁判所昭和 56 年 9 月 24 日判決[389]、(18)浦和地方裁判所昭和 59 年 12 月 3 日判決[390]、(19)東京地方裁判所昭和 60 年 6 月 13 日判決[391]、(20)東京家庭裁判所昭和 62 年 4 月 27 日審判[392]、(21)新潟地方裁判所昭和 63 年 5 月 20 日判決[393]等が挙げられる。これらの裁判例のうち、まず、(2)は、「フィリピン共

---

[374]　家庭裁判月報 12 巻 7 号 134 頁。

[375]　下級裁判所民事裁判例集 11 巻 6 号 1359 頁、判例時報 230 号 24 頁、烁場準一評釈・渉外判例百選（増補版）30 頁、同・ジュリスト 221 号 91 頁。

[376]　家庭裁判月報 14 巻 3 号 129 頁、加藤令造評釈・ジュリスト 273 号 95 頁。

[377]　家庭裁判月報 15 巻 10 号 149 頁。

[378]　家庭裁判月報 16 巻 2 号 70 頁、田村精一評釈・ジュリスト 337 号 142 頁。

[379]　下級裁判所民集裁判例集 18 巻 7・8 合併号 817 頁、家庭裁判月報 20 巻 11 号 190 頁、判例時報 505 号 56 頁、林脇トシ子評釈・ジュリスト 403 号 137 頁、烁場準一評釈・判例評論 114 号 130 頁。

[380]　判例時報 504 号 73 頁。

[381]　判例タイムズ 606 号 54 頁、石黒一憲評釈・ジュリスト 597 号 156 頁。

[382]　判例タイムズ 297 号 315 頁、池原季雄評釈・ジュリスト 557 号 120 頁。

[383]　判例タイムズ 351 号 313 頁、石黒一憲評釈・ジュリスト 681 号 247 頁。

[384]　判例時報 912 号 83 頁。

[385]　判例タイムズ 394 号 110 頁。

[386]　判例タイムズ 423 号 135 頁。

[387]　判例タイムズ 430 号 138 頁。

[388]　判例時報 1010 号 85 頁。

[389]　判例時報 1053 号 143 頁。

[390]　家庭裁判月報 37 巻 12 号 53 頁、判例タイムズ 556 号 201 頁、多喜寛評釈・ジュリスト 891 号 132 頁。

[391]　判例時報 1206 号 44 頁、佐藤やよひ評釈・ジュリスト 976 号 119 頁。

[392]　家庭裁判月報 39 巻 10 号 101 頁。

和国の法律が離婚ならびにこれについて反致を認めていないなどの事由から、本件、その性質上調停をするに適当でない」として調停をしないとしたものである。これを除いて、その他のものは、すべて、判決をもって離婚の請求を認容したか、または、離婚の調停・審判をなしたものである。その判決理由・審判理由・調停条項に記された共通の論旨を要約すれば、(17)を除いて、凡そ、次のようにまとめることができるであろう。すなわち、当時の法例第 16 条によって指定された準拠法は夫の本国法であるフィリピン法であり（当時）、また、同国法が日本法に反致していないことから、フィリピン民法によって判断すべきところであるが、同法には離婚に関する規定が欠けており、そのことは同法が離婚を一般的に禁止する立場を採っているものと解される。しかし、当事者間における諸般の事情を考慮したならば、フィリピン法に従って絶対的に離婚を認めないとすることは日本の公序良俗に反することとなる。そこで、法例第 30 条（当時）によって、同法の適用を排除し、内国法に従って判断することになるが、そうすると、日本民法上の離婚原因となる事実関係の存在が認められるので、結局、原告（申立人）による離婚の請求（申立）を認容する、というように説示するものである。なお、そこにおける内国法の適用がいかなる資格によるものであるかについては、とくに法廷地法としてであることを明言している(1)、(5)、(12)、(13)、(15)、(16)、(19)、並びに、フィリピン法に次いで緊密な関連を有する法としてであることを明言している(11)、および、日本法を密接関連法としていると見られる(18)を除いて、法廷地法としてであるか、事案と密接な関係を有する法としてであるか、妻ないし原告（申立人）の本国法としてであるか、あるいは、それ以外のものとしてであるかは必ずしも明らかではない。なお、(20)は、「準拠法の欠缺の問題として、条理により、日本国民法を裁判規範として適用するのが相当である」と判示している。因みに、(2)および(4)の離婚調停事件を除いて、原告ないし申立人はすべて日本人妻である。以上において指摘されたほかにも、裁判例により、若干の仔細な相違が見られるが、大筋において、上記のような立場が、当時における裁判例に見られる解決の概観であるということができる[394]。これに対して、(17)は、上記と同様、当事者

---

[393]　判例時報 1292 号 136 頁、織田有基子評釈・ジュリスト 964 頁 134 頁。
[394]　笠原俊宏「わが国際私法における離婚禁止国法の適用の排除」法学博士杉林信義先生古稀記念

間における諸般の事情を斟酌し、離婚による婚姻関係の解消を認めていないフィリピン法の適用を排除しなければならないとしつつ、それを日本の公序に反する範囲に限定すべきであるとする。すなわち、同法の適用が排除されるべきであるのは、離婚の成立要件および効力に関する諸問題のうち、離婚の一般的な許容性の問題についてのみであり、「離婚を認める場合であっても、直ちに原告の本国法であり内国法である我が国の民法を全面的に適用するものと解すべきではなく、本来の準拠法であるフィリピン法において離婚に準ずる制度として認められている裁判別居（法定別居）の要件および効果は、我が国の民法による離婚原因に当たり、結果が公序良俗に反しない限り、離婚の要件、効果として類推適用すべきものである。」と判示している。近似する立場は、(1)によっても、「一般的にいえば、法例第三〇条は、内国の公序良俗に反する外国法規を排除することにより生じた法規の欠缺は、その外国法秩序における他種の規定、またはその法秩序全体の精神から類推解釈することにより欠缺の補充がなされるべきものであり、これによる補充ができない場合、またはその補充によっては、法例第三〇条により外国法規を排除した目的が達成されない場合に限り法廷地法である内国法規が適用されるべきである。」と説かれていた。ただし、そこにおいては、「当該外国法が離婚に代えて別居の制度を認める場合、その別居をもって右法規の欠缺を補充することは、法例第三〇条による排除を無意味のものとならしめることは、明らかであり、その他に右欠缺の補充がなされるべき方法はないであろう。」として、結局、(17)とは異なる立場が採られていた[395]。

次に、当時、フィリピン法以外の離婚禁止法の適用を排除し、内国法を適用した裁判例としては、例えば、次のようなものがある。すなわち、(22)東京家庭裁判所昭和37年9月17日調停[396]、(23)東京地方裁判所昭和38年9月6日判決[397]、(24)神戸地方裁判所昭和54年11月5日判決[398]が、それらの裁判例として挙げられる。これらの裁判例のうち、(22)は、スペイン法上離婚の制度が存

論文集『知的所有権論攷』（冨山房、1985年）所収、953頁以下参照。
[395] 笠原・前掲（注394）955頁以下参照。
[396] 家庭裁判月報15巻1号164頁。
[397] 下級裁判所民事裁判例集14巻9号1749頁、早田芳郎評釈・ジュリスト321号89頁。
[398] 判例時報948号91頁、三井哲夫評釈・ジュリスト743号318頁。

在していなかった当時において[399]、スペイン人夫と日本人妻との間の離婚について判断したものであり、「当事者の一方が日本人である限り、離婚を認めないスペイン離婚法は、法例三〇条にいわゆる公序良俗に反するものとしてその適用を排除されると解すべく、かくして生じた法規欠缺の結果、日本法を適用するのが相当である。」と判示したものである。また、㉓は、当時、ベトナム共和国親族法が離婚を原則として禁止していたことから[400]、「我が国内において日本国籍を有する当事者の裁判上の離婚請求権」を保護するため、同法の適用を排除し、「同法の適用を排除する結果は離婚に関する規定を欠くに至るから結局本件においては条理上離婚の準則を東洋における文明国としての日本の民法の規定の趣旨に従って解することが相当と思料する。」と判示して、日本人妻の保護が図られている。これらの裁判例が日本人妻と外国人夫との間の離婚事件であったのに対して、㉔は、フィリピン夫から在日朝鮮人である妻に対する離婚請求について判断したものである。しかし、それもまた、「本件事案は我国における私法的社会生活とかなり密接な牽連性もあ」ることから、原告の本国法であるフィリピン法の適用を法例第30条（当時）によって排除し、法廷地である日本民法を適用して離婚請求を認容したものである。

(2) 親権者指定に関する裁判例

親権者指定に関する裁判例として挙げられるのは、岐阜家庭裁判所平成6年3月9日審判[401]である。同審判の判旨は、「フィリピン家族法（1988年政令第209号、同227号）175条によると、非嫡出子の親権者は「母親の親権に従」うとされているが、本件のように親権を有する母親が行方不明となり、親権を行使することが不可能となった場合に、非嫡出子の親権者を父親に指定することができるかどうかに関して直接定めた規定は存在しない」。従って、「フィリピン法上、本件のような非嫡出子の親権者を父親に指定することができるかどうかに関する規定はないといわざるをえず、準拠法の欠缺の場合に該

---

[399] スペイン法における離婚禁止の立場から離婚許容の立場への制度の変更については、杉林信義＝笠原俊宏「スペイン国際私法における離婚の問題」秋田法学5号54頁以下参照。
[400] 因みに、その後のベトナム婚姻・家族法（2001年1月11日施行）第81条以下においては、離婚が認められるに至っている。笠原俊宏＝関口晃治「『ベトナム家族法（2001年）』の邦訳（下）」戸籍時報620号32頁以下参照。
[401] 家庭裁判月報47巻11号80頁。

第5節　準拠外国法における法規の欠缺

当するから、結局条理により日本国民法を適用するのが相当であると解される」。以上により、同民法819条5項、4項に定めるところに従い、事件本人の親権者を申立人に指定することが未成年者の福祉に合致する判示したものである。本審判において採用された基準は「条理」であるが、日本民法がいかなる資格において適用されたものであるかは定かでない。

(3)　認知に関する裁判例

認知に関する裁判例として挙げられるのは、東京高等裁判所昭和32年11月28日判決[402]、東京地方裁判所昭和45年9月26日判決[403]、名古屋家庭裁判所昭和49年3月2日審判[404]、東京地方裁判所昭和55年5月30日判決[405]等である。

これらの裁判例のうち、まず、東京高等裁判所昭和32年11月28日について見ると、その判旨においては、「法例第18条、第27条第3項によれば、子の認知の要件は、各当事者の属する国、また地方により法律を異にする国の人民についてはその者の属する地方の法律によりこれを定める旨が規定されている。従って右認知の要件は、上記のように、日本国民である被控訴人については、日本国の法律により定められると共に、被控訴人が父であると主張する控訴人については、控訴人がアメリカ合衆国ミズリー州で出生した同国国民であることは本件弁護の全趣旨に徴して認められるから、同国ミズリー州の法律によって定められるべきである。(アメリカ合衆国の各州によりその法律を異にすることは顕著な事実である。)　しかるに、同州の法律に、強制認知を有した規定、もしくは、反致を認めた規定の存することはこれを認めるに足りる何等の資料もない(もっとも、原判決理由の説明のように同州の法律に嫡出でない子の父については遺棄および扶養義務不履行に関する規定があることは記録中の(訴外A作成の)回答書の記載により認められる)。しかしながら、わが国において嫡出でない子が事実上の父を明らかにし、その者との間に法律上の父

---

[402]　下級裁判所民事裁判例集8巻11号2200頁、東京高等裁判所(民事)判決時報8巻12号293頁、判例タイムズ77号32頁、国際私法関係事件判例集930頁、欧龍雲評釈・渉外判例百選118頁、山田鐐一評釈ジュリスト163号66頁。
[403]　判例時報620号62頁。
[404]　家庭裁判月報26巻8号94頁。
[405]　判例タイムズ417号152頁。

第 3 章　外国法の適用における私的自治

子関係を生ぜしめるには、その認知を受ける以外にその方法がなく、このような関係が生じなければこれに伴う法律上の効果を受けることができないのであるから、嫡出でない子に認知を求めることを許さないで放置することは結局一般社会生活の組織秩序に不当な影響を及ぼすこととなり、法例第 30 条にいわゆる公序良俗に反する場合に当るものというべきである。このような場合には、たとえ、右父の本国法に認知に関する規定がなくとも、右子の本国法にその規定がある限り、右子はその本国法により右父に対する認知の訴を起すことができるものと解するのが相当である。従ってわが国の法律に認知に関する規定がある以上、被控訴人が父と主張する控訴人の本国法（本件においては前示州法）において認知に関する規定がなくとも、なお、被控訴人は法例第 30 条の規定の趣旨に則り訴訟人に対し前記事実にもとづき認知の訴を起すことができるものと解すべきである。」と述べられている。以上における本件判旨については、強制認知に関する規定がないことをもって、強制認知が禁止されていると解された上で、公序則が発動されているのか、はたまた、新たな準拠法として、子の本国法への連結が行われているのかは定かではない。

　次に、東京地方裁判所昭和 45 年 9 月 26 日判決は、準拠法となるべきイラン国民法が強制認知を求めることを認める規定を有しないことを理由に、改正前法例第 30 条に基づいて、イラン国民法の適用を排除する場合には、日本国民法を適用するのが相当であると判示している。

　また、名古屋家庭裁判所昭和 49 年 3 月 2 日審判は、「本件の準拠法について判断するに、子の認知の要件については、法例第一八条、第二七条第三項によれば、各当事者の属する国、また地方により法律を異にする国の人民についてはその者の属する地方の法律によってこれを定める、とされている。これを本件についてみれば、認知の要件は相手方については日本法、申立人については、同人がコロラド州オーロラ市で出生し、日本に居住するまで同市に住んでいたので、多数法国であるアメリカ合衆国のコロラド州の法律によることにな」り、「わが国の民法によれば、任意認知または強制認知の規定を設けることによって非嫡の子の父子関係を法律上確定し、しかもこのような関係が生じなければ非嫡の子は父子間の法律上の効果を受けることができない建前になっているのであるが、コロラド州法では認知は全く認められていない。しかし、

第5節　準拠外国法における法規の欠缺

申立人の属するコロラド州法が認知を認めないからといって、申立人に、日本人である相手方に対する認知の請求を許さず、また相手方の任意の認知を認めないとするのは、申立人の幸福を著じるしく阻害し、わが国における親子関係の法律秩序に反することにもなり、法例第三〇条にいわゆる公序良俗に反する場合に当るものといわなければならない。そうとすれば、申立人の属するコロラド州法が認知の請求を認めないとしても、相手方の属するわが国の民法にこれを認める規定がある以上、法例第三〇条に則り本件認知の要件をわが国の民法によって定めるのが相当であ」り、「認知の要件については、わが国の民法によれば、被認知者である申立人は非嫡の子でなければならない。そして法例第一七条、第二七条第三項によれば、子が嫡出であるかどうかはその出生当時の母の夫の属した国、また多数法国の人民についてはその者の属する地方の法律によってこれを定めることになっているのであるが、申立人の出生当時、乙と申立人の母との間になお法律上婚姻関係が継続していたのであるから、申立人が嫡出であるかどうかは、乙が申立人出生当時コロラド州オーロラ市に住所を定めていたので、同人の属したと認められるアメリカ合衆国コロラド州の法律によって定めることになる。ところで、コロラド州法では、普通法に則り妻が婚姻中に懐胎した子は夫の子と推定される反面、夫が性的不能者であるか、完全に不在で妻と一切の交渉をもちえないか、子が当然懐胎されたと思われる期間中完全に不在であったか、また全く性的交渉がなかったことなどの十分な証拠があれば、その推定を完全にくつがえすことができることが認められている。そうとすれば、申立人は一応乙と申立人の母の間の嫡出子と推定されるが、申立人は本件においてこの推定を争うこともでき」、「そして、本件では上記調査官の調査報告書によれば、申立人が懐胎されたと思われる期間に、乙が入院治療のため長期間申立人の母と全く性的交渉がなかったことが明らかであるので、この推定は完全にくつがえされたと認めることができ」、「したがって、申立人は嫡出子ではなく、上記事実関係からみて申立人の母と相手方との間に出生した非嫡の子といわなければならず、わが国の民法における認知の要件を全て充たしているので、申立人の本件申立は理由がある。」と判示する。

以上が本件の判旨であるが、そこにおいて見られる立場は、認知に関する規定を置かないコロラド州法をもって、直ちに、それが認知を禁止していると解す

るものであり、それが公序則に反するとするものとして日本民法に依ったものである。しかし、相手方の本国法である日本法がいかなる資格において適用されたのかは、必ずしも定かではない。

さらに、東京地方裁判所昭和55年5月30日判決は、日本国民を母とする原告がオーストラリア連邦国民を被告として提起した認知の訴えにつき、父の本国法に強制認知を許す規定の存在することの証明がないとして、改正前法例第30条を類推して日本国法を適用した事例である。

(4) 離縁に関する裁判例

離縁に関する裁判例として、東京家庭裁判所昭和49年3月18日審判[406]、および、那覇家庭裁判所昭和56年7月31日審判[407]の2件が挙げられる。

まず、東京家庭裁判所昭和49年3月18日審判の判旨は、「準拠法について考えると本件は法例一九条二項を適用し、養親の本国法すなわち大韓民国民法を適用すべき場合である。ところが、大韓民国民法には亡養親との離縁の制度はない。大韓民国の民法に亡養親との離縁の制度がないからといって離縁の制度を認めている大韓民国民法全体の趣旨に照すとこれを禁止しているものではなく、養子縁組は養親または養子の死亡により終了するとの解釈をとっていることによると解されるので、大韓民国民法に亡養親との離縁の規定のないのはいわゆる法の欠缺の場合に該当し、この場合は大韓民国に最も近似する法を基準として具体的妥当な解釈をはかるべきものと解され」、「然るときは、わが民法八一一条六項の亡養親との離縁許可の制度は、養親子関係は養親の死亡により消滅しても残る養子と養親との親族関係を解消し養子の復氏と戸籍の処理をするために設けられた制度であり、家庭裁判所において、相続関係、親族間の人間関係等一切の事情を考慮して自由裁量によりその許容を定めるべきものとしているものであるから大韓民国民法に規定の欠ける部分を、養子縁組届によって養親子関係を成立せしめる点および戸籍制度等多くの近似点をもつわが民法の上記法条に準拠して解決しても大韓民国民法全体の法秩序と矛盾しないと解される。よって本件についてはわが民法によりその許否を考えると、申立人は甲の親族とは何ら親交なく、また甲の財産の相続等をしていることもな

---

[406] 家庭裁判月報27巻3号90頁。
[407] 家庭裁判月報34巻11号54頁。

第5節 準拠外国法における法規の欠缺

く、申立人はただ、戸籍上の養子関係の記載の抹消を求めているに過ぎないこと等を勘案すると、申立人の本件申立は相当と判断される。」と。以上が本件判旨である。そこにおいてとられている基本的な立場は、準拠外国法の枠内において解釈すべきとするものであるが、一定の法制度の一般的許容性についてはそれに依り、そして、それが許容されている場合であっても、事案との兼ね合いにおける具体的許容性については、近似法に拠り所を求めるべきとされているように解される。日本法が適用されたのは、公序則の発動の結果としてではなく、判旨においても明言されているように、近似法としての資格においてである。

次に、那覇家庭裁判所昭和56年7月31日審判の判旨は、「本件離縁については法例一九条二項により養親の本国法に準拠すべきところ、養親の本国法であるアメリカ合衆国テキサス州法においては離縁が認められておらず、同法に準拠する限り、申立人と相手方とは離縁することはできないこととなる」が、「しかしながら、本件において離縁を認めないとすれば、前記のとおりの養親子としての実体を全く伴わない親子関係が単に形式的に継続するのみであって、離縁を強く希望している申立人並びに相手方の意思にも反することになり、また、今後、真の親子関係が築かれることを期待することも困難であり、このようなことは養子である申立人の福祉に添わず、また、養子縁組制度が養子の福祉をその本旨とすることに鑑みれば公序良俗に反するものと言わざるを得ず、かかる本件においては、法例第三〇条により外国法たる養親の本国法を適用せず、離縁を認める法廷地法である日本民法を適用するのが相当であると解する」。「そこで、本件においては離縁の調停を為し得るところ、相手方はアメリカ合衆国テキサス州に居住し、遠隔地のため調停期日に出頭せず、相手方代理人のみが出頭しているが、当事者の自由意思を尊重すべき身分行為である離縁については代理に親しまず、右調停を成立させることができない」。「しかるに、前記のとおりの事実が認められ、相手方においても離縁に同意している本件においては、申立人と相手方とは離縁するのが相当であると認められる。」と述べられている。この立場は、準拠外国法上における法規の欠缺をもって、直ちに一定の法制度（本件においては、離縁）が禁止されていると解し、それにより、公序則を発動することにより、法廷地法として日本法を適用したもの

151

(5) 財産分与に関する裁判例

財産分与に関する判例として挙げられるのは、昭和59年7月20日最高裁判所第二小法廷判決[408]および東京高等裁判所平成12年7月12日判決[409]である。

まず、前者の第一審判決（大阪地方裁判所岸和田支部昭和59年9月25日判決[410]）の判旨は、次の通りである。改正前法例第16条により韓国民法第840条第6号、日本民法第770条第1項第5号を適用して甲の離婚請求を認め、子供の養育者を甲と定めた。他方、財産分与については、離婚の効力の問題として、改正前法例第16条により、韓国法を準拠法とした上で、離婚に際して財産分与を認めない韓国法の適用が、改正前法例第30条によって排除されるか否かにつき、同条にいう国際私法上の公序は「純然たる内国法規の立場からではなく、内国の国際私法の立場からその国の社会秩序の維持の観点から、外国法を適用することによって日本の私法的社会生活の安全が害されるか否かを判断すべきものであり、また右は国際私法の一般原則に対する例外であって、已を得ず認められるものであるから、その適用は慎重かつ厳格になされなければならない」とし、その上で、次のように論じた。すなわち、「我国の財産分与を含めた離婚法秩序や前記のとおり甲と乙とは共に外国人ではあるが、長い間日本に居住していることなどの諸点を考慮しても、韓国民法を適用して財産分与を認めないことが、いまだ法例三〇条……に反するものとまでは言え……ない」として、甲の財産分与請求は棄却された。一方、慰藉料については、とくに準拠法が明示されることなく、「前記認定の諸事実に本件にあらわれた一切の事情を考慮すると、右苦痛を慰藉するためには金三〇〇万円が相当である」とされた。

---

[408] 最高裁判所民事判例集38巻8号1051頁、遠藤賢治評釈・ジュリスト831号69頁、同・法曹時報40巻10号180頁、河野俊行評釈・ジュリスト837号110頁、山田鐐一評釈・昭和59年度重要判例解説282頁、松岡博評釈・渉外判例百選（第2版）128頁、同・民商法雑誌92巻6号861頁、石黒一憲評釈・法学協会雑誌105巻6号194頁、山田鐐一評釈・法学教室52号72頁、道垣内正人評釈・法律のひろば37巻11号59頁。

[409] 家庭裁判月報53巻5号174頁、判例時報1729号45頁、判例タイムズ1099号250頁。

[410] 最高裁判所民事判例集38巻8号1061頁。

甲は財産分与の認められなかった点を不服して控訴し、乙から附帯控訴がなされたが、原判決大阪高等裁判所昭和56年10月4日判決[411]は、そのいずれをも棄却した。原判決は、一審判決を正当として引用しつつ、甲の主張する法例第16条の違憲性について、「財産分与の請求権を発生させるか否かは、各国がそれぞれの事情に応じて定めるべき性質のものであり、その請求権を発生させないとしても、それは配偶者双方につき等しく発生させないのであるから、別に個人の尊厳と両性の本質的平等の理念に反するわけでもなければ、法の下の平等の理念に反するわけでもない。そして、財産分与が離婚の効力に関する問題の一として法例一六条の適用の結果、財産分与の請求権が発生しない事態が生じても、それは法が予想し是認しているところであり、わが国法上では財産分与の請求権を発生させることにしているからといって、右事態の発生がわが国の公序良俗に反するとはいい得ない。」と判示した。

　甲は、法例第16条の違憲性、および、本件における法例第30条の適用を主張して上告した。それに対して、最高裁判所第二小法廷判決は、次の通り判示して、上告を棄却した。

　［判旨］「原判決は……との事実を確定したうえで……甲の乙にたいする離婚請求を認容し、また……財産分与として一七〇〇万円、慰藉料として三〇〇万円の各支払を求める請求については、その準拠法は法例一六条により定めるべきであり、本件においては夫たる乙の本国法である大韓民国法であると解すべきところ、同国民法のもとにおいては、離婚をした者の一方は相手方に対して財産分与請求権を有しないから、甲の右財産分与請求は主張自体失当として排斥を免れないが、同法が右財産分与請求権を認めていない点は慰藉料の額を算定するに際して斟酌するとしたうえで、前記事実関係および本件にあらわれた一切の事情を考慮して右請求に係る慰藉料の全額を認容している。」

　「思うに、大韓民国民法は、離婚の場合、配偶者の一方が相手方に対し財産分与請求権を有するとはしていないけれども、有責配偶者が同法八四三条、八〇六条の規定に基づいて相手方に支払うべき慰藉料の額を算定するにあたっては、婚姻中に協力して得た財産の有無・内容を斟酌することができるとしてい

---

[411] 最高裁判所民事判例集38巻8号1068頁、家庭裁判月報35巻6号97頁、判例時報1045号95頁、判例タイムズ465号186頁、澤木敬郎評釈・判例評論288号23頁。

ると認められるのであるから、当該離婚について同法に従い財産分与請求権を認めないことが、直ちにわが国の法例三〇条……に反することになると解すべきではなく、大韓民国民法のもとにおいて有責配偶者が支払うべきものとされる慰藉料の額が、当該婚姻の当事者の国籍、生活歴、資産状況、扶養の要否および婚姻中に協力してえた財産の有無・内容等諸般の事情からみて、慰藉料および財産分与を含むわが国の離婚給付についての社会通念に反して著しく低額であると認められる場合に限り、離婚に伴う財産分与請求につき同法を適用することが法例三〇条……に反することになると解するのが相当であり、この場合、右財産分与請求について、法例三〇条により、大韓民国民法の適用を排除し、日本民法七六八条を適用し、財産分与の額および方法を定めるべきである。」

「これを本件訴訟の経緯に照らしてみると、大韓民国民法に基づき慰藉料として乙が甲に支払うべきものとされる三〇〇万円が、慰藉料および財産分与を含むわが国の離婚給付についての社会通念に反して著しく低額であるとは認められないものというべきであり、従って、甲の財産分与請求につき、大韓民国民法の適用を排除して日本民法七六八条を適用すべき場合であるとはいえない。結局、原審の判断は、正当であり、所論の違法はないことに帰するから、右違法のあることを前提とする所論違憲の主張は前提を欠く。」

以上における一連の判決に見られる立場は、準拠外国法上において一定の法制度が存在しないときであっても、直ちに、当面の問題の解決基準として、当該準拠外国法が機能しないとすることなく、可及的に当該法体系の枠内において問題解決のための途を求め、そして、それが可能である場合には、準拠法としての適格性を維持すると考えるべきものと判示しているということができるであろう。

一方、東京高等裁判所平成12年7月12日判決は、双方とも台湾籍である夫婦の離婚に伴う財産分与につき、原告（控訴人、夫）が被告（被控訴人、妻）に対し、台湾の民法は財産分与を認めていないから、原告の被告に対する財産分与は効力を有しないとして、土地の真正な登記名義回復を原因とする所有権移転登記等を求めた事案において、協議離婚に際し、夫から妻への財産分与を全く認めないことは、日本の公序良俗に反するものといわざるをえないから、

第 5 節　準拠外国法における法規の欠缺

改正前法例第 30 条により、財産分与を認めない台湾の民法は適用されないと解すべきであるとして、日本国民法を適用し、控訴を棄却した事例である。本判決においては、台湾の民法（当時）上、財産分与に関する規定がないことをもって、それが禁止されていると解釈し、法の欠缺する場合として、法廷地である日本の民法をもって補充された。

第 3 款　外国立法の概観

近時、諸国における国際私法の法典化ないし改正の作業には、目を見張るものがある。これは、1960 年代におけるいわゆる「国際私法の危機」の時代を経て、諸国国際私法が旧来の抵触規則から脱皮して、アメリカ国際私法に見られる柔軟な抵触規則を求めた結果であることは、しばしば指摘されているところである。そして、それらの規則の変容が、外国法の解釈・適用に関する規則にも及んでいるものが少なくない。そこで、ここにおいては、とくに立法の側面から、外国法の解釈・適用に関する規則、とりわけ、準拠外国法上における法規が欠缺する場合についての近時の諸外国立法を概観することとしたい。なお、立法例の中には、法規が欠缺する場合については何ら言及することなく、準拠外国法の内容が不明の場合についてのみ定めているとしか見られないものもあるが、以下においては、それらの規則をも含めて、それらの立法が成立ないし施行された順を追って俯瞰することとしたい。

まず、古くは、1938 年 3 月 10 日制定のタイ「仏暦 2481 年国際私法」第 8 条が、「拠るべき外国法を裁判所が十分に証明できないときは、タイ国の国内法を適用する。」と定めていた[412]。また、1967 年 4 月 28 日に改正された 1929 年 12 月 5 日のフィンランド共和国「国際的性質を有する一定の家族法上の関係に関する法律」第 56 条は、「本法に定められた場合において外国法が適用されるべきであるときは、裁判所は、それが同法の内容を知らず、かつ、当事者がそれを証明しないとき、それについて調査することができる。情報を得ることが可能でないときは、フィンランド法が適用されるものとする。」と定めている[413]。また、2011 年 2 月 4 日のポーランド「国際私法」第 10 条第 2 項は、

---

[412] 須藤次郎「タイ国際私法・帰化法および国籍法」法学研究 35 巻 12 号 54 頁。
[413] 総覧 335 頁参照。

155

第 3 章　外国法の適用における私的自治

「適用される外国法の内容が然るべき期間内に確認されることができないときは、ポーランド法が適用されるものとする。」と定めている[414]。それに対して、1966 年 11 月 25 日のポルトガル「民法典」第 23 条第 1 項においては、「外国法は、それが属する体系に従い、かつ、それによって確立された解釈規則に一致して解釈される。」と定められ、それに続いて、同条第 2 項が、「準拠外国法の内容を知ることができないときは、補充的に管轄権を有する法律により、また、準拠法の選択が依存する事実または法の要素を確定することができないときは、すべて同様に行なわれる。」と定めている[415]。

より近時においては、まず、1978 年 6 月 15 日成立のオーストリア「国際私法に関する連邦法（国際私法典）」第 3 条において、「外国法が基準とされるとき、外国法は、職権により、その本来の施行領域におけると同様に適用されるものとする。」という規定に続いて、第 4 条第 2 項が、「綿密な努力にもかかわらず、相当の期間内に外国法が調査されることができないときは、オーストリア法が適用されるものとする。」と定めている[416]。また、1979 年 7 月 1 日施行の「国際私法に関するハンガリー共和国国民議会幹部会法規命令」第 5 条第 1 項第 1 文において、「裁判所または他の官庁は、それに知られていない外国法について、職権をもって調査する。」と定められているのに続いて、同条第 3 項が、「外国法の内容が確かめられないときは、ハンガリー法が適用される。」と定めている[417]。さらに、また、1982 年 5 月 20 日のトルコ共和国「国際私法および国際民事訴訟法に関する法律」第 2 条第 2 項は、「適用すべき外国法の規定が、あらゆる調査にもかかわらず確認されえない場合には、トルコ法が適用される。」と定めている[418]。さらに、また、1984 年 7 月 24 日公布のペルー「民法典」第 2055 条は、「準拠外国法の規定は、それが属する体系に従って解釈される。」と定めている[419]。さらに、また、1987 年 12 月 18 日成

---

[414]　笠原俊宏「ポーランド国際私法の改正について」東洋法学 56 巻 1 号 203 頁以下参照。
[415]　総覧 363 頁参照。
[416]　総覧 70 頁参照。
[417]　杉林信義＝笠原俊宏「ハンガリー国際私法（1979 年法・1969 年草案）」秋田法学 5 号 62 頁以下、とくに 91 頁参照。
[418]　溜池良夫＝国友明彦＝河野俊行＝出口耕自「1982 年トルコ国際私法」法学論叢 115 巻 4 号 89 頁以下、とくに 91 頁参照。

第 5 節　準拠外国法における法規の欠缺

立のスイス「国際私法に関する連邦法」第 16 条第 2 項は、「適用されるべき外国法の内容が確定されることができないときは、スイス法が適用されるべきものとする。」と定めている[420]。さらに、また、1989 年 11 月 16 日のブルキナファソ「人事および家事の法典の制定および適用に関する法令」第 1008 条第 2 項において、「適用されるべき外国法の規定は、それが属する体系に従い、また、同法によって定められた解釈規則と一致して解釈される。」と定められているのに続いて、同条第 3 項は、「外国法の内容が確定されることができないときは、ブルキナファソ法の適用が行われる。」と定めている[421]。さらに、また、1987 年 12 月 11 日のメキシコ合衆国「民法典の改正に関する法規命令」中の外国法の適用に関する第 14 条においては、その第 1 号前段が、「外国法は然るべき外国裁判官が行うように適用され」るべきものと定めるのに続いて、同条第 3 号が、「メキシコ法が適用されるべき外国法規に不可欠な制度または手続を定めていないことは、類似の制度または手続が存在する場合には、外国法の適用の障害とはならない。」と定めており、準拠外国法上の法制度が必ずメキシコ法と一致することは求められていない[422]。さらに、また、1992 年 9 月 22 日のルーマニア「国際私法関係規則に関する法律」第 7 条第 3 項は、「外国法の内容を確定することが不可能であるときは、適用されるのはルーマニア法とする。」と定めている[423]。さらに、また、1994 年 7 月 13 日成立のエストニア「民法典の一般原則に関する法律」第 127 条第 1 項において、「エストニアにおける外国法の解釈にあたっては、当該国における同法の解釈および適用上の実務から導かれるものとする。」と定められているのに続いて、同条第 4 項が、「外国法の内容を見出すことができないときは、エストニア法が適用されるものとする。」と定めている[424]。さらに、また、1995 年 5 月 31 日の「イ

---

[419]　総覧 349 頁参照。
[420]　総覧 133 頁参照。
[421]　笠原・前掲（注 123）125 頁以下、とくに 131 頁参照。
[422]　笠原俊宏「メキシコ国際私法の改正とその特質について」東洋法学 42 巻 1 号 55 頁以下、とくに 74 頁参照。
[423]　笠原俊宏「外国国際私法立法に関する研究ノート(1)―ルーマニア国際私法(上)―」大阪国際大学紀要国際研究論叢 8 巻 1 号 89 頁以下、とくに 93 頁参照。
[424]　笠原・前掲（注 72）87 頁以下、とくに 91 頁参照。

第 3 章　外国法の適用における私的自治

タリア国際私法体系の改正に関する法律」第 14 条第 2 項は、「当事者の協力をもってしても、裁判官が指定された外国法を確定するに達しない場合には、その者は、同様の規則のために定められた他の連結基準がある場合には、それが決定する法律を適用する。それがないときは、イタリア法が適用される。」と定めている[425]。

　その後、1995 年 12 月 8 日成立のロシア連邦「家族法典」第 166 条第 1 項第 1 文においては、「外国家族法規定の適用にあたっては、裁判所または身分登録官吏および他の機関は、当該外国におけるその公式解釈、適用上の実務および学説に従い、その規定の内容を確定する。」と定められているのに続いて、同条第 2 項が、「外国家族法規定の内容が、本条第 1 項に従って利用された手段にもかかわらず確定されないときは、ロシアの法律が適用される。」と定めている[426]。さらに、また、1996 年 9 月 19 日のリヒテンシュタイン公国「国際私法に関する法律」第 4 条第 2 項は、「外国法が、最善を尽くしたにもかかわらず、相当な期間内に調査されることができないときは、リヒテンシュタイン法が適用されるべきものとする。」と定めている[427]。さらに、また、1997 年 3 月 1 日施行の「ウズベキスタン共和国民法典」第 1160 条第 1 項において、「外国法の適用に際し、裁判所または国家機関は、それぞれの外国におけるその公的解釈、適用の実務および学説に従い、その規定の内容を確定するものとする。」と定められているのに続いて、同条第 4 条が、「本条に従って執られた手段に拘わらず、外国法規定の内容が相当の期間内に確定されないときは、ウズベキスタン共和国の法律が適用されるものとする。」と定めている[428]。さらに、また、1998 年 8 月 6 日公布のベネズエラ「国際私法に関する法律」第 2 条は、「立法管轄を有するとされる外国法は、それぞれの外国において規定する諸原則に従い、かつ、ベネズエラの抵触規則によって追及された目的が実現されるように適用される。」と定めている[429] 同条については、必ずしも明ら

---

[425]　笠原・前掲（注 65）105 頁以下、とくに 124 頁以下参照。
[426]　笠原俊宏「ロシア国際私法の改正とその特質について」比較法 35 号 139 頁以下、とくに 164 頁以下参照。
[427]　笠原・前掲（注 63）315 頁以下、とくに 326 頁参照。
[428]　笠原・前掲（注 76）77 頁以下、とくに 104 頁以下参照。
[429]　笠原俊宏「ベネズエラ国際私法の法典化について」比較法 37 号 175 頁以下、とくに 191 頁参

第 5 節　準拠外国法における法規の欠缺

かではないが、その後段において、同国の公序則の適用がすでに用意されていると解する余地もあるであろう。さらに、また、1998 年 11 月 27 日のチュニジア「国際私法典の公布に関する法律」第 32 条第 4 項において、「外国法の内容が証明されることができないときは、チュニジア法が適用されるものとする。」と定められている一方、同法律第 33 条は、「連結規則によって指定された外国法は、その明白な法源に従い、同法における準拠法規の全体をもって理解される。」と定めている[430]。さらに、また、1998 年 12 月 10 日の朝鮮民主主義人民共和国「対外民事関係法」第 12 条は、「本法に従い準拠法と定められた外国の法の内容を確認することができない場合には、当事者と最も密接な関係がある国の法または朝鮮民主主義人民共和国の法を適用する。但し、当事者と最も密接な関係がある法がない場合は、朝鮮民主主義人民共和国の法を適用する」と定めている[431]。さらに、また、1999 年 7 月 1 日施行の「ベラルーシ共和国民法典」第 1095 条において、「外国法の適用に際し、裁判所または他の国家機関は、当該国家における公権解釈、適用実務および法理と一致して規定の内容を確定しなければならない。」と定められているのに続いて、同条第 4 項が、「外国法規の内容が、本条に従って行われた処置にも拘わらず、相応の期間内に確定されないときは、ベラルーシ共和国法が適用されるものとする。」と定めている[432]。さらに、また、1999 年 7 月 1 日施行の「カザフスタン共和国民法典特別編」第 1086 条第 1 条第 1 項において、「外国法の適用に際して、裁判所は、それぞれの外国におけるその公的解釈、適用の実務および学説に従い、それに関する規定の内容を確定するものとする。」と定められているのに続いて、同条第 4 項が、「本条に従って執られた手段に拘わらず、外国法規定の内容が相当の期間内に確定されないときは、カザフスタン共和国の法が適用されるものとする。」と定めている[433]。さらに、また、1999 年 7 月 28 日施行のスロベニア「国際私法および手続に関する法律」第 12 条第 4 項は、「具体的な法律関係のための外国法の内容がいかなる方法をもっても確定することがで

照。
[430]　笠原・前掲（注 71）79 頁以下、とくに 106 頁以下参照。
[431]　崔達坤『北朝鮮の民法・家族法』（日本加除出版、2001 年）387 頁の訳による。
[432]　笠原・前掲（注 124）66 頁以下、とくに 71 頁参照。
[433]　笠原・前掲（注 78）97 頁以下、とくに 103 頁以下参照。

第 3 章　外国法の適用における私的自治

きないときは、スロベニア共和国法が適用されるものとする。」と定めている[434]。さらに、また、1999 年 8 月 3 日のマカオ「民法典」第 22 条第 1 項において、「適用を指定するマカオ以外の法律については、それが所属する法制の範囲内において、当該法制が定める解釈規則に従って解釈を行わなければならない。」と定められているのに続いて、同条第 2 項が、「適用する法律の内容を探知することができないときには、補充適用する準拠法を採用しなければならない。事実要素または法律要素を確定し、適用する法律を指定することができないときもまた、同様に処理しなければならない。」と定めている[435]。さらに、また、2001 年 11 月 26 日の「ロシア連邦民法典第三部を施行する連邦法」第 1191 条第 1 項において、「外国法の適用のため、裁判官は、関係外国における公式な解釈、長年の実務および現実の学説に従い、その規則の内容を確定する。」と定められているのに続いて、同条第 3 項が、「本条に従って試みられた努力に拘わらず、外国法規の内容が相当の期間内に確定されないときは、ロシア法が適用される。」と定めている[436]。さらに、また、2002 年 1 月 10 日の「モンゴル民法典」第 541 条第 1 項においては、「通常裁判所および仲裁裁判所は、外国法の適用に際し、公式の注釈および慣例の実務に従い、法規の内容を確定しなければならない。」と定められているのに続いて、同条第 4 項は、「本条において言及された処置に拘わらず、外国法規の解釈が可能でないときは、モンゴル法が適用されるものとする。」と定めている[437]。そして、2004 年 7 月 16 日のベルギー「国際私法典」第 15 条第 1 項第 2 文において、「外国法は外国において認められた解釈に従って適用される。」と定められているのに続いて、同条第 2 項第 1 文および第 2 文は、「裁判官がその内容を確定することができないときは、その者は当事者の協力を要求することができる。その者が然るべき期間に外国法の内容を確定することが明らかに不可能であるときは、ベルギー法が適用される。」と定めている[438]。なお、2001 年 4 月 7 日の「大韓民国国際私法」第 5 条は、「法院は、この法によって指定された外国法の内

---

[434]　笠原・前掲（注 64）257 頁以下、とくに 103 頁以下参照。
[435]　笠原俊宏「マカオの新国際私法（下）」戸籍時報 539 号 17 頁以下、とくに 22 頁参照。
[436]　笠原・前掲（注 70）69 頁以下、とくに 87 頁参照。
[437]　笠原・前掲（注 86）69 頁、とくに 76 頁参照。
[438]　笠原・前掲（注 66）13 頁以下、とくに 17 頁参照。

容を職権で調査・適用しなければならず、このために、当事者は、これに対する協力を要求することができる。」と定めているが、それを確定することができないときの解決方法については、明文をもって定められてはいない[439]。

以上のように、諸外国国際私法の立法例には、外国法規の欠缺について明文をもって規定しているものは見られない。多少参考になるものとして、前出メキシコ民法典第14条第3項、および、前出ベネズエラ国際私法第9条は、法廷地法と準拠外国法との間における法制度または手続が相違する場合についての規定である。前者の規定は、「メキシコ法が、適用されるべき外国法規に不可欠な制度又は手続を定めていないことは、類似の制度又は手続が存在する場合には、外国法の適用の障害とはならない。」とし、また、後者の規定も、「ベネズエラ法が類似の制度又は手続を有しない限り、当該外国法の適用は拒否されることができる。」と定めている。これら両者の規定は、ともに、法廷地法上の法制度または手続を基準とするものであり、一定の外国法規の欠缺は、それをもって当該外国法の不適用をもたらすものである。これらの諸規定は、1979年の米州国際私法専門会議（Inter-American Specialized Conference on Private International Law）によって採択された「国際私法総則に関する条約」による影響が窺われるものである。

第6節　若干の考察

第1款　外国法の調査責任および内容の証明

近時、諸国国際私法、取り分け、西欧諸国の国際私法中の抵触規則の顕著な傾向として、「密接関連性の原則」および「弱者保護の理念」によって先導され、それに適った規則に整理されつつあることが指摘されることが少なくない[440]。これらの中、前者については、密接関連性の存否に関する判断は、多くの場合、準拠法の決定の次元における客観的な地域的関連性に関する事実認

---

[439] 大韓民国国際私法の規定については、例えば、『戸籍実務六法』（日本加除出版）等を参照。
[440] 例えば、ドイツ国際私法実務雑誌である *IPRax* おけるに毎年の「ヨーロッパ国際私法の回顧」における冒頭の総括の言葉は、常に、ヨーロッパ国際私法が「密接関連性の原則」および「弱者利益の保護」の2つに収斂していることを指摘することから始まっている観を呈している。

第3章　外国法の適用における私的自治

定における判断として、裁判所の専権事項に属するといわざるをえないであろう。それに対して、後者は、当事者の主観的意思をも含めたより多角的な観点から考慮することが求められるべきものではないかと思われる。その主観的意思の如何の適正な考慮のためにも、外国法の調査責任について、裁判所と当事者との間、そして、関係当事者間において、より厳密に分配されるべきであろう。

「弱者利益保護の理念」に適った抵触規則は、一定の弱者の利益を保護するため、その者の利益の確保が見込まれる法の適用を裁判官に命じる立場を内容としている。従って、債権債務関係に関する判断において、労働契約とか、消費者契約のように、一方当事者を明確に保護しようとする契約を除き、いずれか一方の当事者が援用した外国法につき、他方当事者が争わない限り、当事者による外国法の内容の挙証に委ねることは、当事者意思の尊重が要請される契約自由の原則に鑑みれば、むしろ望ましいことであり、職権による探知は必要であるとは思われない。それに対して、不法行為による損害賠償の準拠法である外国法の内容の援用に際しては、弱者としての被害者の保護のため、先ず、被害当事者の主張を優先すべきであろう。それに異議を申立てる加害当事者は、被害当事者の主張を覆すについて責任を負うべきであろう。しかし、同じ財産法関係としても、物権関係については、その権利の強力な排他性に鑑み、外国法の内容の調査・立証においては、裁判所が介入すべき余地はより拡大されるべきであろうと考えられる。

より慎重に検討されるべきは、身分関係に関する外国法の内容の調査責任である。弱者の保護に関連する親子関係における子の保護が、嫡出保護、認知保護、準正保護として発現する法律関係の場合には、子の側となる当事者の援用を尊重しつつ、裁判所は後見的にその保護の実現を確認すべきであり、その限りにおいて職権をもって外国法の内容の探知に努めるべきであろう。それに対して、離婚保護等、一定の身分関係の保護については、当事者利益の保護を顧慮しつつも、身分法における秩序の安定性、すなわち、公序性をも顧慮しなければならない点において、財産法関係とは異なる身分法関係の秩序の維持の観点から、当事者利益の暴走を注視しなければならないであろう。

結局、任意法が支配する分野と強行法が支配する分野を峻別する基準が、外

第 6 節　若干の考察

国法の調査責任に関する問題についても基準とされるべきであり、その区別に従って、この問題について検討すべきであろう。そのような観点こそが、外国法の調査責任の分配について、いずれの立場に与するにせよ、一律的に論じようとする諸説についての疑問点として残ることは否めない。

　上述のように、外国法の調査責任の分配の問題については、理論的に、当事者負担説、裁判官負担説、折衷説の3つの考え方が見られた。諸国がそれらの立場のいずれに拠っているかについてもすでに言及されたところであるが、実際には、諸国は、この問題について、共通点を有する一方、諸国それ自体の特性も合わせて有している。前述のように、圧倒的に多くの諸国は、外国法の調査責任の分配については、成文法によることなく、実務における取扱いをもって対処している。それらの国々として、英国、ドイツ、フランス、オランダ等の諸国が挙げられる。一例としていえば、例えば、ドイツ民事訴訟法第293条は正しく外国法調査の問題に関する規定であるが、外国法調査責任を負うべき者の確定についての判断に際し、あまり役立たないと指摘されている。一方、それに対して、米国連邦民事訴訟規則第44.1条の規定内容は比較的に明確であるという具合である。

　大陸法系諸国においては、大体において、裁判官が外国法の調査責任を負わなければならないと考えられている。ドイツ、オランダ、ベルギーはすべてこの考え方を採用している。外国法は事実に属しないものであり、その調査は証拠規則の規律の範囲に入らず、従って、それに制約されるものではないという基本的な姿勢が支配している。フランスのみは、その他の大陸法系諸国と明らかに異なり、裁判官は、特定の類型の事件においてのみ外国法の調査責任を担い、その他の情況下においては、当事者が自ら外国法を調査しなければならない。しかしながら、フランスを含む全ての大陸法系諸国においては、裁判官の調査責任は絶対的であるとは考えられておらず、むしろ、裁判官は外国法を調査する際に、「可能な限りにおいて行えば良い」とされ、裁判官は、外国法を調査する際に、当事者への協力を求めることが可能であり、結局、裁判官と当事者との協力により、外国法の内容を確定されているということが、前述したところから知られている。

　英国および米国は英米法系の代表国家であるが、両国は外国法調査責任の分

第 3 章　外国法の適用における私的自治

配について異なる態度をとっている。英国が外国法を事実とする伝統を固守し、当事者に証拠規則に従って外国法の内容を証明することを求め、裁判官は中立と消極を維持しており、外国法の内容を証明する権利も義務もない。しかし、米国は、連邦民事訴訟規則第 44.1 条により、外国法を事実ではなく、一つの法律問題として、裁判官は、職権により、外国法の内容を資料（datum）として調査することになる。この点において、米国の対処は大陸法系諸国に接近している。しかしながら、大陸法系諸国と異なっているのは、米国連邦裁判所は主体的に外国法を調査する権利を有するが、外国法の調査責任を負うことはないという点である。結論としていえば、諸国の立場の中では、その米国のとる立場が、当事者利益の保護と裁判所の機動性の確保に最も寄与するのではないかと思われる。

　以上から見れば、外国法調査の失敗問題を解決する方法は多岐にわたっているが、多数の国家の立法および司法実践においては、それぞれの理由を有しながらも、内国法を適用する姿勢に傾いている。例えば、外国法と内国法との類似が英米法系の諸国においては普遍的に見られたが、ひと度、外国法を調査することができないとなると、英米裁判所は、内国法および外国法の内容上の相似することにより、内国法によって事件を審理するようになる。これは外国法の調査責任と関連しているから、証明責任を負う当事者が外国法を証明できないとき、内国法を代替適用することを意味する。当然に、外国法は内容的に明らかに内国法と異なっており、裁判所がこのような代替適用を行うことは妥当でない。しかし、英国の学者は依然として外国法を内国法と同視しており、それについて多くの批判を受けていることが看取された。大陸法系国家は、理論上および実際上の需要に基づいて、内国法を代替適用する方法を取ることが多く、フランス、ドイツがそのような対応を実施していることが明らかとなった。それ以外に、幾つかの裁判所は訴訟請求を棄却している。しかし、現在、このような対応をしているのはアメリカ等の少数の裁判所だけである。なお、英国裁判所は、外国法の適用を依頼した当事者が策略的に外国法の証明を拒絶した際に、このような方法をもって対応している。

第 2 款　外国法規の欠缺
(1)　準拠法体系内における解決
　多くの日本学説および諸外国立法を概観することにより、確信をもって到達される結論の一つは、いかに、準拠外国法上において法規の欠缺が存在するとしても、直ちにそれをもって一定の法制度ないし法律関係が同法において禁止されていると速断することなく、同法体系の枠内において、一定の規則を見い出すべきであるということであろう。そして、その場合に駆使される基準として、多くの諸外国立法には内国法（法廷地法）が最終的に拠り所とされてはいるが、国際主義が優勢な今日において、それは些か短絡的な立場であるといわざるをえない。むしろ、条理が多くの支持をえていることには相当の合理性があるように思われる。しかしながら、条理に拠りながら、その判断の結果、準拠外国法上において何らかの法規の欠缺が存在した場合に、ひたすら、安直に一定の法制度ないし法律関係が同法において禁止されているとの結論を導くに過ぎないとしたならば、殊更、条理による解決を吹聴することにあまり意義は認められないであろう。一体、大雑把に法制度ないし法律関係という語句が用いられたとしても、それには多様なものが存在していることはいうまでもない。従って、あらゆる法規の欠缺に関する問題を一律的に解決しようとすることが適正な解決を導くことは難しいであろう。多様な法制度ないし法律関係の内容を見極めた上で、それに最も相応しい解決方法を探求することが必要であろうと思われる。
　上記のような観点から、最も注目されるべきであるのは、前記のように、「離婚を認める場合であっても、直ちに原告の本国法であり内国法である我が国の民法を全面的に適用するものと解すべきではなく、本来の準拠法であるフィリピン法において離婚に準ずる制度として認められている裁判別居（法定別居）の要件および効果は、我が国の民法による離婚原因に当たり、結果が公序良俗に反しない限り、離婚の要件、効果として類推適用すべきものである。」と判示した前出京都地方裁判所昭和 56 年 9 月 24 日判決の立場であろう。本判決は、三井判事（当時）の見解[441]の影響を大きく受けていると見られるものであるが、同判決に対しては、五十嵐教授によって、「その当否については疑

第 3 章　外国法の適用における私的自治

問の余地がある」とされつつ、「日本法とフィリピン法を比較して結論を出した点は、注目に値する。」という一応の評価が与えられている[442]。しかし、その一方、妖場教授によっては、「それは準拠法に指定された外国法の枠内での努力を超えてその法意と趣旨を曲解してしまったのではないか」と評され、「離婚を認めないことを前提として設けられている別居制度を類推することが、はたして法例三〇条によりフィリピン法を排除した目的に資するか否か、こうした別居に関する規定の援用が同規定の目的に反することにならないか、もしそうした疑問が残るとすればこの場合の援用は本来の準拠法たるフィリピン法を適用していることになるのか、もしそうでなければ、この場合のフィリピン別居法は一体どのような基準として機能しているのか」などの疑問点が提示されていることも看過することができない[443]。

確かに、三井判事の見解および上記判決において、フィリピン法上の別居原因に関する規定を離婚原因に関する規定として読み替えるべきであるとする立場は、前出東京地方裁判所昭和 33 年 7 月 10 日判決が説示するように、改正前法例第 30 条（当時）による排除を無意味ならしめるという以前に、実際には、不可能であったというべきかもしれない。もとより、離婚が婚姻の絶対的解消を目的とする制度であるのに対して、別居はその相対的解消を目的とする制度であることを考慮すれば、両者間に歴然とした相違があってしかるべきというほかはない。そのことは、かつて離婚の制度を有せず、近時、一般的に離婚を許容するようになったイタリアおよびスペインの現行民法における離婚原因に関する規定と別居原因に関するそれとが著しく相違するものであることを見れば、おのずから判明することであるといえよう。しかしながら、上記判決において、「従来とかく混同されがちであった離婚の一般的許容性の問題と離婚の個別的許容性にかかわる離婚原因の問題とが、正当にも適確に概念区別されていることを看過してはならない」という笠原教授の指摘[444]には傾聴すべきものがあるように思われる。内国法上の公序概念を基盤として、離婚の一般的・

---

[441]　三井・前掲（注 398）評釈参照。
[442]　五十嵐清『民法と比較法』（一粒社、1984 年）144 頁。
[443]　島津一郎編『判例コンメンタール第 7 巻民法 V（増補版）』（三省堂、1983 年）所収、1069 頁（妖場準一）。
[444]　笠原・前掲（注 394）964 頁以下参照。

第6節　若干の考察

抽象的許容性の問題と離婚の個別的・具体的許容性の判断の基礎となる離婚原因の問題とにわたって離婚禁止国法の適用を排除しようとする立場は、上述のような概念区別がなされていないためであると考えられる。

かくして、ここでの結論として言えば、やはり、準拠外国法上、離婚に関する規定が欠缺している場合であっても、直ちに、それに代えて、全面的に法廷地法を適用すべきではなく、離婚に代わる別居の制度が置かれているときは、その別居原因に基づいて離婚原因の有無を判断することが、準拠外国法の尊重の要請に適った結果を導くことになるものと思われる。そして、似たような考え方からは、準拠外国法上、離婚の際の財産分与請求権に関する規定がなくとも、慰謝料請求権や離婚後扶養請求権が認められている場合には、それらの制度を援用し、同法体系の枠内における総合的な判断が行われるべきものと考えられる。前出最高裁判所第二小法廷判決こそは、まさに、そのような立場をとるものであったということができるであろう。同様に、非嫡出子の親権者指定に関する規定が欠缺している場合であっても、直ちに、内国法を適用すべきではなく、親権者に代わる後見人を選任することが認められているならば、それをもって子に対する身上監護および財産管理の目的を達成することは可能であるから、先ず、準拠外国法におけるそれらの制度の有無が確認されるべきであり、その如何により、日本法の適用が考慮されるべきあろう。しかし、ここでの立場は、前出岐阜家庭裁判所平成6年3月9日審判のそれとは異なることとならざるをえない。

(2) 補充的連結の立場

本款(1)において論及されたように、法制度ないし法律関係に対して、準拠外国法上、それらに代わりうるか、類似の法制度ないし法律関係が存在しない場合には、上述したような考え方が妥当しないことは明らかである。それとして、例えば、準拠外国法上、認知や離縁の制度に関する規定が存在しない場合を挙げることができるであろう。そして、そのような場合には、本来の準拠外国法から離れざるをえないということになるであろう。しかし、その場合に、公序則の発動の結果としてであれ、はたまた、立法上の明文規定によってであれ、法廷地法（日本法）が当然に適用されるべきであるという立場は、現在、揺ぎない強い支持を堅持していると見ることはできない。それを切り崩してい

るのが、近時、より多くの支持を受けるようになっている新しい立場、すなわち、新たに連結をやり直すべきとする立場がそれである。それは、笠原教授により、早くから提唱されてきた立場であり、「外国実質法規が欠缺する場合に、国際私法の基本理念に立ち戻った上で、いかに解決・処理すべきか、すなわち、何が当該事案の解決に最も適切な法であるかを探求すべきである」ということにほかならない[445]。

　上記は、実効的な判断基準が得られない準拠法に拘ることなく、別異の抵触規則の下における連結を探求すべきとする立場であるということができるであろう。立法例としては、比較的早くから前出1966年のポルトガル法第23条第2項が採用し、そして、前出1995年イタリア法第14条第2項および前出1999年マカオ法第22条第2項において採用されている立場である。その前提として存在していることが想定されているのが段階的連結の規則であることは、イタリア法の明文規定によって明らかにされているところであるが、同一の法律関係のための段階的連結の規則が用意されていない場合であっても、実質的にその規則としての役割を担う補充法として、前出1998年北朝鮮法第12条に見られた立場は、上に引用された数多くの立法例が自国法（法廷地法）を掲げる中にあって、自国法の適用に先立ち、まず、密接関連性の原則を踏まえ、最密接関連法への連結を優先させる立場として注目されるべきであろう。

(3)　総括的考察

　結局、準拠外国法上における法規の欠缺に関する問題は、理論的には、まず、当該外国法体系の解釈問題として処理されるべき問題であると考えることに大過はないであろう。その点については、ドイツ学説においても同様であり、そして、当事者による外国法の証明を求めるフランス学説にあっても基本的には変わりはない。しかし、実際には、法廷地法上において存在する一定法制度ないし法律関係に関する法規が準拠外国法上において欠缺する場合には、それをもって、当該法制度ないし法律関係が当該外国法上において禁止されていると解し、その結果、当面の事案において然るべき内国関連性が認められる限り、公序則に基づき、当該準拠外国法の適用を排除し、そして、法廷地法を

---

[445]　笠原・前掲（注394）966頁参照。

第 6 節　若干の考察

適用することが、定型的な解決方法としてほぼ確立しているのが実情であろう。とくに、いわゆる離婚禁止国法との関連においては、そのような国の法が準拠法として指定された場合には、それを排除することを当然とする立場をとることが判例においても、また、学説においても優勢である。しかし、そのような立場からは、次のような矛盾が生じるように思われる。すなわち、準拠法上、離婚が禁止されている場合には、公序則の発動により、離婚が許容される結果となるのに対して、相対的に厳格な要件の下に離婚を許容している法が準拠法となるときは、それに従えば離婚要件が具備されていないために、離婚が許容されない結果となる場合のあることが考えられる。同じようなことは、離縁の場合についても、離縁の禁止の立場をとる法と離縁事由に厳格な立場をとる法との間の問題として想定することができるであろう。果たして、このような矛盾について、準拠外国法における一定の法規の欠缺をもって、直ちに一定の法制度ないし法律関係の禁止であると解して、同法の適用を排除すべきとする立場からは、いかように対処すべきと考えられているのであろうか。

　兼ねてより、国際私法における公序則はあくまで例外的性質のものであるとするならば、準拠法として指定された法体系の適用は可及的に貫かれるべきであって、公序観念を不当に拡張してはならないというのが溜池教授の主張[446]であり、また、準拠法の枠内における解決に最大限努力するべきであるというのが折茂教授の主張[447]であるが、今日において、このような姿勢は、国際私法に関わる者にとって当然のこととして認識されていることである。しかしながら、準拠法の解釈適用によっては、いかにしても妥当な解決に到達しえない場合には、当該準拠法に依らない解決を考慮することも正当であるというべきであろうが、実際には、池原教授が論じられるように、国際私法における公序観念は相対的で一律に明確な基準を設け難く、従って、公序の法則は濫用される危険性が大きいことから、その援用は最小限に止められるべきである[448]ということになるであろう。

---

[446]　溜池良夫「離婚・別居」国際法学会編『国際私法講座第 2 巻』（有斐閣、1955 年）所収、566 頁。
[447]　折茂豊『国際私法各論（新版）』（有斐閣、1972 年）300 頁以下。
[448]　池原・前掲書（注 365）264 頁

第3章　外国法の適用における私的自治

　かくして、公序則の援用を最小限に止めるべきとの立場から、いかなる範囲において準拠外国法の適用は排除されるべきか、従って、いかなる事項的範囲において補充法を適用すべきかということが当面の課題となるであろう。換言すれば、本来の準拠法の適用は全面的排除を受けると考えるべきか、それとも、部分的排除を受けるに過ぎないと考えるべきかというのがその問題である。それとして、例えば、かつて論議されたものとしては、離婚に伴う子の親権者ないし監護権者の指定の問題がある。すなわち、それを離婚の効果に関する問題であるとみて、事項的には本来の離婚準拠法によるべきか、ということが争点とされた[449]。しかし、ここにおいて問題とされている事項的範囲とは、それほどまでに広範な視野から考えられているものではなく、より限定的に、いわゆる離婚禁止国法の適用の排除の限度の問題、より緻密にいえば、「本来準拠法たるべき外国法適用が公序の援用により排除されるという事は、その外国法の適用が全面的に排除されるという事を当然に意味する訳ではない。」という立場から、「その外国法の規定のうち、法廷地の立法政策……に反するものだけがその適用を排除されるに過ぎず……、他の規定は必要な修正を加えた上で、……適用されなければならない。」[450]として、離婚禁止国の別居制度に関する諸規定を離婚制度に関するものとして読み替えて適用すべきであるか、という範囲に限定された問題である。つまり、この見解によれば、離婚禁止国法の適用が排除されるのは、離婚の一般的な許容性についてのみであって、離婚原因については、本来の離婚準拠法である外国実質法の枠内で処理すべきこととなる。

　以上におけるように考えた場合に、準拠外国法上における法規の欠缺に関する究極の問題点は、公序則が発動された場合としてではなく、換言すれば、法廷地法秩序の如何とは関係なく、補充法をいずれの国の法に求めるべきかということになるであろう。そして、それとして、当初想定された最善の法が判断基準を提供することができないような場合には、次善の法が求められるべきであることは、現代国際私法における段階的連結規則の採用が拡大されている動向に照らして、極く自然に導かれる解決方法であるというべきであろう。それ

---

[449]　烁場・前掲（注379）評釈133頁以下。
[450]　三井・前掲（注398）評釈320頁以下。

第6節　若干の考察

は、第5節に引用された立法および学説によってすでに実証されていることであるといっても過言ではないであろう。

　もとより、準拠外国法上における法規の欠缺に関する問題の生起は、日本の国際私法上に、それに関する規定が存在しないことを起点とするものである。未だに改革されなければならない多くの点を残していることは、上述されたところにおいて、数々引用されたところであるが、笠原教授による諸外国の国際私法立法に関する研究によって明らかにされたところである。このような観点から、前出の多くの学説および判例が、改正前法例第30条、改正法例第33条、法適用通則法第42条によって、いわゆる離婚禁止国法を排除しようとしてきたことが、根本的な革新性には欠けるとしても、事案に即応して、実定法の制約を前提として、その解決に最も適切な法を適用すべきであるという国際私法の基本理念を基底としていることに相違はないであろう。

　いずれにしても、準拠外国法上に一定の法制度ないし法律関係に関する規定が欠缺していて、当該準拠法が実効的な判断基準となりえないとき、国際私法の基本理念に立ち戻って、何が当面の事案の解決に最も適切な法であるかという観点から探究することは、常に不変の正しいあり方であるというべきであると思われる。その意味において、一先ず決着しているとも見られる本章における主題は、現在にあっても、なお、引き続いて、国際私法のあり方の本質に関わる重要な問題であるということができるであろう。

第4章　国際私法における利益衡量

第1節　はじめに

　日本の国際私法を含めて、大陸型国際私法は、当面の渉外的私法関係を直接的に規律する法ではなく、それを間接的に規律する法である。すなわち、大陸型国際私法は準拠法の選定規則を定めた規定によって構成されており、直接の判断基準となる実質法に対する上位規範である。国際私法と実質法とは、それぞれ、異なる分野においてその役割を果たしている。しかし、民法等の実質法における利益衡量は、国際私法に対しても影響を強く与えている。その結果、諸国の国際私法も大きく変化することを余儀なくされている。本章の考察の始めに、民法等の実質法における利益衡量の影響が、国際私法にいかように反映しているか、とくに、「私的自治の原則」の基礎となる「当事者意思の尊重」という利益が国際私法にいかように反映しているかについて論及しておくこととしたい。

第2節　国際私法における利益衡量

第1款　国際私法における利益衡量の意義

　近代国際私法の理論的基礎を築いたサヴィニーによる国際私法理論が、今日もなお、基本的に踏襲されていることは前述したところである。その理論によれば、それぞれの法律関係はその「本拠」の法によって規律されるべきであり、それを探求するのが国際私法であるが、「本拠」は、現代国際私法における「密接関連地」に相当するものではないかと考えられる。後者が前者と違う点は、その決定において、数々の政策的配慮が行われようとしていることであり、いずれの抵触規則も、単純かつ明解であるよりは、より深淵な何らかの政策目的の実現という使命を担っているということであろう。そのため、連結政策の背景に存在しているのが、国際私法上における利益衡量である[451]。

第 2 節　国際私法における利益衡量

　国際私法上における利益衡量と対比されるのが実質法上における利益衡量である。それらの相違は、国際私法的正義の観念と実質法的正義の観念の違いに由来している。従来、後者が、個別的・具体的な権利義務の決定に関する正義であり、それに対して、前者は、そのような権利義務とは無関係に、専ら準拠法の決定に際しての正義であると考えられてきた[452]。そうすると、本来、国際私法的利益は個別的・具体的な権利義務とは別の観点から理解されるべきものである。しかし、近時に至っては、国際私法においても、利益衡量は、必ずしも、一般的・抽象的に止まらない様相を呈しており、それについて、ノイハウス（H. P. Neuhaus）教授は、次のように指摘している。すなわち、私法の公法化という意味における「政治化」、および、解決の具体的妥当性を追求するアメリカ国際私法の影響を受けた「実質化」という現象が顕著になっている[453]。それらの現象は、いずれも、国際私法の分野へ一定の価値判断の結果を取り入れようとしたものである[454]。かくして、単に、法律関係の「本拠」を探求することに止まらず、新たに利益衡量の観点を加えて準拠法を選定することが、今日における国際私法の明確な趨勢である。

第 2 款　国際私法上における利益の分類

　国際私法においては、解決の予測性（解決の安定性）や具体的妥当性（解決における正義）等をも含めて、法の解釈や適用における一般的な政策のみならず、国際私法に固有の利益（国際私法的利益）も顧慮されている[455]。国際私法的利益は、ドイツのケーゲル（G. Kegel）教授によれば、次の 3 つに分類される。すなわち、当事者利益、取引利益、秩序利益である。
　まず、当事者利益は、当事者にとって最も密接な関連性を有する法、すなわち、熟知して行動の規準としている法によって規律される利益である。取引利

---

[451]　澤木敬郎「国際私法における利益考量」争点 31 頁以下参照。
[452]　溜池良夫「国際私法の目的」争点 8 頁参照。
[453]　ノイハウス（桑田訳）・前掲（注 33）133 頁以下参照。
[454]　多喜寛「ドイツ国際私法理論における一つの動向―価値中立的国際私法理論から価値促進的国際私法理論へ―」新潟大学法政理論 10 巻 1 号 148 頁以下参照。
[455]　松岡博「現代国際私法における連結政策」争点 33 頁以下、より詳細には、同・前掲書（注 88）176 頁以下参照。

益は、取引が安全確実に行われる利益である。そして、秩序利益は、法規が相互に矛盾しないで整然たる社会秩序を保ち、国際的および国内的裁判調和が確保される利益である。内国法適用の利益、判決の現実性ないし実効性の利益も秩序利益として分類されている[456]。これらの利益は、同時に考慮される場合もあるが、今日、最も優先すべきと考えられるのは当事者利益であろう。渉外私法関係の当事者にとって、当事者の権利義務関係が何よりも重要であると考えられるからである。

第3節　「法の適用に関する通則法」における利益衡量

第1款　平成元年改正法例における基本理念

　日本における国際私法の改正作業は昭和30年代初めから着手されていたが[457]、それが実現したのは、平成元年における法例の改正によってであり、その後、平成18年の改正を経て、「法適用通則法」の諸規定として結実するに至っている。その背景には、ドイツ国際私法を始めとする西欧諸国における活発な改正ないし立法化、および、いくつかの重要な国際私法条約の批准が存在し、それらが日本の国際私法の改正を促した。それらの立法の多くは、今日、支配的になっている両性平等、弱者利益の保護、個人尊重の思想に立脚したものである。

　まず、両性平等については、国連の「女性に対するあらゆる形態の差別の撤廃に関する条約」（1979年採択）を批准したことが、関連諸法の改正を促進させる契機となった[458]。法例の改正に先行して、国籍法が、従来の父系血統主義を父母両系血統主義へと改正された。その後、兼ねてより、夫ないし父の法を優先する抵触規定の違憲を論じるドイツの判例・学説が紹介され[459]、また、妻の氏の準拠法の決定が問題とされた事件において、夫の本国法主義を採る当時の法例の適用を斥けた静岡家庭裁判所熱海出張所昭和49年5月29日審

---

[456]　山田・前掲書（注4）43頁以下参照。
[457]　例えば、南敏文『改正法例の解説』（法曹会、1992年）4頁以下参照。
[458]　例えば、鳥居淳子「国際私法と両性平等」争点75頁参照。
[459]　溜池良夫『国際家族法研究』（有斐閣、1985年）230頁以下参照。

判[460]等の裁判例がある。同審判は、それを妻本人の人格権に関する問題であると性質決定し、条理により、妻自身の属人法であるその本国法によるべきであるとして、結果として、両性平等への志向を窺わせた。

弱者利益の保護については、1977年に、「子に対する扶養義務の準拠法に関するハーグ条約」が批准されて以降、子の保護の思想は急速に普遍化している。それ以前からも、公序則の発動をもって、強制認知の規定を欠くとか、死後認知を認めないとか、離縁を認めないアメリカ諸州の法や、離婚の際の親権者を父に限定するかつての韓国法等の適用が公序則の発動によって排除されていた[461]。

そして、個人尊重の思想については、当事者意思に基づく準拠法選択、すなわち、当事者自治の立場の導入をもたらしている。その立場は、とくに契約の領域において、近代私法における契約自由の原則を背景として発展してきた。契約の法律関係の確定的な「本拠」が存在しないことがその原則の出発点である。しかし、その後、その法理の意義の重心は、当事者の意思をできるだけ尊重するという点に移行している。そして、今日、当事者自治の採用は、行為地法主義が支配的な不法行為による損害賠償請求の準拠法[462]、物の所在地法主義が支配的な物権の準拠法[463]、さらに、属人法が支配的な家族法の領域においても、夫婦財産制の準拠法（改正法例第15条第1項但書、法適用通則法第26条第2項参照）のみならず、相続の準拠法[464]、そして、ついには、離婚の準拠法のほか、その他の身分法関係へと次第に拡大する傾向が認められる[465]。

第2款　「法の適用に関する通則法」における基本理念

平成元年の改正法例、そして、平成18年改正の法適用通則法において、上記の一連の理念（両性平等、弱者利益の保護、個人尊重の思想）はいかように

---

[460]　家庭裁判月報27巻5号155頁。
[461]　松岡博「国際私法における子供の権利保護」争点40頁以下参照。
[462]　中野・前掲（注58）140頁参照。
[463]　笠原・前掲（注59）109頁参照。
[464]　木棚・前掲書（注60）167頁以下参照。
[465]　例えば、先駆したオランダ国際私法の場合については、杉林＝笠原・前掲（注110）166頁以下参照。

実現されているか。その点については、次のように整理することができる。

　まず、両性平等の原則を端的に実現しているのが、婚姻の効力に関する改正法例第14条（法適用通則法第25条）の規定である。同規定は、夫婦の同一本国法、夫婦の同一常居所地法、夫婦の最密接関係地法の段階的適用の規則を定めている。この規則の内容は、夫婦の同一法主義を基軸とすることによって両性平等を反映している。この立場は、夫婦財産制に関する同第15条第1項（法適用通則法第26条第1項）、離婚に関する同第16条（法適用通則法第27条）によっても準用すべきことが定められて、両性平等の原則の採用が徹底されている。

　次に、弱者利益の保護、とりわけ、子の利益の保護については、嫡出保護および準正保護が、それぞれ、同第17条および第19条（法適用通則法第28条および第30条）において徹底されている。前者は、父母の本国法の中から、また、後者は、父母および子の本国法の中から、実質的な判断のもとに、択一的に嫡出性ないし準正という子の利益保護に適う法が、裁判官によって選択されることを課している。婚外親子関係に関する同第18条第1項（法適用通則法第28条第1項）および養子縁組に関する第20条第1項（法適用通則法第31条第1項）においては、それらの親子関係の成立につき、いわゆる保護条項（セーフ・ガード条項）が、子の本国法上の一定の要件の累積的適用をもって、子の利益保護を図ろうとしている。親子間の法律関係に関する改正法例第21条（法適用通則法第32条）も、子の法を中心とする段階的適用の規則により、子の利益保護のための規則を定めている。

　そして、当事者自治の規則が、夫婦財産制に関する改正法例第15条第1項但書（法適用通則法第26条第2項）に導入されている。その規定は、一定の範囲の法に制限されているが、当事者が準拠法を選択することができるとして、当事者意思を尊重する立場を実現している。

第3款　反致条項における利益衡量

　改正法例および法適用通則法における両性平等の原則は、反致との関連においても一貫している。改正法例第32条本文（法適用通則法第41条本文）は、本国法として外国法が指定される場合において、当該外国法上の国際私法が日

本法によるべきとするときは、日本法によると定めて、いわゆる狭義の反致を認めている。しかし、改正法例第32条但書（法適用通則法第41条但書）は、同第14条、第15条第1項、第16条、第21条（法適用通則法第25条、第26条第1項、第27条、第32条）によって外国法が指定される場合には、日本法への反致を禁止している。そして、その制限については、但書に該当する限り、常に反致の全面的禁止を定めるものであると解するのが通説である[466]。これらの諸規定は同一本国法を本則とする段階的適用の規則であり、夫婦間の両性平等ないし親子間の平等に適った規定であり、改正法例第32条但書（法適用通則法第41条但書）においても、反致を禁止して、両性平等の原則を徹底することを図っている。立法者が説明する同条但書の趣旨によれば、同一法として指定された外国法上の国際私法が両性平等に反して日本法へ反致すれば、同一法主義に基づいて厳選された準拠法の指定が無意味となるからである[467]。従って、本国法上の国際私法が両性平等に反しない規則によって日本法へ反致することは、改正法例第32条但書（法適用通則法第41条但書）の立法趣旨に反しないと説く学説もある[468]。また、法廷地国の公序則（法適用通則法第42条参照）によって、同一本国法である外国法の適用が排除された場合に、段階的適用の規則が用意されているならば、直ちに法廷地法によるべきではなく、それに代えて、次順位の同一常居所地法が補充法として優先的適用されるべきという主張も、両性平等の原則を顧慮した結果である[469]。

第4節　若干の考察

　従来、国際私法における利益衡量は、国際私法的利益に関するものであり、実質法的利益とは異なるものである。例えば、両性平等についても、国際私法上は、準拠法の選定の方法が両当事者に不平等でない限り、両性平等原則に反しない。しかし、今日、国際私法においても当面の問題の実質的解決を視野に

[466) 山田・前掲書（注4）73頁。
[467) 南敏文「法例改正に関する基本通達の解説」澤木＝南編・前掲書（注181）57頁参照。
[468) 笠原・前掲書（注3）125頁以下参照。
[469) 笠原・前掲書（注3）141頁以下参照。

入れた上で、準拠法の選定を行うべきとする立場が多くの支持を得るようになっている。これが、「国際私法の実質化」と呼ばれる現象である[470]。これは、抵触規則中に、優遇すべき実質的利益を明示して、それを確保できる準拠法の選択を図ろうとする傾向である（嫡出保護（favor legitimitatis）については、法適用通則法第28条第1項、準正保護（favor legitimitationis）については、同法第30条第1項参照）。実質的な解決までは関与しようとはしない伝統的な国際私法とは大きく異なっている。

実質法的利益の伝統的国際私法への導入は、伝統的国際私法において多用されてきた単一的連結の規則を放棄し、多元的連結の規則を導入することにより、いくつかの法の中から、より望ましい結果が期待できる法を準拠法として選定することを可能としている。かような多元的連結の連結方法として、段階的連結の他、選択的連結がある。これは、いくつかの法の中から、いずれかを準拠法として選択することを認める連結方法である。当事者は、法律行為ないし身分行為を行う際に、一定の範囲の法の中から、その者の意思によって自由に準拠法を選定することができる。法律行為の方式に関する改正法例第8条第2項（法適用通則法第8条第2項）、婚姻の方式に関する同第13条第3項本文（法適用通則法第24条第3項本文）、身分行為の方式に関する同第22条但書（法適用通則法第34条第2項）、「遺言の方式の準拠法に関する法律」第2条および第3条等が挙げられる。それに加えて、択一的連結は、一定の範囲の法の中からいずれかを選択する点において、選択的連結と似ているが、裁判官は当事者の実質的利益を確保できる法を準拠法としなければならない点において異なっている[471]。

平成元年の改正法例以後に導入された新しい抵触規則には、異なる次元の利益衡量が混在している。また、同じく段階的適用の規則を採用する抵触規則である「扶養義務の準拠法に関する法律」第2条は、扶養義務について、扶養権利者の常居所地法、扶養権利者と扶養義務者の共通本国法、日本法を段階的に適用すべきとしながら、本則から補則、さらに、次の補則の適用へと移行するための事由において、扶養権利者の権利が認められないことという実質的利益

---

[470] ノイハウス（桑田訳）・前掲（注33）141頁以下、溜池・前掲書（注13）5頁以下参照。
[471] 笠原・前掲書（注3）35頁参照。

第 4 節　若干の考察

を顧慮している。それに対して、離婚に関する改正法例第 16 条（法適用通則法第 27 条）における当事者利益の保護は、単に同一法の適用によって行われている。しかし、同一法主義（共通法主義）の採用と離婚保護（favor divortii）の理念とは決して矛盾するものではなく、同一法主義に立ちつつ、実質的離婚保護の実現をも視野に入れることは、現に、欧州諸国の国際私法において採用されている。例えば、すでに早くから、1966 年のアルバニア「外国人による民事上の権利の享有および外国法の適用に関する法律」第 7 条第 3 項を始めとして、前出オーストリア国際私法第 20 条第 2 項、前出スイス国際私法第 61 条第 2 項、前出ハンガリー国際私法第 41 条 a 号、前出ルーマニア国際私法第 22 条第 2 項、前出ブルガリア家族法典第 134 条第 3 項、前出マケドニア国際私法第 41 条等が挙げられる[472]。具体的な例として、前出ドイツ国際私法第 17 条第 1 項は、離婚は婚姻の一般的効力の準拠法によるべきとしながら、同法によれば離婚できない一定の場合には、ドイツ法によるべきことを定めて、離婚保護の立場を明らかにしている[473]。これに対して、改正法例第 16 条（法適用通則法第 27 条）の主旨は、形式的な両性平等の同一法主義に止まっている。そして、同一法が得られない場合には、明確な判断基準を有しない最密接関連法を採用するという新たな困難をもたらしている[474]。同条但書においては、それを回避するため、いわゆる日本人条項の導入という無理が行われている[475]。因みに、北朝鮮国際私法第 38 条は、段階的適用の規則のほか、北朝鮮に住所を有する北朝鮮人には、北朝鮮法の選択を認めている[476]。これは、離婚保護を顧慮して、準拠法の選択を当事者の意思に委ねる趣旨と考えられる。同様の規則は、1981 年のオランダ離婚抵触法第 1 条において定められていた立場である[477]。

---

[472]　諸国の国際私法規定については、それぞれ、総覧 24 頁、72 頁、139 頁、317 頁、343 頁等参照。
[473]　総覧 246 頁参照。尚、フランスにおけるイスラム法による離婚の保護のための理論について、佐々木彩「最近のフランス国際家族法における公序の動向」東洋法学 53 巻 2 号 315 頁以下参照。
[474]　笠原俊宏「わが国際私法における離婚の準拠法に関する若干の考察」東洋法学 40 巻 2 号 51 頁参照。
[475]　鳥居淳子「国際離婚におけるいわゆる日本人条項」争点 167 頁以下参照。
[476]　在日本朝鮮人人権協会訳「朝鮮民主主義人民共和国対外民事関係法」戸籍時報 464 号 51 頁。
[477]　杉林＝笠原・前掲（注 110）166 頁以下参照。

第 4 章　国際私法における利益衡量

　上述のように、今日の趨勢として、国際私法上においても、従来の意味における国際私法的利益を顧慮するのみならず、それとともに、実質的利益にも配慮することが求められている。具体的には、密接関連性の原則、弱者利益の保護、両性平等の原則、当事者意思の尊重等が根本理念となっており、とくに、密接関連性の原則は、諸国国際私法の最も基本的で重要な原則として確立している。前出オーストリア国際私法第 1 条における「強い牽連性の原則」[478] はそれを象徴する存在となっている。また、現代国際私法の課題は、いかにして、弱者利益の保護が形式的のみならず、実質的にも確保することができるかということである。さらに、両性平等の原則も、イスラム諸国を除いて、ほぼ普遍化しようとされている。そして、いま一つの重要な課題は、いかなる範囲まで当事者意思の尊重が反映された抵触規則を拡大できるかということである。それらの規則の整備こそが、今後の国際私法の課題であろう。それならば、国際私法上の利益衡量はいかにあるべきか。そして、それらの個々の利益が相互に衝突すると考えられる場合には、それらをいかに適応させるべきか。次章以下においては、従来、必ずしも明らかではなかったそれらの相互関係の問題について、今後、国際私法における私的自治の一端として、益々、拡大されようとする当事者自治の原則を中心に据えて考察することとしたい。

---

[478]　総覧 70 頁参照。

第5章　現代国際私法の諸原則と私的自治の関係

第1節　はじめに

　以上において、私的自治の原則が、渉外私法関係において、いかように拡大され、当事者意思の尊重が図られているかが概観された。しかし、今日、諸外国の立法例等を見ても、渉外私法問題の解決における指導理念となっているのは、決して当事者自治のみではない。法律関係ないし法律行為と最も密接な関係を有する法へ連結し、それをもって規律することが最良の解決であるという認識は、サヴィニーの法律関係本拠説が、今もなお、基本的に支持され、揺ぎない立場であると見ることができる。現在にいたっても、密接関連性の有無についての判断をいかに行うべきかという判断基準は確立されておらず、最も密接な関連性が必ずしも明瞭ではないため、時として困難な問題をもたらすことがある。しかし、そのような問題は、密接関連性の原則の法理自体に関する問題ではなく、それが、一定の理論的合理性をもって、国際私法における原則として確立していることは否定することはできない。従って、密接関連性の原則が基準とする国際私法的利益と当事者自治が顧慮する国際私法的利益とが両立することができないような場合に、当面の法律関係ないし法律行為と密接関連性を有する法を排除してまで、当事者自治が優先されるのは、いかなる場合であるかという問題は、今日の国際私法理論において明らかにされるべき極めて重要な問題となっているように思われる。
　また、密接関連性の原則とともに、現代国際私法の双璧をなしている指導理念が、弱者利益の保護を優先すべきであるという弱者保護の思想であることについては、すでに前述したところである。弱者利益の保護のために、いかような解決を行うべきか、つまり、いかような抵触規則が採用されるべきであるかは、現在、渉外私法問題の解決において、常に念頭に置かれている指標である。それに対して、当事者意思自治ないし私的自治の原則もまた、人の人格権の保障という普遍的な指導理念に立脚するものとして、今日、多くの国々にお

いて、その国際私法をも含めた法秩序に定着し、そして、益々、有力になっている。それならば、当事者自治の原則は、弱者保護の理念が支配する現代国際私法において、いかように、弱者利益の保護の理念と調和しながら、その活路を見い出すことができるであろうか。

当事者自治の原則との関連において何らかの調整が必要とされる国際私法的利益は、上述の密接関連性の原則および弱者利益保護の理念に限られない。両性平等の原則も、実質法におけるばかりではなく、国際私法上における原則としてもすでに確立された国際私法的利益である。従前の夫ないし父の法の優位を放棄して、平成元年における法例の大改正の原動力となったのが、「女性に対するいかなる差別も撤廃する国連条約」の批准によって不動のものとなった両性平等の原則であったことに疑いはない。当事者意思の尊重を起点とする当事者自治の原則は、人ないし女性の人格権を尊重しようとする両性平等の原則と相通じる理念に基づくものであるが、それらが抵触することが全く考えられないこともない。そのような場合には、一体、両者の国際私法的利益は、いかように調整すべきであるか。

さらに、国際私法上において伝統的に遵守されてきた原則ないし原理は、現代国際私法の基本構造を支えている国際私法総則にも多く存在している。例えば、属人法の決定基準、例外条項、公序、反致等、多岐にわたっており、それらの総則（一般規定）と当事者自治との優先関係の問題もまた、本書の視野の範囲に含まれるものである。

今日、前章において論及されたように、実質法における一定の価値に対する優遇主義ないし有利性の原則に裏打ちされた利益衡量の立場は、諸国国際私法にも反映されて、それが現代的趨勢になっている。以下においては、上述のような問題意識のもとに、密接関連性の原則、弱者利益保護の理念、両性平等の原則、さらには、国際私法における基本規則として国際私法を構成している総則（一般規定）と当事者自治の原則との間における抵触の可能性について明らかにしたうえで、その場合における調整ないし調和の確保がいかに行われることができるかについて、諸国立法例を参考として若干の考察を試みることとしたい。

第 2 節　密接関連性の原則と私的自治の関係

第 1 款　総説

(1)　国際私法立法における改革の概要

　日本の国際私法をも含めた大陸型国際私法にとって、20 世紀の最後の四半世紀は、1960 年代にドイツのケーゲル教授によって名付けられたいわゆる「国際私法の危機」の克服のための立法改革に向けて、大きな努力が払われた時期である[479]。この「危機」を招来する契機をもたらしたアメリカ国際私法が、「柔軟な抵触規則」によって解決の具体的妥当性の確保を優先しようとする立場をとったため、大陸型国際私法がその影響を受けて、伝統的に、「明確な抵触規則」による解決の予測性ないし安定性の確保を優先させた従来の立場に固執することに疑いが抱かれるにいたったものである[480]。しかし、それでもなお、伝統的な立場を保持しつつ、解決の具体的妥当性をも顧慮した抵触規則を定立するため、とくに西欧諸国を中心として、その国際私法の改正ないし立法化が相次いで実行され、そのような動向が、より広く諸国国際私法に波及して、現在に至っている[481]。

　大陸型国際私法におけるそのような立法改革の動向の一つとして指摘することができるのは、密接関連性の原則ないし「親近の原則」(principe de proximité) による支配が法文上においても端的に表現されるようになったことである[482]。もとより、それと近似した概念として、法律関係の「本拠」の探求こそが国際私法の使命であることが、サヴィニー以来、一貫して唱えられてきたことは、すでに言及されたところであるが、また、密接関連性の原則による支

---

[479]　Kegel, op. cit., p.237 et seq. さらに、櫻田・前掲書（注 13）51 頁以下、注釈第 1 巻 437 頁以下（西谷祐子）等参照。

[480]　Symeon C. Symeonides, General report, in: Symeonides（ed.), op. cit. p.21 et seq.

[481]　例えば、前出の 1977 年のハンガリー国際私法、1979 年のオーストリア国際私法、1986 年のドイツ国際私法、1987 年のスイス国際私法、1996 年のイタリア国際私法、同年のリヒテンシュタイン国際私法、2004 年のベルギー国際私法等は、その一部である。

[482]　前出ドイツ国際私法第 14 条におけるケーゲルの梯子 (Kegelsche Leiter) と呼ばれる段階的連結の規則も、連結の多元化と組み合わされたその代表的な例である。Marianne Andrae, Internationales Familienrecht, 1999, S.119.

配自体が格別に革新的であることも指摘されているところである[483]。本来、「密接関連性」と「本拠」とは、概念上、必ずしも一致するものではないとしても、それらは決して大きく乖離するものではないと考えられる。従って、近時、密接関連性の原則による支配の必要性がしばしば強調されているという事実は、従来のサヴィニー型の実定法規が密接関連性の原則に適合しない状態になり、形骸化していたことを如実に物語るものでもあろう。

また、それと同時に、価値中立的立場から価値促進的立場への転換も、近時の国際私法の重要な動向として指摘されなければならない重要な点である[484]。これは、準拠法の決定を目的とする国際私法が、当面の問題の解決の過程において、実質的判断と無縁ではなく、むしろ積極的に、一定の実質的利益考慮のもとに関わることを意味するものである。さらにいえば、一定の単位法律関係ごとにその「本拠」の存在を想定し、その準拠実質法の内容の如何にかかわらず、その所在地法の指定をもって、国際私法の役割は終了すると考えるかつての立場から、多くの場合には、例えば、弱者利益の保護という指導理念のもとに、対立する諸利益を比較衡量し、優先的に顧慮すべき利益を特定して、それが保護される結果をもたらす準拠法の選定へと導くことまでもが国際私法の役割であると考える立場へと、大陸型国際私法がその基本的姿勢の重心を移行させている傾向が、今日、益々明瞭となっている[485]。

上記のような傾向は、日本国際私法について見ても決して例外ではない。とくに、改正法例、および、その内容を基本的に踏襲している法適用通則法は、まさに、前述のような趨勢に沿って行われた改正であることが明らかである。また、それ以外の国際私法の法源として、今日、諸国国際私法立法の先導的役割を演じているハーグ国際私法条約を批准したことを受けて国内立法化された「遺言の方式の準拠法に関する法律」（昭和39年法律第100号）および「扶養義務の準拠法に関する法律」（昭和61年法律第84号）の2つの特別法も、それぞれ、遺言保護、要扶養者保護という国際私法の動向に同調している点において同様である。

---

[483] 木棚＝松岡＝渡辺・前掲書（注136）102頁（松岡）参照。
[484] 多喜・前掲（注454）148頁以下、松岡・前掲書（注60）70頁以下。
[485] ノイハウス（桑田訳）・前掲（注33）144頁。

確かに、それらの改正ないし立法化により、日本国際私法立法が画期的に改革されたことは否定できない。しかしながら、諸国国際私法立法と比較して見ると、果たして、日本国際私法が「危機」を完全に脱するに至っているといえるまでに十分な改革を達成しているかは疑わしい。密接関連性の原則に忠実を期する一方、法律関係の特性に従い、当事者自治の原則をも含む一定の利益保護にも配慮するという現代国際私法における要請に対して、日本国際私法がいかように応えているか、とくに、それらの2つの原則の関係を中心として、若干の考察を試みることとする。

(2) 法例改正の趣旨

法例が明治31年6月21日法律第10号として、同年7月16日に施行されて以来、最も大きな改正が加えられたのは前記平成元年改正によってである。その後、平成11年12月8日に、民法典における成年後見制度の導入に伴い、平成11年法律第151号によって一部の関連規定が改正されたほか、平成18年の改正によって、法の適用に関する通則法に改称された以後も、家族法事項について見る限り、特記すべき改革は行われていない。従って、日本国際私法上における家族法関連規定の改革とは、端的にいえば、平成元年における法例の改正ということになる。具体的には、改正前法例第13条ないし第26条の家族法事項に関する各論規定、および、同第27条ないし第31条の総則規定の改正が大きく改正された諸規定である。法適用通則法中における総則規定および家族法関連規定は、平成元年の改正法例の立場を踏襲しているため、ここにおいては、平成元年における法例の改正を中心として論じることとする。

改正法例の特徴として指摘することができるのは、次に掲げる3つの点である。すなわち、第1に、婚姻関係について、改正前法例が夫の本国法主義を採用していたのに対して、改正法例において、本則として夫婦の同一本国法主義、補則として夫婦の同一常居所地法主義、そして、夫婦の最密接関係地法による段階的連結の規則が採用され、それにより、両性平等の原則が実現されている点である。婚姻の身分的効力に関する改正法例第14条（法適用通則法第25条）のほか、夫婦財産制について同条を準用する同第15条第1項本文（法適用通則法第26条第1項）、離婚について、同じく、同第14条を準用する同第16条本文（法適用通則法第27条本文）がそれらの諸規定である。第2に、

制限的ながら、家族法事項について、当事者自治が導入されている点である。夫婦財産制に関する同第15条第1項但書（法適用通則法第26条第2項）がその規定に該当する。その規定も、やはり、改正前法例において採用されていた夫の本国法主義に替わるものである。そして、第3に、子の実質的保護のため、準拠法の択一的連結という連結方法が採用されている点である。嫡出親子関係の成立に関し、嫡出保護の立場を明確に定める同第17条第1項（法適用通則法第28条第1項）、および、準正に関し、準正保護の立場を明確に定める同第19条第1項（法適用通則法第30条第1項）がそれらの諸規定に該当する。改正前法例においては、前者については母の夫の本国法主義の立場がとられて、実質的な保護は顧慮されておらず、また、後者については全く規定されていなかった[486]。

　その他にも、改正法例の各論規定中には、次のようにいくつかの改革が施された。まず、親子間の法律関係に関する改正前において、父の本国法主義を本則とし、母の本国法の適用を補則としていた立場は、改正法例第21条（法適用通則法第32条）において、子の保護が顧慮された結果、子の法を中心とした段階的連結の規則へと変更されている。また、認知について、改正前法例における父または母の本国法と子の本国法との累積的連結の規則は、改正法例第18条第2項（法適用通則法第28条第2項）において、子の出生当時の認知する者の本国法または認知当時のその者または子の本国法によるとする選択的連結の規則へと改正されている。同条項は、連結を多元化することにより、認知が成立することによる子の保護を顧慮する規定である。同条第1項後段（法適用通則法第28条第1項後段）におけるいわゆる保護条項（セーフガード条項）の新設の趣旨も、子の本国法の適用による子の保護を顧慮していることは明白である[487]。しかし、養子縁組の成立については、養親および養子の双方の本国法の配分的連結の規則を採用していた改正前法例の立場は放棄され、改正法例第20条第1項前段（法適用通則法第31条第1項前段）においては、養親の本国法主義の立場へと変更されている。このような立場は、子の保護の観点からすると、子の保護の理念に逆行するものではないかとの疑問が呈されてい

---

[486]　笠原・前掲書（注372）7頁以下。
[487]　松岡・前掲書（注60）55頁以下等参照。

る[488]。同項後段におけるいわゆる保護条項（セーフガード条項）の存在を考慮したとしても、全体的には後退しているということになるであろう。

以上に加えて、改正法例中の総則および各論規定にわたる注目すべき特徴は、随所において、密接関連性の原則による基本的な支配が明確にされ、最密接関連法への送致が連結規則としても明文化されるに至った点である。前出改正法例第 14 条（法適用通則法第 25 条）、並びに、同条を準用する同第 15 条第 1 項（法適用通則法第 26 条第 1 項）および同第 16 条本文（法適用通則法第 27 条本文）は、段階的連結の規則の最後の補則として最密接関連法を充てており、また、重国籍者および場所的不統一法国国籍保有者の本国法の決定（改正法例第 28 条第 1 項および第 3 項、法適用通則法第 38 条第 1 項および第 3 項）、多数住所保有者の住所地法の決定（改正法例第 29 条第 2 項、法適用通則法において削除）、人的不統一法の場合の適用法の決定（改正法例第 31 条第 1 項および第 2 項、法適用通則法第 40 条第 1 項および第 3 項）においても密接関連性が基準とされている。しかし、それとともに、最密接関連法の指定の前提となる密接関連性の有無に関する判断が困難であることについては、多くの指摘を受けており、実際に、その困難さがいわゆる日本人条項（改正法例第 16 条但書、法適用通則法第 27 条但書）を新規に追加した原因となっていることは、立法趣旨の説明においても明らかにされている[489]。

(3) 法適用通則法における密接関連性の原則の導入

平成 18 年の法例改正により、その名称が変更され、文語体片仮名文が口語体平仮名文へ変更されたが、そのような外面的変更とともに、その内容の面においても、とくに財産法関連規定について数々の改正が加えられている。ここにおいては、密接関連性の原則の導入を表明している規定に絞って論及することとした。

まず、契約に関する諸規定である。法適用通則法第 7 条が規定する当事者による準拠法の選択が行われなかった場合には、同第 8 条第 1 項が、法律行為に最も密接な関係がある地の法によることを規定している。そして、同条第 2 項

---

[488] 笠原俊宏「国際養子縁組法における子の保護について」比較法 38 号 215 頁、とくに 228 頁以下。
[489] 南・前掲書（注 457）92 頁以下参照。

は、特徴的給付を行う当事者の常居所地法ないし事業所の所在地法を最も密接な関係がある地の法と推定すると規定している。不動産を目的とする法律行為の場合には、不動産所在地法をそれと推定することを定めている。また、労働契約に関する特別規定である法適用通則法第12条第1項においては、当事者が最密接関連地法を準拠法としなかった場合であっても、労働者が最密接関連法上の一定の強行規定の適用を要求するときは、当該強行規定も適用されるべきことが規定されている。そして、同条第2項は、労務提供地ないし雇主の事業所所在地の法を最密接関連法と推定し、また、同条第3項は、労働契約の当事者による準拠法の選択がなかったときは、労務提供地法をもって最密接関連法と推定することを規定している。それらの諸規定はいずれも密接関連性の原則に由来する規定であり、密接関連性の原則の一層の徹底が図られている。ここにおいて、密接関連性の原則は、当事者自治の原則に優先している。

次に、事務管理および不当利得に関する法適用通則法第15条は、原因事実発生地法に替えて、当事者が同一の法域に常居所を有するとか、当事者間の契約に関連しているとか、明らかに原因発生地法よりも密接な関係がある地が存在するときは、当該地の法によるべきことを規定している。同様の規定は、法適用通則法第20条が、一般不法行為に関する第17条、生産物責任に関する第18条、名誉または信用の毀損に関する第19条によって選定される準拠法にかかわらず、当事者が同一の法域に常居所を有するとか、当事者間の契約に関連しているとか、明らかにそれら3箇条が定める法が属する地よりも密接な関係がある他の地が存在ときは、当該他の地の法によるべきことを規定している。それらは、いずれも密接関連性の原則に由来する規定である。密接関連性の原則は、その限りにおいて、弱者利益の保護の理念に優先している。

(4) 特別立法の趣旨

ハーグ国際私法条約の批准を機縁として国内立法化された「遺言の方式の準拠法に関する法律」および「扶養義務の準拠法に関する法律」の2つの法律が、日本国際私法の法源となる特別立法である。それぞれ、前者は、1961年10月5日の「遺言の方式に関する法律の抵触に関するハーグ条約」、そして、後者は、1956年10月24日の「子に対する扶養義務の準拠法に関するハーグ条約」、および、1973年10月2日の「扶養義務の準拠法に関するハーグ条約」

の両条約の内容を組み合わせて国内立法化されたものである。従って、それらの内容もハーグ条約のそれと基本的に一致することはいうまでもない。遺言の方式および扶養義務については、日本国際私法は、諸国の国内国際私法立法の牽引役を果たすハーグ国際私法条約に倣っている意味において、改正法例に先駆けて、「柔軟な抵触規則」の水準に到達しているということになるであろう。「国際私法の危機」の回避に向けられたそれらの条約および2つの法律が到達した「柔軟な抵触規則」は、次のような多元的連結の規則である。

　まず、「遺言の方式の準拠法に関する法律」中の主たる準拠法選定規則は第2条であり、その立場は、遺言の方式が列挙された多数の法のいずれか一つに適合するときは、方式に関し、有効とするものである。これは、方式の面における遺言の成立をできるだけ保護しようとするものであり、択一的連結の方法を採用するものである。遺言の撤回の方式に関する第3条は、さらに連結対象となる法の数を増やして、連結の多元化のより一層の充実を図っている。多元化に徹しようとするその立場は、方式の準拠法を法律行為の実質的成立要件の準拠法、または、行為地法のいずれかに限定する法適用通則法上の多元化の立場に比してより明瞭である。また、前記法律は、連結点として、国籍および住所とともに、日本国際私法としては、初めて、ハーグ条約において採用された常居所を採用している。その後、家族法事項の連結点として、改正法例から見られる国籍および常居所の併用という構成の基礎となっている。

　一方、「扶養義務の準拠法に関する法律」中の主たる準拠法選定規則は第2条であり、その立場も、段階的連結の方法をもって多元的連結の規則を定めている。同法律施行前の改正前法例第21条における扶養義務者の本国法主義の立場に対して、同法律第2条は、扶養権利者の常居所地法の適用を本則とすることにより、弱者とされる扶養権利者の保護を顧慮している。さらに、国際私法上の利益衡量の観点から見て、同条を特徴付けている点は、単に、弱者の法を準拠法とするという形式的な国際私法的利益の保護ではなく、実際に扶養の権利が認められるという実質的利益の保護が追求されている点である。本則から補則への移行の事由が、共通法が存在していないことではなく、本則による法によっては扶養権利者の実質的利益が確保できないことである。その点において、改正法例ないし法適用通則法中の段階的連結の規則と決定的に異なって

いる。さらに、同法律第2条の特徴の一つとして指摘することができる点は、属人法の決定基準として国籍主義が原則として採用されている日本国際私法の中にあって、常居所が本則における連結点として採用されている点である。

以上において指摘された諸点が、それらの2つの法律の基礎となっている前記ハーグ条約から継受されたものであることは、改めて指摘するまでもない。その結果、日本国際私法において、頑なに本国法主義への依拠を原則的として堅持していること、および、その立場から、すべての属人法事項が一律的に規律される立場がとられていることが浮き彫りにされている[490]。

第2款　総則における密接関連性の原則

(1)　属人法の決定基準

日本の渉外家事事件においては、在日朝鮮人（ないし在日韓国人）や在日中国人を当事者とする事件が極めて多いことが特徴となっている。そして、それらの国々の政治的事情等を反映して、その本国法の決定を始めとする諸問題が少なくなかった。しかし、それらの諸問題の多くも、現在においては、それらの諸国の立法作業の進捗、情報伝達の改善等により、準拠法の決定およびその適用の情況は好転しているように見られる。それに対して、年月の経過に従い、世代を重ねた在日朝鮮人および在日中国人にとって密接関連性に乏しい国籍を連結点として、その本国法を決定することの妥当性が疑問視されるようになっている。このような情況を踏まえて、「実効的国籍の理論」の適用の当否が論議されることが少なくない。因みに、上記理論は、いずれかの者の本国法が準拠法として指定された場合に、その本国法の連結点となるその国籍とその者とが稀薄な関係しか有せず、連結点として形骸化している情況にある場合に、その国籍をもってその本国法の決定基準とすることは妥当でないと論じるものである[491]。そして、その場合には、密接関連性の原則に基づき、機械的に指定される法に代えて、より密接な関係があると認められる住所や常居所等の補充的連結点に基づいて、その者の属人法が決定されるか、あるいは、より具体的な実定国際私法としての法的根拠を求める立場からは、無国籍者の場合

---

[490]　笠原・前掲書（注3）195頁以下。
[491]　松岡・前掲書（注60）22頁以下。

に関する法適用通則法第38条第2項を類推適用して、本人の常居所地法か、最密接関連法によるべきことになる[492]。

「実効的国籍の理論」の基盤をなしているのは密接関連性の原則である。日本国際私法においては、法適用通則法第38条第1項が、重国籍者の本国法の決定につき、まず、常居所が所在する国の国籍、そして、それがないときには、最も密接な関係を有する国の国籍をもって、その者の本国法の決定基準とすることを規定している。しかし、単一の国籍のみを有する者が、その国籍が帰属する国と最も密接な関係を有しない場合についての明文規定は置かれていない。それに対して、無国籍者については、上述のように、その常居所地法によるべきとする同条第2項に従い、難民の場合に止まらず、明らかに形骸化している国籍を有する者についても、その国籍に代えて、その常居所を属人法の決定基準とすべきことが考えられている[493]。しかし、明文規定が存在しない日本国際私法において、いかなる場合に国籍が本国法決定の基準として形骸化していると判断すべきかは、難民の場合を除き、必ずしも十分に明確な判断基準が存在しているといえず、実践することは難しい。実務上、僅かに、富山家庭裁判所昭和56年2月27日審判[494]が「実効的国籍の理論」に則っているとの指摘も見られるが[495]、現行実定法の解釈としては、在日朝鮮人または在日中国人を当事者とする場合に、実効性に乏しいと見られる国籍を基準として決定された本国法であっても、その適用の結果が著しく具体的妥当性に欠ける等の特別な事情が認められない限り、同法によることになるのが現状であろう。実定法上の問題としては、明文規定による解決が必要であると考えられる。

多数法国の国民の本国法の決定においても、密接関連性の原則が貫かれている。まず、場所的不統一の場合については、改正法例第28条第3項（法適用通則法第38条第3項）が、原則として当該国家の準国際私法によって規律されるべきとする間接指定主義を採用しており、そのような規則がないときは、法廷地の立場から、直接指定すべきことを規定している。そして、本人と最も

---

[492] 笠原・前掲書（注3）40頁参照

[493] 松岡・前掲書（注60）23頁参照。

[494] 家庭裁判月報34巻1号80頁。解釈論上の実効的国籍の理論については、注釈第2巻257頁（国友明彦）参照。

[495] 松岡・前掲書（注60）23頁。

密接な関係を有する地の法を基準として、その者の本国法を決定している。また、人的不統一の場合については、改正法例第 31 条（法適用通則法第 40 条第 1 項）が、同様に、本人と最も密接な関連性を有する法をもって、その者の本国法としている。密接関連性の概念をいかように構成するか、そして、その基準の一つとして、当事者意思を採用することができるかが、ここにおける関心事であるが、その可能性については、本書第 2 章第 3 節「密接関連性の確定における当事者意思」において、中国人の本国法の決定の場合を素材として、すでに検討されたところであり、それを肯定することが望ましいことが結論として導かれたところである。

(2) 公序条項

密接関連性の原則を理論的基盤とする例外規定ないし是正条項については、次のように、2 つの種類に分類することができる。一つは、準拠実質法の決定の前段階における是正であり、いま一つは、準拠実質法の適用の段階における是正である。前者は、具体的な事実関係との兼ね合いにおいて、密接関連性の原則に忠実を期する前出オーストリア国際私法第 1 条の「最も強い関係」（starkste Beziehung）の原則のような狭義の例外条項であり[496]、後者は、具体的な事実関係との兼ね合いにおいて、法廷地の公序に反する結果をもたらすことになる外国法の適用を排除しようとするものである。改正後法例第 33 条（法適用通則法第 42 条）に定められた公序条項がそれである。なお、後者も、法廷地との内国関連性（Inlandsberührung, Binnenbeziehung）の存在がその適用の前提であり、ここにおいても密接関連性の原則は姿を変えて支配している[497]。

日本国際私法上、上記の例外条項に該当する明文規定が存在しないため、密接関連性を欠くと考えられる法が指定された場合であっても、その法を準拠法として適用しなければならない。しかも、改正法例第 33 条（法適用通則法第 42 条）、「遺言の方式の準拠法に関する法律」第 8 条、「扶養義務の準拠法に関する法律」第 8 条等の一般公序条項は、不法行為に関する改正法例第 11 条第 2

---

[496] なお、「一般例外条項」に対する「特別例外条項」として、法適用通則法第 15 条および第 20 条については、前述したところである。
[497] 山田・前掲書（注 4）145 頁以下。

第 2 節　密接関連性の原則と私的自治の関係

項および第 3 項（法適用通則法第 22 条第 1 項および第 2 項）、並びに、扶養の程度に関する「扶養義務の準拠法に関する法律」第 8 条第 2 項等のいくつかの特別公序条項と異なり、日本法（日本国際私法上）における公序概念、すなわち、公序則発動の基準について、準拠外国法の適用の結果が「公の秩序」または「善良の風俗」に反することになるときと定めるに止まっており、明確にはされていていない[498]。そして、本来の準拠法である外国法の適用が排除された後の補充法についても、明文による指示がないため、それらの点について、いかなる基準に依拠すべきかが明らかではない。また、判例においても明確な判断基準は示されていない[499]。しかし、今後における課題として、例えば、2005 年 8 月 25 日、万国法学会（Institut de Droit International）第 72 会期が採択した決議[500]において見られるように、より明瞭な公序則発動の基準の確立が求められるべきであろう。

　諸国立法について見れば、前出オーストリア国際私法第 1 条の「最も強い関係の原則」に先導された例外条項をもって、最も密接な関連性を有する法や一定の利益の保護に繋がる法の選定を可能とする一般条項を置いているものが散見される。典型的な立法例として、前出スイス国際私法第 15 条は、「本法が送致する法は、全体の事情により、事実関係が同法と僅かの関係のみしか有しないが、他の法とははるかにより密接な関係を有することが明らかであるときは、例外的に適用されない。」と規定している[501]。同様に、前出カナダ・ケベック州民法典第 3082 条も、「例外として、本巻によって指定された法律は、情況の全体を考慮して、事情がその法律と懸け離れた関係しか有せず、かつ、それが他の国家の法律と非常により密接な関係にあることが明らかなときは適用されない。」と規定している[502]。より最近における前出ベルギー国際私法第

---

[498]　笠原・前掲書（注 3）47 頁。
[499]　笠原・前掲書（注 3）49 頁。
[500]　Erik Jayme, Kulturelle Unterschiede und *ordre public* im Internationalen Familienrecht - Universelle Gerichtsbarkeit im Internationalen Strafrecht - Pflichten und Rechte *erga omnes* im Volkerrecht, 72. Tagung des Institut de Droit International in Krakau, *IPRax* 2005, S.560f. さらに、笠原・前掲（注 191）127 頁参照。
[501]　総覧 132 頁以下。
[502]　笠原・前掲（注 62）126 頁以下参照。

19 条第 1 項第 1 段第 1 文も、上記スイス国際私法第 15 条に倣って導入された例外条項である。そこにおいては、例外条項が発動された場合について、同第 2 文が、「その場合には、当該他国家の法が適用される。」と定めて、具体的に、「非常に密接な関係を呈示する国家の法」が補充法として指示されている[503]。

例外条項の特長はその柔軟性にあるが、また、同時に、それが法的安定性ないし解決の予見可能性の面において後退するものであることも否めない。従って、例外的な場合としては、当事者が準拠法を指定する場合とか、実質的判断の結果としての択一的連結の場合をその条項の支配範囲から除外する場合のほか、密接関連性を有しない準拠法によれば、当事者利益の保護に欠けることになる場合に限定する等、例外条項の運用に際しては、慎重な判断が求められることになると指摘されている[504]。前出カナダ・ケベック州民法典第 3079 条が、「正当かつ明らかに優勢な利益が求めるときは、事情が密接な関係を呈示する他の国家の法律上の強行規定に効力が付与されることができる。それについて決定するため、その規定の目的、および、その適用から生じる結果が考慮される。」とか[505]、また、前出ベルギー国際私法第 19 条第 1 項第 2 段は、法的安定性の見地から、「準拠法の予見可能性の要請」をとくに顧慮しなければならないこと、および、外国における既得権の保護の見地から、「係争関係が、その関係がその形成当時に関係を呈示した国家の国際私法規則に従って合法的に形成された情況」をとくに顧慮しなければならないことを定めていて[506]、慎重な運用の必要性を喚起している。

また、前出「契約債務の準拠法に関する EC 条約」（ローマ条約）以後、労働者保護および消費者保護を発端としたいわゆる「強行法規の特別連結理論」も、一種の公序条項として考えることができる。最も密接な関係を有する地の法が、一定の者の利益を保護するために強行的に適用されるべき場合には、同法を本来の準拠法および法廷地法とは別に優先適用すべきとするのがその理論

---

[503] 笠原・前掲（注66）25 頁参照。
[504] 烁場準一「準拠法選定規準としての最密接関連性」争点 57 頁。
[505] 笠原・前掲書（注3）226 頁以下。
[506] 笠原・前掲書（注3）25 頁。

の特徴である[507]。法廷地抵触規定によって指定された法を準拠法とすることを斥ける点において、広義の例外条項であるということができる。前出スイス国際私法第19条および前出ベルギー国際私法第20条においても、狭義の例外条項とは別に、強行規定の特別連結に関する規定が置かれている[508]。狭義の例外規定を有しない多くの立法例にも強行連結の規定は導入されている。例えば、前出ロシア民法典第三部第1192条は、第1項において、「本章の諸規定は、準拠法が何であるかにかかわらず、ロシア連邦の立法上の強行法規が含む指示、または、それがとくに民事法関係に含まれた者の合法的な権利および利益の保護のために帯びる特別な重要性を理由として、その関係を規律するそれの適用を侵害しない。」とするのに続いて、第2項において、「本章の諸規定による一定の国の法の適用の際には、裁判官は、準拠法が何であるかにかかわらず、規律すべき関係と密接な関連性を有する他のいずれかの外国法に従い、同法上の強行法規がその関係に必要であるときは、その強行法規を考慮することができる。」と規定し、その場合には、「裁判官はその強行法規の目的および性質ならびにその適用またはその不適用の結果を考慮するものとする。」と定めている[509]。それは、同じく独立国家共同体構成国として、基本的に同一の法律モデルに依拠している前出カザフスタン民法典第1091条、前出ウズベキスタン民法典第1165条、前出キルギスタン民法典第1174条、前出ベラルーシ民法典第1100条、前出アゼルバイジャン国際私法第5条等においても定められているものである[510]。

(3) 反致条項

反致の局面において、密接関連性の原則および当事者意思の原則が意味を有するのは、その成立の禁止の理由としてである。改正法例第32条（法適用通則法第41条）の改正点については、すでに前述されたところであるが、比較立法的に見て、同条本文における狭義の反致の立場は決して珍しいものではない。広く転致（ないし再致）をも認める立法も散見される一方[511]、近時の諸

---

[507] 木棚＝松岡＝渡辺・前掲書（注136）143頁以下（松岡）。
[508] 総覧133頁、笠原・前掲（上）（注66）戸籍時報593号20頁以下参照。
[509] 笠原・前掲（注70）88頁。
[510] 笠原・前掲（注76）103頁、同・前掲（注78）106頁、同・前掲（注124）71頁以下等参照。
[511] 例えば、2010年の台湾渉外民事法律適用法第6条、1966年のポルトガル国際私法第17条、

第 5 章　現代国際私法の諸原則と私的自治の関係

国立法には、原則として反致否定論の立場に立っていると見られるものが比較的に多い。しかし、それら立法の殆どは、外国法の指定をその実質規定に対するものであるとしながら、結局、一定の身分関係事項について、明文規定をもって、例外的に狭義の反致を認めているのが実態であり、実際には、狭義の反致の立場が支配的であるといっても過言ではない[512]。より密接な関連性を有する法の指定を可能とするため、反致条項が「柔軟な抵触規則」の役割を果たすことを求める学説もある[513]。それに対して、問題となるのは、両当事者の平等に適った同一本国法として外国法が指定された場合における反致を禁止する改正法例第 32 条但書（法適用通則法第 41 条但書）の立場である。同条と同様に、狭義の反致を肯定しながら、一定の場合について、その成立を禁止する立法例は、日本国際私法以外にも散見される。それらの立法例としては、前出ポルトガル民法典第 19 条[514]、前出ドイツ国際私法第 4 条[515]、前出イタリア国際私法第 13 条[516]、前出マカオ民法典第 17 条[517]、前出韓国国際私法第 9 条[518]等が挙げられる。しかし、それらの立法例を改正法例第 32 条但書（法適用通則法第 41 条但書）と比較してみれば、そこには、後者に見られる反致の禁止の立場に大きな違いが存在しており、しかも、以下のように、後者の立場がいかに特異であるかが知られる。

　まず、ドイツ国際私法第 4 条第 1 項第 1 文は、「他の国の法に送致されるときは、そのことが送致の意味（Sinn der Verweisung）と矛盾しない限り、その国際私法も適用されるものとする。」として、狭義の反致および転致の両方を認めている。そして、「送致の意味」については、法文上、明確にされてはいないが、送致の趣旨を考慮した上で、反致が許されるか否かが判断されており、多くのドイツ学説において指摘されているのは、択一的連結（Alterna-

---

1999 年のマカオ国際私法第 16 条等が挙げられる。
[512]　例えば、1998 年のチュニジア国際私法第 35 条は、反致の禁止については、「法律上の反対の規定を除」くという留保が定められている。笠原・前掲（注 71）107 頁参照。
[513]　石黒一憲『国際私法の解釈論的構造』（東京大学出版会、1980 年）169 頁以下等参照。
[514]　総覧 363 頁。
[515]　総覧 243 頁。
[516]　笠原・前掲（注 65）115 頁以下、124 頁参照。
[517]　笠原・前掲（注 435）21 頁参照。
[518]　戸籍時報編集部＝朴（訳）・前掲（注 127）19 頁。

tive Anknüpfung）の場合、最密接関連法（engste Verbindung）として指定された場合、附従的連結（Akzessorische Anknüpfung）の場合である[519]。さらに、両性平等の原則に反する反致もそれに含める見解もある[520]。また、同条第2項は、当事者によって選択された外国法は実質規定に限られ、その中に国際私法規定は含まれないとして、当事者自治によった場合における本来の準拠法からの反致を否定している。

　次に、ポルトガル民法典第19条は、本来、有効となるべき法律行為とか、嫡出になる子が、反致ないし転致により、無効になるとか、非嫡出子となるような場合、および、準拠外国法が当事者によって指定された場合には、狭義の反致および転致は制限されると定めている。ポルトガル法を母法とするマカオ民法典第17条は、基本的にポルトガル法上の立場と同一であるが、反致ないし転致による侵害から、保護されるべき身分関係を嫡出性に限定することなく、より広く、身分関係全般へ拡大して、当事者利益の保護に対する顧慮はより一層徹底されている。当事者自治によって指定された法からの反致が否定されていることも同様である。

　同様の立場として、イタリア国際私法第13条第2項が、当事者自治によって指定された法、および、行為の方式に関する規定からの反致を禁止しており、また、同条第3項が、親子関係の確定、準正、婚外子の認知につき、反致が親子関係の創設を許す法の適用へ導くときにしか、反致は考慮されないと定めている。

　そして、韓国国際私法第9条が反致を禁止すべき場合として掲げているのは、当事者が合意して準拠法を選択する場合、契約の準拠法が指定される場合、扶養の準拠法が指定される場合、遺言の方式の準拠法が指定される場合、船籍国法が指定される場合、および、その他に、反致を認めることが指定された法の指定の趣旨に反する場合である。最後の場合における一般的・集約的表現が、ドイツ国際私法第4条第1項第1文における「送致の意味」に倣っていることは明らかであり、同規定の解釈を巡り、ドイツ学説において論じられているところは、そのまま、韓国法についても妥当するということができるであ

---

[519] 笠原俊宏「法例第三二条の理論と実践」比較法第41号20頁。
[520] ケーゲル教授の見解として、笠原・前掲（注519）20頁以下参照。

ろう。しかし、具体的な場合が併記されている点において、韓国国際私法はドイツ国際私法に比して、より明解である。

かくして、前記内容を概観した諸国国際私法上の立場と日本国際私法上のそれとを比較すると、日本国際私法は、形式的な両性平等（ないし当事者平等）を徹底することに腐心し、身分関係における実質的利益の保護について、全く配慮を払っていないことが明らかである。改正法例第17条第1項（法適用通則法第28条第1項）および同第19条第1項（法適用通則法第30条第1項）において、当事者の実質的利益の保護のため、択一的連結の規則が導入されている日本国際私法上、子の嫡出保護および準正保護を顧慮したそれら両条の立法趣旨に照らして、それらの規定によって指定された法からの反致もまた禁止されるべきであるという学説上の見解が少なくない[521]。そのような見解は、両規定の本来的趣旨からすれば、当然に導かれるべき結論であろう。最密接関連法として指定された法からの反致については、もとより、反致の範囲に含まれていないが、同法たる外国法からの反致もまた、同様に、本来の指定の趣旨に反するものとして、禁止されるのが相当であろう。しかし、それに止まらず、より柔軟に、狭義の反致の成立およびその禁止を一律的に定型化することなく、それらによってもたらされる結果を考慮した上で、当事者の利益を保護する本国法または日本法を準拠法とすることを可能とする抵触規則が望ましいと考えられる。そのような観点からいえば、早くから身分関係の全般にわたる当事者利益の保護を視野に入れた前出ポルトガル民法、そして、それに倣った前出マカオ民法において採用されている立場が、最も望ましいように思われる。かくして、ここにおいては、密接関連性の原則、両性平等の原則、当事者自治の原則とも、反致の禁止の正当な事由となる資格を有しているが、それらの原則に従って指定された法であっても、弱者利益保護の理念に反する場合には、破られることもあるということになるであろう。

因みに、隠れた反致についても、密接関連性の原則との関連において言及しておきたい。第二次世界大戦後の一時期、アメリカの軍人・軍属である者と日本人女性との間の離婚事件が比較的多かったのが、日本における渉外家事事件

---

[521] 木棚＝松岡＝渡辺・前掲書（注136）55頁以下（松岡）。

第2節　密接関連性の原則と私的自治の関係

の特徴の一つであった。そこにおいて、当事者の本国法であるアメリカのいずれかの州法から住所（ドミサイル）地法としての日本法への反致の成立が、安直に認められることにより、本国法主義を原則とする日本国際私法が、実際には、住所地法主義と同じ結果をもたらしているということが指摘されたことがある[522]。これもまた、密接関連性に乏しい地の法を準拠法とすることに対する批判であると解することができる。属人法における国籍主義と住所主義とが対峙していた当時において、その指摘は正しくその通りであったが、平成元年の改正法例以後、属人法の決定基準として、難解な法律概念である住所は、より明解な事実概念である常居所の採用によって取って代わられ、その結果、かつて批判されたような状況は著しく減少している。しかし、常居所概念についても、明確性に欠ける点がないわけではない。蓋し、密接関連性との関わりにおいても意味を有する問題として、どれほどの期間にわたる継続性が必要であるかについて、法文上において明確にされておらず、解釈に委ねられているからである。何をもって常居所概念と考えるべきか、とくにその期間について、一律的か、または、各個の法律関係ごとに、特別に明文をもって明確にすることの必要性が指摘されている所以である[523]。

第3款　各論規定における密接関連性の原則

(1)　婚姻関係

改正法例の特徴の一つである段階的連結の規則は、すでに前述したところであるが、婚姻の身分的効力に関する第14条（法適用通則法第24条）に導入され、同条を中心として、夫婦財産制に関する第15条第1項本文（法適用通則法第25条第1項）、および、離婚に関する第16条本文（法適用通則法第27条本文）が準用することを規定している。同条の規定の内容は、夫婦の同一本国法、その同一常居所地法、最密接関連法の段階的連結であり、夫婦の本国法は最密接関連法の具体的表現として定められているとも見られる。夫婦の常居所地法は密接関連性において次位の法として位置付けられるものである。しか

---

[522] 池原季雄「わが国における本国法主義」法学協会雑誌79巻6号1頁以下。さらに、注釈第2巻329頁（北澤安紀）参照。
[523] 笠原俊宏「常居所の認定基準」争点81頁参照。

し、この規則は同一法を中心として構成されたものであり、最も優先されている指導理念は、夫婦にとって同一法（共通法）が適用されること、すなわち、両性平等の原則であり、必ずしも密接関連性の原則ではない。両性平等の原則の顧慮が、反致についてまで、それを禁止する立場の基盤となっていることについては上述したところである。そして、その原則の遵守にのみ腐心した結果、当事者の実質的利益の保護に対する配慮は全く払われていないのが実状である[524]。しかし、スペイン法上、一定の制限された範囲において当事者自治が認められていることについては、第2章において言及されたところである。

(2) 離婚

離婚の準拠法に関しは、1953年4月17日のフランス破棄院のリヴィエール（Rivière）判決[525]によって判示された規則、すなわち、夫婦の共通本国法、その共通住所地法、法廷地法の段階的連結の規則[526]は、現代国際私法において、夫婦の共通（同一）本国法、その共通（同一）常居所地法、その最密接関連法の段階的連結の規則として、国際主義の立場から脚色され、前述のように、「ケーゲルの梯子」と呼ばれている。両者はその基本的構造の点において同一であり、多くの立法において、婚姻の身分的効力および夫婦財産制についても採用され、確立した立場となっている。改正法例、そして、法適用通則法もそれに倣っていることはいうまでもない。しかし、諸国立法の規則の内容を検討してみれば、改正法例や法適用通則法とは明らかに大きく異なる点が存在している。例えば、法例の母法である前出ドイツ国際私法第17条第1項においては、両性平等の原則に立脚しながら、同時に、当事者の実質的利益の保護である離婚保護（favor divortii）の立場が顧慮されている。すなわち、同条第1項第1文おいて、婚姻の一般的効力の準拠法に関する第14条を準用するとして、段階的連結の規則が原則とされながら、同条第1項第2文においては、第1文の規則により、婚姻の解消が不可能であるとき、離婚請求配偶者がドイツ人である限り、離婚の成否はドイツ法によるべきとされている[527]。同様の

---

[524] 笠原・前掲書（注3）195頁。
[525] *Rev. crit. de d.i.p.* 1953, p.412, note Batiffol; *Clunet* 1953, p.860, note Plaisant.
[526] 溜池良夫「フランス国際私法における離婚の準拠法―判例の変遷―」法学論叢63巻5号18頁、笠原俊宏「フランス国際私法における離婚の準拠法」法学新報86巻7・8・9号263頁以下。
[527] 総覧246頁。

第 2 節　密接関連性の原則と私的自治の関係

立場は、前出スイス国際私法第 61 条第 3 項[528]、および、前出ルーマニア国際私法第 22 条第 2 項[529] においても定められている。このような規則は、前出アルバニア法第 7 条[530] が早くから規定していたものであり、決して、ドイツ国際私法が先駆的に採用したものではない。その他にも、離婚の許容のため、前出ハンガリー国際私法第 41 条[531] は離婚準拠法に対するハンガリー法の優先的適用を定めている。前出オーストリア国際私法第 20 条第 2 項が、そのような場合に依拠すべきとするのは、法廷地法ではなく、より一般的に原告配偶者の属人法であり、同国国際私法に倣っている前出リヒテンシュタイン国際私法第 21 条第 2 項の規定も同一の内容である[532]。そして、前出ブルガリア家族法典第 224 条第 3 項に至っては、共通本国法がないときは、夫婦の本国法の中、「離婚を許容する法が適用され、また、離婚の効果については、子、または、子が婚姻から生まれていないときは、無責配偶者にとってより有利である法」が準拠法であると定められている[533]。これは、いうまでもなく、実質的利益を考慮した択一的連結の規則にほかならない。日本国際私法において、前記のような観点が全く欠如していることは改めて指摘するまでもない。公序条項の発動により、一般的・抽象的に離婚を禁止する外国法の適用が排除され、補充法として日本法の適用により、離婚は許容される一方、許容される範囲内の厳格な離婚原因を規定する外国法の適用までも斥けることが困難なため、個別的・具体的な離婚事件においては、離婚は許容されないこともあるという矛盾した結果の発生も想定されることについては、前述したところである。離婚保護の理念を支持するならば、その実現を可能とする特別規定の存在が必要であろう。上述のような離婚保護のための択一的連結の規則の他、オランダ離婚抵触法やベルギー国際私法典に見られる制限的当事者自治の導入がそれを実現する方法であることについても、すでに論及したところである。これらの規則は、法廷地法上の立場に従い、離婚が許容されることを保障する点において共

---

[528]　総覧 228 頁以下。
[529]　笠原・前掲（注 240）94 頁。
[530]　総覧 24 頁以下。
[531]　総覧 317 頁。
[532]　笠原・前掲（注 63）331 頁。
[533]　総覧 343 頁。

通性が認められる。
(3) 親子関係
　改正法例および法適用通則法の一つの特徴は、子の保護のための規定が整備されたことである。子の嫡出保護および準正保護のための択一的連結の規則については、すでに前述した通りである。さらに、改正法例第18条第1項後段（法適用通則法第29条第1項後段）が規定する認知による親子関係の成立、および、第20条第1項後段（法適用通則法第31条第1項後段）が規定する養子縁組の成立について、婚外子ないし養子の本国法上の一定の要件が累積的に充足されることを要求する保護条項（セーフ・ガード条項）が導入されたこと、ならびに、改正法例第18条第2項（法適用通則法第29条第2項）において、認知保護のため、選択的連結の規則の採用によって連結の多元化が図られていることも、子の利益の保護のためであることはいうまでもない[534]。
　また、親子間の法律関係について、子の法を中心とした段階的連結の規則が採用されていることが、子の利益の保護のためであることに異論はない。しかし、その場合の子の利益保護が、子の法を適用することに止まるものであり、実質的な利益については、何ら顧慮が払われていない。この点は婚姻の身分的効力の準拠法選定規則の場合と同様である。今日における国際私法の実質化の傾向は、実質的利益を考慮しない従来の立場から、さらに、当事者の実質的利益を優先的に考慮しようとすることであることは、現在、広く共通した認識となっていると考えられる。この点については、実質的利益の保護の観点から、前出ハンガリー国際私法第46条が、子がハンガリー国民または居住民であって、ハンガリー法が子にとってより有利であるときは、同国法が子の属人法として適用されると定めていることはよく知られている[535]。しかし、子の実質的利益の保護の立場を早くから定めていたのは、前出アルバニア法第9条である。同条は、子がアルバニアに居住しており、かつ、アルバニア法が「子の利益に合致する場合」、同法が子の本国法に優先することを定めている[536]。また、ブルガリア国際私法は、その改正前の1985年のブルガリア家族法典第

---

[534] 澤木敬郎「新しい国際私法の解説」澤木＝南編・前掲書（注181）所収、とくに21頁以下。
[535] 総覧318頁。
[536] 総覧25頁。

137 条において、より一般的に、子の本国法主義を原則としながら、父母の共通本国法が子にとってより有利である場合は、その例外的適用を認めていた[537]。さらに、婚外子が重国籍者であるときは、その者にとってより有利な法を適用すべきことを定めているのが前出改正前ルーマニア国際私法第 28 条である[538]。その他、前出ドイツ国際私法第 19 条第 3 項も、「子の福祉が危ういとき」は、子の常居所地法に従い、保護措置が執られることができるとして、父母の婚姻の一般的効力の準拠法の適用の例外を定めている[539]。

このように、親子関係において優先されるべき利益は、子の利益の保護であり、そのための基盤となっているのは、密接関連性の原則でも、当事者自治の原則でもない。子の実質的利益の保護を保障する択一的連結の規則が、それを実現することができる方法として考えられている。

(4) 相続関係

相続の準拠法については、平成元年の法例改正においては全く改革の手は着けられておらず、その後、平成 18 年の法例改正においても同様である。その結果、実効性に乏しい被相続人の本国法主義の立場を維持したまま、改正された他の諸規定から取り残された形となっている。しかし、日本国際私法においても、速やかな改革を要する問題であるとの認識は早くから抱かれていた[540]。すでに言及したところであるが、相続の準拠法については、ハーグ相続準拠法条約が先導的な役割を果たしており、同条約においてとられている規則の全体または一部に倣い、主観的連結（当事者自治）および客観的連結（属人法主義）の併用という画期的な改革が実行されている立法例が多く見られるに至っている。すでに第 2 章において引用されたところであるが、その一例として、前出 2001 年の韓国国際私法第 49 条第 1 項においては、日本国際私法と同様に、本則として被相続人の本国法主義が表明されながら、同条第 2 項においては、被相続人が、遺言により、その常居所地法または不動産所在地法を指定することが認められている[541]。また、同年のフィンランド相続法典中の諸規定

---

[537] 総覧 344 頁。
[538] 笠原・前掲（注 240）国際研究論叢 8 巻 1 号 95 頁。
[539] 総覧 247 頁。
[540] 笠原・前掲書（注 3）206 頁以下。
[541] 戸籍時報編集部＝朴（訳）・前掲（注 127）26 頁。

にも、ハーグ条約からの影響を見て取ることができる[542]。しかし、その場合においても、準拠法の実効性を顧慮するならば、遺産を構成する財産権の種類に従い、とくに、不動産または債権（記名債権ないしは無記名債権）の場合には、それらの遺産自体の準拠法の優位性を否定することはできない。

　かくして、法適用通則法における相続の準拠法の選定規則についていえば、当事者自治の原則の導入が急務である。それとともに、準拠法の実効性の確保のため、従来の相続統一主義から相続分割主義への改革が検討されなければならないであろう。遺産を構成する種々の財産、とくに不動産については、それが所在する地の法が、最も密接な関連性を有していることは否定できないからである。その限りにおいて、密接関連性の原則は当事者自治の原則を制限することになる。

第4款　若干の考察

(1)　密接関連性の原則の例外

　政策による密接関連性の原則の例外として挙げられるのが、改正法例において導入されたいわゆる日本人条項である。すなわち、婚姻の方式に関する改正法例第13条第3項但書（法適用通則法第23条第3項但書）、離婚に関する同第16条但書（法適用通則法第27条但書）、さらには、重国籍者の本国法の決定の基準となる国籍に関する同第28条第1項但書（法適用通則法第38条第1項但書）である。これらの日本人条項は、最密接関連法の適用を斥けて、日本法を適用することを定める強行規定である。

　すでに通観したところからも知られるように、密接関連性の原則は、日本国際私法において確立した原則となっている。しかし、それと同時に、法適用通則法中には、準拠法指定の趣旨により、また、政策により、その例外と見られるいくつかの規定が存在している。まず、前者の一つとして挙げられるのが、当事者自治による準拠法指定の場合である。けだし、当事者自治の規則は、本来的に、当面の法律関係といずれかの地との密接関連性よりも当事者意思の尊重を優先させることにその規則の本旨が認められるべきものであるからであ

---

[542]　笠原俊宏「フィンランド相続法典中の国際私法規定（2001年）」東洋法学49巻2号197頁以下、とくに200頁以下。

る。但し、その規則によった場合であっても、法適用通則法第11条および第12条においては、それぞれ、消費者契約および労働契約について、密接関連性の原則が貫かれており、当事者によって選択された準拠法であっても、その実質法の内容によっては、ときとして、消費者および労働者の保護のため、その本来の準拠法の適用は斥けられることとなる。なお、改正法例第15条第1項但書（法適用通則法第26条第2項）が定めている制限的当事者自治の規則が指定できる範囲として定めている法については、密接関連性を有する法として列挙されているものと解する余地もある。

さらに、準拠法指定の趣旨による密接関連性の原則に対する例外となるのが、いくつかの法に関し、それらの実質的利益の衡量を行った上で、択一的連結により、一定の法が指定される場合である。必ずしも、最も密接な関連性を有しないと見られるときであっても、一定の当事者利益の保護のため、密接関連性の原則の完全な支配を斥けようとするのがその例外であり、嫡出保護を目する改正法例第17条第1項（法適用通則法第28条第1項）、および、準正保護を目する同第19条第1項（法適用通則法第30条第1項）が、それとして挙げられる。しかし、それらの規定についても、選択の範囲とされる夫の本国法および妻の本国法、ならびに、父もしくは母または子の本国法において、それらの意義を検討すれば、次のように、異なるものであることが知られる。

改正法例および法適用通則法の条項に準拠していえば、まず、婚姻の方式に関する改正法例第13条第3項但書（法適用通則法第24条第3項但書）は、同項本文が婚姻当事者のいずれか一方の本国法に従った方式を認めるのに対して、婚姻が日本において挙行される場合であって、当事者の一方が日本人であるときは、それを認めず、原則としての婚姻挙行地法によるべきことを定めている。これは、結局、婚姻挙行地法として日本法によるべきことを定めるものである。その立法趣旨は、次の通りである。すなわち、婚姻の届出という方式でない外国の方式に従い、婚姻が有効に成立している場合には、婚姻当事者が届出（報告的届出）を懈怠したときは、戸籍上に反映されず、身分変動を正確に記録することを本旨とする戸籍制度にとって好ましくない。従って、日本法上の方式である届出（創設的届出）により、身分形成と戸籍へのその記載とが同時に行われることとなる日本法上の方式によるべきものとした[543]。また、

第 5 章　現代国際私法の諸原則と私的自治の関係

婚姻を届出によって行うことを要求しても、当事者に格別の困難を強いるものではないことがその立法趣旨である[544]。このような日本人条項の立場、そして、その立法趣旨に対しては、学説上、多くの批判が加えられてきた[545]。しかし、密接関連性の原則との関連においていえば、日本において挙行される婚姻であって、その当事者の一方が日本人である場合には、当該婚姻について最も密接な関連性を有する地は日本であるということもできる。このように考えると、婚姻の方式に関する改正法例第 13 条第 3 項但書（法適用通則法第 24 条第 3 項但書）の日本人条項は、密接関連性の原則にも適う規定であるということもできることとなる。

次に、離婚に関する日本人条項である改正法例第 16 条但書（法適用通則法第 27 条但書）は、同条本文が、夫婦の同一本国法、その同一常居所地法、最密接関連法への段階的連結の立場を採用しているのに対して、夫婦のいずれか一方が日本に常居所を有する日本人であるときは、日本法を離婚の準拠法とすることを定めている。その立法趣旨は、次の通りである。すなわち、夫婦のいずれか一方が日本に常居所を有する日本人である場合には、同一本国法が存在するときも、同一常居所地法が存在するときも、いずれも、準拠法は日本法となるため、その但書は適用する意味がない。それに対して、同但書が意味を有するのは、最密接関連法によらなければならない場合である。戸籍窓口へ協議離婚の届出がなされた場合、協議離婚の方法が許されるか否かが判断されなければならない。そのために依拠すべき最密接関連法がいずれの国の法であるかの決定について、形式審査のみを行う戸籍窓口において判断することの困難を回避するため、つまり、戸籍実務の便宜のため、但書に定められた場合には、政策的に日本法によるべきものとされた[546]。しかし、夫婦の一方である日本人が単身で日本へ戻ったような事案においては、日本が最も密接な関連性を有する地であるとは認められないというように、但書の立場に対しては、学説

---

[543]　南・前掲書（注 457）57 頁以下。
[544]　南・前掲書（注 457）57 頁。
[545]　鳥居淳子「内外人の婚姻と離婚—いわゆる日本人条項について—」川井健ほか編『講座・現代家族法（2 巻）』（日本評論社、1991 年）所収、309 頁以下、同「国際離婚におけるいわゆる日本人条項」争点 167 頁以下、笠原・前掲（注 474）51 頁以下。
[546]　南・前掲書（注 457）92 頁以下。

上、多くの批判が加えられている[547]。確かに、夫婦の一方のみが日本に常居所を有する日本人であって、裁判所へ離婚請求が提起されたとしても、それらの要素のみをもって、日本法が夫婦にとって最密接関連法であるというには無理がある。このように、最密接関連法の決定には困難が伴うことが少なくない。密接関連性の原則は極めて合理性を有する基準であり、基本的に支持されるべきであるが、一定の法がそれに適った準拠法として導かれるものではなく、常に、具体的な事案・事実との関連において判断しなければならない。

因みに、重国籍者の本国法の決定の基準となる国籍に関する改正法例第28条第1項但書（法適用通則法第38条第1項但書）における日本人条項は、日本国籍が本人との密接関連性を欠く場合にもそれを基準として本国法とすることを強制している。その立場が法廷地法へと導くものであるとしても、合理的な根拠を見い出すことは困難であり、内国国籍の優先の誹りを免れることはできない。

(2) 密接関連法の決定基準

改正法例第16条但書（法適用通則法第27条但書）の立法趣旨の説明によっても浮き彫りにされた最密接関連法の決定ないし密接関連性の概念の確定の難しさについては、従来から指摘されており、解決の予測性ないし安定性の確保のために、数々の提言が見られる。それらの見解を整理すれば、一つは、最密接関連法を地域的の密接関連法として、その決定基準を探求する立場であり、いま一つは、必ずしも地域的関連性にこだわるべきではないとする立場である。

まず、前者からは、最密接関連法の決定は、具体的な事件に応じて判断しなければならない。例えば、改正法例第14条（法適用通則法第25条）における最密接関連法とは、従来の共通本国法、従来の共通常居所地法、夫婦の一方がその夫婦の子と居住している場合は、その居住している地の法等がそれであると考えられていた[548]。学説としては、最後の同一常居所地法を重視する見解もあり[549]、同第15条第1項本文（法適用通則法第26条第1項）における最密接関連法については、それが夫婦財産制の準拠法であることを考慮し、財産

---

[547] 笠原・前掲書（注3）78頁以下。
[548] 南・前掲書（注457）67頁。
[549] 澤木・前掲（注534）10頁。

第 5 章　現代国際私法の諸原則と私的自治の関係

所在地というような要素をも重視すべきであるとか[550]、同第 16 条本文（法適用通則法第 27 条本文）における最密接関連法については、婚姻関係がすでに破綻しているのであるから、過去の同一常居所を考慮すべきであるとされる[551]。また、実務の取扱い上の指針が、平成 5 年の行政通知により、夫婦の一方が日本人の場合であっても、夫婦のいずれも日本に常居所を有せず、かつ、外国に共通常居所を有しないとき、ならびに、夫婦の双方が外国人の場合であって、その本国法が同一でなく、かつ、日本および外国に共通常居所を有しないときについて示されている[552]。近時、そのような状況を踏まえて、最密接関連法の認定における可及的な統一化・画一化のため、とくに離婚の場合について、改正法例の母法である前出ドイツ国際私法第 17 条および第 14 条の規定に倣い、それらの規定における規則を最密接関連法の決定における拠り所として、類型に従った判断基準の明確化に向けた提言もなされている[553]。

それに対して、後者の見解からは、地域的関連性の枠内に留まらず、多角的な視点から密接関連性を考慮すべきことが主張されている。近時、益々、国際私法が実質化する傾向にあり、準拠法の選定に際しても、実質的な利益衡量が求められることが増大している。従って、文化的・社会的・宗教的関連性をも考慮する余地があるというのが、その主張の骨子である[554]。そして、地域的関連性のみならず、準拠法選定の原理的規準として、内国取引の保護、当事者の意思の尊重、法律行為の保護・有効化あるいは関係成立の容易化、両性の平等、子の保護等が例示されている[555]。そのような観点から、改正法例第 17 条第 1 項（法適用通則法第 28 条第 1 項）や遺言の方式の準拠法に関する法律第 2 条等は、地域的密接関係地法と考えられる複数の法の中から、子の保護や遺言保護の政策に基づいて、さらに具体的な選択を行うことを許す二段階の法選

---

[550]　澤木・前掲（注 534）11 頁以下。
[551]　澤木・前掲（注 534）16 頁。
[552]　平成 5・4・5 民 2・2986 法務局民事行政部長・地方法務局長あて民事局第二課長通知「離婚の際に夫婦に最も密接な関係がある地の認定について」民事月報 48 巻 5 号 101 頁。
[553]　佐藤文彦「離婚準拠法における「夫婦ニ最モ密接ナル関係アル地」の具体化について—ドイツ民法典施行法第 14 条第 1 項第 3 号の理解と対比させつつ—」名城ロースクール・レビュー創刊号 114 頁以下。
[554]　櫻場準一「準拠法選定基準としての最密接関連性」争点 57 頁以下。
[555]　櫻場・前掲（注 554）58 頁。

択構造を採っていると分析されることが説明されている[556]。

　相対的な概念である最密接関連法ないしは密接関連法の決定基準の明確化に向けた提言において、地域的関連性のみに捉われるべきではないとの指摘には傾聴すべき点が少なくない。しかしながら、いずれの法もそれが施行されている一定の地域的範囲を有するものであるから、地域的関連性を基礎として最密接関連性を探求することが基本となるであろう。属人性を重視すれば、国籍、住所、常居所、居所が決定基準であり、また、属地性を重視すれば、夫婦財産制については夫婦財産の所在地が考慮されるとか、身分行為ないし身分関係については、例えば、前出中華人民共和国渉外民事関係法律適用法第27条[557]のように、裁判所所在地が考慮されるべきことになる。そして、それらの連結点のいずれをいかなる連結規則の形態をもって採用し、それらをいかなる序列をもって構成するかは、政策的な判断に委ねられることになるであろう[558]。日本国際私法においては、国籍および常居所を決定基準の要素として採用し、前者を主たる基準とし、後者を従たる基準としている。しかし、当事者双方に共通する国籍や常居所がないとか、重国籍者が常居所を有しないときには、確たる決定基準はないことになる。そのような場合の準拠法選定の原理は密接関連性のみではなく、例えば、子の福祉や弱者保護あるいは当事者による指定等の別個の原理に依拠すべきことが主張されている[559]。従って、当事者または裁判所が、当事者の一方の国籍および常居所がある地の法を選択することができるような規則を整備したならば、解決の予測性および具体的妥当性の確保にも供することができるであろう。そのような規則を定立している立法例の一つとして、前出ベルギー国際私法典は、属人法の連結点として、常居所を国籍に対して優位させながら、当事者が国籍を基準とすることも認めている[560]。すなわち、離婚の準拠法に関する同法典第55条第1項は、夫婦の共通常居所地法（第1号）、それがないときは、夫婦の一方が常居所を有することを条件と

---

[556]　烁場・前掲（注554）58頁、注釈第2巻413頁（国友明彦）参照。
[557]　笠原俊宏「中華人民共和国の新しい国際私法『渉外民事関係法律適用法』の解説(1)」戸籍時報663号2頁以下。
[558]　烁場・前掲（注554）57頁参照。
[559]　烁場・前掲（注554）58頁参照。
[560]　笠原・前掲（注66）とくに、594号57頁以下参照。

して、夫婦の最後の共通常居所地法（第2号）、それもないときは、夫婦の共通本国法（第3号）、そして、それもないときは、ベルギー法（第4条）、という段階的連結の規則を採用している。このような規則とともに、同条第2項は、夫婦の共通本国法かベルギー法のいずれかの選択を許容する制限的当事者自治の立場を定めている。その趣旨は、外国人夫婦の本国法上、共通本国法主義が採られている場会におけるベルギー離婚の承認を保障すること、および、属人法の決定基準に関する常居所主義と国籍主義とを調和させることである[561]。属人法の決定基準として、常居所主義の優先にこだわることなく、随所、国籍にも主たる役割を分担させているその立場は、原則として本国法主義に傾倒する日本国際私法のような立法にとって、有益な参考資料となるであろう。国籍も、常居所も、そして、住所も、いずれも属人法事項の連結点として決定的ではなく、それらの連結点のいずれもが、同等の資格において、選択の対象とされることができる余地があること、従って、そこに当事者意思の尊重が確保できることを、同国国際私法典は示唆している。

(3) 総括的考察

密接関連性の原則と当事者自治の原則の関係についていえば、法適用通則法第7条および第8条の適用関係に見られるように、密接関連性の原則は当事者自治の原則の補充的地位にある一方、当事者自治の原則を量的に制限する立場からは、当事者自治によって選択されることができる準拠法の範囲は、契約と何らかの関連性を有する法に限られるとする。果たして、両者の相互の関係についてはいかように考えるべきか。以下において、それらが、準拠法の確定に向けて相互に影響し、補充する関係について論及することとしたい。

改めて述べるまでもなく、当事者自治原則は、主として契約の領域において採用され、その地位を確立して、最近においては、諸国国内立法および国際条約において、当事者自治原則は契約の領域に止まらず、その他の領域にも拡大する趨勢を見せている。当事者自治原則は双方当事者意思に対する至上の尊重であり、法律が当事者に与えた一つの権利である。しかし、法律の目的は個人の自由の保護を図ると同時に、社会と個人との間、および、個人間の利益の調

---

[561] 笠原・前掲（注66）とくに、594号62頁参照。

和を保護することであり、いかなる無制限の権利も存在することはできない。例えば、アメリカ第二リステートメント第187条は、当事者に準拠法選択の権利を認めているが、しかし、同時に、2つの制限を加えている。すなわち、選択された州が当事者もしくは取引と重要な関連性を有するか、または、当事者が選択した準拠法にその他の合理的な根拠があることである。当事者が選択した準拠法は、何らかの問題を決定するにおいて、選択された州の法律より明らかにより大きい利益の州の根本的な政策に違反してはならないとしている[562]。これを見る限り、実際には、当事者自治原則を採用すると同時に、密接関連性原則もそれに一緒に牽引されているということができる。

学説上、密接関連性の原則が包括する範囲は広汎であるから、密接関連性の原則に基づいて確定された法は、当事者によって選択された法と密接な関連性があるものと見做すべきとする。しかし、このような見解は明らかに当事者自治の原則と密接関連性の原則との区別を看過するものである。まず、適用する主体から見ても、当事者自治原則を実現する主体が関係する双方当事者であるのに対して、密接関連原則を実現する主体は裁判官または仲裁人である。また、価値効果から見て、当事者自治の原則は、私法自治の理念を貫徹するものであり、いわゆる私法主体が私法行為を自主的に実施し、また、当事者の個人的意思および個人的権利を尊重するものであり、法律の自由価値および効果利益を重視する立場である。それに対して、密接関連性の原則は、裁判官が事例の公正を追及するために、当事者の熟知、便宜、法律関係と準拠法との密接関連性が要求される。しかし、当事者自治の原則は私権による準拠法選択権を表わしているが、密接関連性の原則は私法的法律選択権を反映するものではない。従って、当事者の合意によって選択された準拠法が必ず最密接関連法と一致すると見做すことはできない。密接関連性の原則の支配の下に当事者自治の原則が存在すると考えることは、当事者自治の原則という準拠法選択方法が存在する価値を失わしめることになる。当事者自治による準拠法の指定が、必ずしも明示的に行われることを要せず、黙示的指定によることも認められるとして、学説上、黙示的当事者自治の判断方法は、密接関連性の原則の中にある密

---

[562] 松岡博『アメリカ国際私法の基礎理論』（大阪大学出版会、2007年）25頁以下参照。

接関連地に対する考慮と重複するものとされる。そのため、黙示的当事者自治を考慮する必要がないとして、明示的指定がない状況のもとにおいて、直接的に密接関連性の原則を適用することをもって足りるとさえ考えられる。英国裁判所は、当事者の黙示意思を探求する場合に、当事者の住所または国籍、目的物の性質および住所、管轄裁判所所在地、契約の様式および用語等が考慮すべき要素としているが、英国裁判所のこのような取り扱い方法は、実質的に、契約との密接関連法を選択する方法であるというように見られる。

当事者自治の原則および密接関連性の原則は、現代国際私法上における重要な準拠法選択基準として、何らかの法律関係の中において同時に援用される可能性がある。それならば、このような状況のもとに、立法の技術上、いかように両者を位置付けるべきであろうか。法律関係の本拠説を出発点として発展を遂げてきた現代国際私法において、当事者自治の原則が確立された経緯を考えれば、基本的に、当事者自治の原則が密接関連性の原則に優先するというべきであろう。当事者に準拠法を選択する権限が与えられることにより、準拠法適用の予見性および結果の確定性が、当事者自治の原則が国際私法の領域において堅持されてきたことの理由として挙げられる。また、当事者自治の原則により、当事者が選択した準拠法に基づいて問題を処理することにより、裁判官は外国法の内容の調査につき、時間的、物質的、経済的に節約することができる。煩雑な渉外事件も一般事件と同じように処理することができるうえ、当事者も、合意によって選択した法律を準拠法とすることにより、その判決結果も容易に受け入れられ、判決の履行の可能性も高まる。他方、当事者自治の原則も、前述のように、ある程度、密接関連性の原則の制限を受けることとなる。当事者によって選択した準拠法が、密接関連法上の一定の利益に反する場合、例えば、裁判所地の強行規定または禁止規定に違反するとか、善意の第三者の利益を損なう場合、また、当事者が準拠法を選択しないか、または、選択した準拠法が無効となる場合、さらには、裁判官の自由裁量による場合には、密接関連性の原則に基づく準拠法の選択が求められることとなる。

これまで、日本国際私法は、地域的関連性としてのサヴィニーの「本拠」の探求が密接関連性の探求へと変容する過程でもあったといえるであろう。そして、また、密接関連性の原則自体も、実質的利益の考慮により、割合と簡明な

地域的関連性から、何らかの利益保護のための最適法の決定基準としての密接関連性へと修正される方向にある。従って、当面の問題の判断において、何らかの利益保護が求められているか否かという点を顧慮することが、今後における準拠法選定規則を決定することになるであろう。すなわち、何らかの実質的利益の保護が求められている場合には、それを保証する択一的連結の規則が採用されるべきであり、他方、何らの実質的利益の保護も求められていない場合には、当事者意思を最大限に尊重するという方向を目指すことになるのではないか。換言すれば、今後の抵触規則は、一定の実質的利益の保護に向けられた択一的連結の規則、および、当事者意思の尊重を優先する当事者自治（選択的連結）の規則という２つの規則へと整理されていくであろうという指摘があるが[563]、正しく、上述のような趣旨を表現したものであると思われる。

第３節　弱者利益の保護と私的自治の関係

第１款　総説

　周知のように、近代私法における三大原則として、所有権絶対の原則、契約自由の原則、過失責任の原則が挙げられる。しかし、今日、それらのいずれの原則も修正されるに至っている。まず、所有権絶対の原則については、公共の福祉のために制限することができるとされ（民法第１条第１項参照）、また、契約自由の原則については、経済的弱者に不利を強いる契約は制限され（消費者契約法、製造物責任法、借地借家法等参照）、さらに、過失責任の原則については、特別法における無過失責任の法理の導入により、被害者保護が図られている。これらの修正はいずれも民法の範疇に由来するものであるが、その理念は、実質化が進行する国際私法においても妥当する。国際私法上において、例えば、所有権絶対の原則は物の所在地法主義として、また、契約自由の原則は当事者自治の原則として、そして、過失責任の原則は不法行為地法主義の立場として発現していると見られるが、民法上におけると同様に、近時、それらの立場も修正を受ける傾向にあることが看取される。そのような公共の福祉、

---

[563]　笠原俊宏「国際家族法における当事者自治」比較法40号264頁参照。

第 5 章　現代国際私法の諸原則と私的自治の関係

経済的弱者の保護、被害者の保護の傾向は、今日、私法全般にわたって、ますます強くなる弱者利益の保護の理念からの影響であると解される。

国際私法における弱者保護は、早くから、シャルル・クナップ（Charle Knapp）によって唱えられ[564]、その後、契約や不法行為責任に止まらず、子や扶養権利者の保護等、家族法の分野にまで及んでおり、今日、普遍的な指導理念として定着している。ここにおいては、とくに比較立法的観点から最近の諸外国国際私法立法に言及するとともに、当事者自治の尊重との関連を念頭において、国際私法における弱者利益の保護について、若干の検討を試みようとするものである。

第 2 款　各種弱者利益の保護

(1)　子の保護

法適用通則法における子の保護は、実質的な嫡出保護、認知保護、準正保護のための抵触規則、および、認知および養子縁組における保護条項（セーフガード条項）として、具体的に表明されている[565]。より一般的・総括的な規定としては、前述のように、前出ハンガリー国際私法第 46 条が知られており、同条は、「ハンガリー国民、または、ハンガリーに居住している子の家族法上の地位、ないしは、その者とその親との間に存在している関係、ならびに、子に対する扶養には、ハンガリー法が子にとってより有利であるときは、これが適用される。」と定めている。それに先立ち、前出アルバニア法第 9 条が、父性もしくは母性の認知または否認並びに他のすべての親子間の関係は、子の本国法によると定めた上で、子の利益に合致する場合には、アルバニア法に従って規律することができると定めて、明瞭に子の利益に言及している。

日本の国際私法は、まず、嫡出保護の立場については、改正法例第 17 条第 1 項において、「夫婦ノ一方ノ本国法ニシテ子ノ出生ノ当時ニ於ケルモノニ依リ子ガ嫡出ナルトキハ其子ハ嫡出子トス」と定められて、法適用通則法第 28 条第 1 項において踏襲されている。この規定は、夫または妻のいずれか一方の本国法によれば嫡出性が認められる限り、同法が必須的に適用されなければな

---

[564]　ノイハウス（桑田訳）・前掲（注 33）144 頁参照。
[565]　松岡博「国際私法における子供の権利保護」争点 40 頁以下参照。

第 3 節　弱者利益の保護と私的自治の関係

らず、それにより、できる限り、子は嫡出子とされること（嫡出保護）を定めるものである。子が嫡出子であるか否かは、夫および妻の本国法である実質法の内容に従って判断された結果であり、準拠法の決定に先立ち、実質的判断をなすことが求められている。同様の立場としては、前出オーストリア国際私法第 21 条および前出リヒテンシュタイン国際私法第 22 条が、子の嫡出性について、子の出生の当時の夫婦の属人法によるとしながら、夫婦の属人法が異なるときは、子の嫡出性にとってより有利な属人法が適用されるべきことを定めている。それに対して、1984 年のペルー民法典第 2083 条は、婚姻挙行の準拠法また子の出生の当時の夫婦の住所地法の中、子の嫡出性にとってより有利な法によるべきと定めている[566]。

　同様のことは、改正法例第 19 条第 1 項についてもいうことができる。同項においては、「子ハ準正ノ要件タル事実ノ完成ノ当時ノ父若クハ母又ハ子ノ本国法ニ依リ準正ガ成立スルトキハ嫡出子タル身分ヲ取得ス」と定められて、法適用通則法第 30 条第 1 項において踏襲されている。この規定は、父の本国法、母の本国法、子の本国法の 3 つの法の中、いずれかの法が準正の成立を認める限り、同法が必須的に適用されなければならず、それにより、同項は、できる限り、非嫡出子が嫡出の身分を取得すること（準正保護）を定めるものである。いずれの法が準正の成立を認めるかは、3 つの実質法の内容に従って判断された結果であって、同項もまた、準拠法の決定に先立ち、実質的判断を求めるものである。同様の立場としては、前出オーストリア国際私法第 22 条および前出リヒテンシュタイン国際私法第 23 条が、準正について、父母の属人法によるとしながら、それが異なるときは、子の準正にとってより有利な属人法によるべきことを定めている。

　また、認知についても、親子関係の成立により、子の扶養料請求権や相続権が認められることになることから、一般的には、認知保護が子の保護に帰するものとして考えられていた。そのような観点から、改正法例第 18 条第 2 項前段も、父による認知については子の出生の当時の父の本国法、また、母による認知についてはその当時の母の本国法によるほか、「認知ノ当時ノ認知スル者

---

[566]　総覧 350 頁参照。

215

又ハ子ノ本国法ニ依ル」と定めており、法適用通則法第29条第2項において踏襲されている。この規定は、連結の多元化により、認知による親子関係ができる限り成立することを配慮したものである。法文上、一定の法の適用は義務付けられてはいないが、やはり、適用される法の決定に際しては、当然に、上記の個々の実質法の内容が調査・検討されるべきことになる。

　しかし、また、子の意思に反した認知が行われることを避けるため、改正法例第18条第1項後段は、「子ノ認知ニ因ル親子関係ノ成立ニ付テハ認知ノ当時ノ子ノ本国法ガ其子又ハ第三者ノ承諾又ハ同意アルコトヲ認知ノ要件トスルトキハ其要件ヲモ備フルコトヲ要ス」と定めており、法適用通則法第29条第1項後段において踏襲されている。この規定は、子の本国法が部分的に父の本国法ないしは母の本国法と累積的に適用されるべきことを求めるものである。同条第2項後段においても、「認知スル者ノ本国法ニ依ルトキ」に関して、同様のことが定められており、法適用通則法第29条第2項後段においても同様である。一般的に、累積的連結という抵触規則は身分行為の成立を困難にするものであり、改正前法例に見られたそのような連結規則は、平成元年の法例改正においては、基本的に斥けられているが、保護条項（セーフガード条項）は、子の保護という新たな理念のもとに、一定の事項に限り、むしろ積極的に導入されている。保護条項（セーフ・ガード条項）は、養子縁組における養子の保護を顧慮した改正法例第20条第1項後段においても、「若シ養子ノ本国法ガ養子縁組ノ成立ニ付キ養子若クハ第三者ノ承諾若クハ同意又ハ公ノ機関ノ許可其他ノ処分アルコトヲ要件トスルトキハ其要件ヲモ備フルコトヲ要ス」と定められて、法適用通則法第31条第1項後段において踏襲されている。

　親子関係の創設については、前出チュニジア国際私法第52条が、被告の本国法または住所地法、子の本国法または住所地法の中、それにとって最も有利な法律、また、前出カナダ・ケベック州民法典第3091条が、子の出生の当時の子または両親の一方の住所地法または本国法であって、子にとって最も有利である法律によって規律されることを定めている。

　このように、子の保護のための準拠法の選定は、択一的連結ないし選択的連結が認められるとしても、子の利益の確保のため、裁判官に然るべき法の選定を命じる規則として確立している。従って、当事者自治によっていずれかの法

を選択する余地は全く認められない。

(2) 被後見人の保護

改正法例第24条第1項は、「後見ハ被後見人ノ本国法ニ依ル」と定めており、法適用通則法第35条第1項において、被後見人、被保佐人、被補助人の本国法によるとして踏襲されている。この規定については、本国法によるべきではなく、むしろ生活に密着した常居所地法によるべきであるというように指摘されることがある。しかし、常居所地法の内容によっては、被後見人等の保護が重視されていない場合も考えられる。従って、単なる被後見人等の常居所地法主義によっては、被後見人等の保護が確保されるとは限らない。いずれにしても、被後見人等の属人法が準拠法とされている点において、弱者とされる被後見人等の保護が顧慮されているということができる。ただし、その保護は形式的保護であり、実質的な保護は考慮されていない。

解釈上、被後見人等の実質的保護が顧慮されていると考えることができるのは、同条第2項（法適用通則法第35条第2項）においてである。すなわち、日本に住所または居所を有する被後見人等について、後見の事務を行う者がいないときには、日本法に従って後見が開始されることになるが、そのような属地的後見の必要性の観点から、実効的な後見が確保されないような場合についても、後見の事務を行う者がいないと考えるべきとする見解に被後見人保護の立場を窺うことができる[567]。

比較立法的には、単に、属地的後見であることをもって被後見人の保護とせず、より実質的に判断したうえで、その立場によるべきことを表明していると見られるのが前出ハンガリー国際私法第48条である。すなわち、同条第3項は、後見人選任官庁が帰属する国の法の適用を原則としながら、被後見人がハンガリーに居住しているときは、ハンガリー法が被後見人にとって有利である限り、同法が適用されるべきことを定めている。

このように、被後見人等の保護のための準拠法の選定において、法適用通則法は実質的保護を顧慮することなく、被後見人等の属人法主義を採用している。属地的後見の準拠法を支配しているのは、むしろ、密接関連性の原則であ

---

[567] 鳥居淳子「法例24条2項の属地的後見」争点191頁参照。

第 5 章　現代国際私法の諸原則と私的自治の関係

り、当事者自治によっていずれかの法を選択する余地は全く認められない。
　(3)　扶養権利者の保護
　「扶養義務の準拠法に関する法律」第 2 条第 1 項は、「扶養義務は、扶養権利者の常居所地法によって定める。ただし、扶養権利者の常居所地法によればその者が扶養義務者から扶養を受けることができないときは、当事者の共通本国法によって定める。」と規定し、さらに、同条第 2 項は、「前項の規定により適用すべき法律によれば扶養権利者が扶養義務者から扶養を受けることができないときは、扶養義務は、日本の法律によって定める。」と規定している。これらの規定の趣旨が、扶養権利者が可及的に扶養を受けられることを目することであり、そして、それを段階的連結の規則によって実現しようとしていることは明らかである。その規則の特徴は、形式的保護および実質的保護の両方が顧慮されていることである。すなわち、扶養権利者の常居所地法主義が本則とされている点において形式的保護が図られており、また、次位の法への移行において、扶養を受けることができるか否かを考慮すべきとしている点において実質的保護が図られている。
　諸国立法例を見れば、前出チュニジア国際私法第 51 条第 1 項もまた、扶養権利者の本国法または住所地法、扶養義務者の本国法また住所地法の中、「裁判官は扶養権利者にとって最も有利な法律を適用するものとする。」というように、明らかに扶養権利者を優遇する立場を定めている。1995 年のロシア連邦家族法典第 163 条は、両親と子の権利および義務につき、子に対する両親の扶養義務を含め、共通住所地法、子の本国法の段階的連結を規則としながら、原告の要求に従い、子の住所地法によることもできることを定めている[568]。前出カナダ・ケベック州民法典第 3094 条は扶養権利者の住所地法と扶養義務者の住所地法の段階的連結の規則である。さらに、より緩やかには、前出エストニア国際私法第 150 条は、請求者の住所地法と被請求者のそれの中から、請求者による選択を認めている。
　このように、扶養権利者の保護のための準拠法の選定は、段階的連結とともに、実質的判断とを組み合わせた規則、裁判官による択一的連結、当事者によ

---

[568]　笠原・前掲（注 426）163 頁参照。

る準拠法の選択の規則等、多様な規則の採用が可能である。いずれにしても、そこにおいて採用されているのは、扶養権利者に対する優遇主義である。

(4) 労働者保護および消費者保護

改正法例第7条第1項は、契約のような法律行為に関する原則として、「法律行為ノ成立及ヒ効力ニ付テハ当事者ノ意思ニ従ヒ其何レノ国ノ法律ニ依ルヘキカヲ定ム」と規定し、そして、同条第2項は、補則として、「当事者ノ意思カ分明ナラサルトキハ行為地法ニ依ル」と規定していた。しかし、前述の通り、今日、近代私法の三大原則の一つである契約自由の原則は、日本をも含め、多くの国々において弱者利益保護の理念のもとに修正されている。もとより、国際私法における当事者自治の原則は契約自由の原則に由来するものであり、弱者利益保護の理念の優勢は国際私法における当事者自治についても妥当するものであることはいうまでもない。平成18年の法例改正により、法適用通則法中に、「強行法規の特別連結理論」を採用した規定が新設されており、この問題に関しては、一応の決着を見ている。

諸国立法を見れば、例えば、前出ロシア連邦民法典第222条も、一定の条件の下に、消費者が住所を有する国の法の強行法規がその者に保障する権利の保護を剥奪する結果になってはならないと定めている。これらの諸立法は密接な関連性を有する地を例示していると考えられる。そのほか、前出スイス国際私法第19条は、「本法によって指定される法の代わりに、強行的に適用されることを主張する他の法の規定が、スイス法の理解によって保護に値し、かつ、当事者の明らかに重要な利益がそれを要求し、かつ、事実関係がその法と密接な関係を有するときは、考慮されることができる。」と定めている。また、前出チュニジア国際私法第50条も、「抵触規則によって指定された法が、当面の法的関係と密接な関連性を有すること、および、追求された目的を考慮し、当該法の規定の適用が不可欠であることが明白であるときは、裁判官はその法の規定に効力を与える。」と定めている。さらに、前出ウズベキスタン民法典第265条は、「いずれかの国の法律を適用するに際し、関係と密接な関連性を有する他の国の法律によれば、強行規定がそれぞれの関係を規律しなければならないときは、裁判所は、準拠法にかかわらず、その国の法律上のかような規定を適用することができる。」と定めている。これは、前出カザフスタン民法典

第5章　現代国際私法の諸原則と私的自治の関係

第1091条第2項の内容と同一である。前出ロシア連邦民法典は、第1192条第2項において、「準拠法が何であるかにかかわらず、規律すべき関係と密接な関連性を有する他のいずれかの外国法に従い、同法上の強行規定がその関係に必要であるときは、その強行法規を考慮することができる。」と定める総論規定のほか、契約に関する第1210条第5項において、「準拠法の選択の当時における事情の全体から、契約が現にいずれか一つの国と関連性を有することになるときは、契約当事者による他のいずれかの国の法の選択は、契約が現に関連性を有する国の強行法規を侵害しない。」と定めている。さらに、また、前出カナダ・ケベック州民法典第3079条は、「正当かつ明らかに優勢な利益が求めるときは、事情が密接な関係を呈する他の国家の法律上の強行規定に効力を付与することができる。」と表現している。また、前出ウズベキスタン民法典第295条は、消費者保護のため、消費者の居所地法、業者の居所地もしくは営業所所在地の法、商品購入地もしくは作業遂行地もしくはサービス供給地の法の中から、消費者が準拠法を選択することを認めている。これとほぼ同一の内容を規定しているのが、前出カザフスタン民法典第218条である。そして、一定の場合に、消費者の常居所地法の強行規定によって消費者に付与される保護を剥奪してはならず、また、日常労務提供地法、さもなければ、雇用者の営業所所在地法によって労働者に付与される保護を剥奪してはならないという前出韓国国際私法第27条および第28条は、前出ローマ条約に倣っていると見られる。

　かくして、平成18年における日本国際私法の改正も、諸国の趨勢に従ったものであるといえる。消費者および労働者の保護は、当事者自治の原則を基本としながらも、密接関連法上の強行規定が、消費者および労働者を保護するものである限り、その原則に優先することが確立した規則になろうとしている。

(5)　被害者保護

　改正法例第11条第1項は、「……不法行為ニ因リテ生スル債権ノ成立及ヒ効力ハ其原因タル事実ノ発生シタル地ノ法律ニ依ル」と規定し、不法行為地法主義の立場をとっていたが、この規定においては被害者保護の理念は表明されていなかった。しかし、解釈上、行動地と結果発生地とが異なる場合に、被害者保護のための理論的構成が導かれていた。被害者の立場に立てば、損害発生地

における無過失責任の法理をも視野に入れた損害賠償請求に重点が置かれるのが望ましい。従って、不法行為の類型に従い、過失責任主義が貫かれるべき偶発的な日常の不法行為については行動地をもって不法行為地とし、他方、無過失責任の支配する企業による不法行為については結果発生地をもって不法行為地とする運用が提唱されていた。それに対して、法適用通則法第17条は、「加害行為の結果が発生した地の法による。」と改正している。加害行為が行われた地の法の適用は、結果発生地におけるその発生が、通常、予見することができないものであったときに限られることとなった[569]。しかし、いずれの地の法が、実質的に被害者の保護という観点から、より手厚いものであるかは、それぞれの実質法の内容の検討なくしては結論に到達しえないことである。そのような観点から、前出チュニジア国際私法第70条においては、損害惹起事実の発生地と損害発生地とが異なるとき、被害者の要求に従い、後者の国の法が適用されることが認められている。また、同国国際私法第73条は、交通事故から生じる責任について、事故地法の適用を原則としながら、被害者は損害地法を援用することが認められている。これらはいずれも、連結の多元化により、被害者保護を顧慮した立場である。

かくして、法適用通則法中の被害者保護には、上述のような限界がある。なお、不法行為の準拠法の選定における当事者自治の導入については、必ずしも、被害者保護の観点からの根拠に基づくものばかりではないが[570]、とくに被害者である一方当事者の意思に従った準拠法の決定という立場を採用することにより、被害者の保護はさらに増大するであろう。ここに、当事者意思が優先的に考慮されるべき余地が認められる。

第3款　若干の考察

当事者自治の原則は契約分野から始まって、広く、当事者の選択によって契約の準拠法を確定すると考えられている。現在、当事者自治の原則は契約の主

---

[569]　丸岡松雄「不法行為地」争点316頁以下、木棚＝松岡＝渡辺・前掲書（注136）169頁以下（松岡）参照。被害者の常居所地法を準拠法とすることが、被害者保護を図ることとなることについて、注釈第1巻489頁（出口耕自）参照。

[570]　中野・前掲（注58）140頁参照。

な原則である。契約以外にも、それぞれ違う視点から、不法行為、相続、婚姻家族、信託の分野において適用されている。契約においては、明瞭に弱者が存在しているために、契約を例にとれば、当事者自治の原則と弱者利益に有利な法との間の関係が明らかであろう。すなわち、弱者利益に有利な法は当事者自治を排除することはなく、契約においては、まず、当事者自治の原則に従うが、その場合における当事者自治は、弱者利益の保護のために制限されることとなる。換言すれば、当事者自治は尊重されるべきであるとしても、弱者保護のための強行規定に反してはならないということである。その理由を説明するには、次のようないくつかの問題を明らかにする必要がある。

　まず、当事者自治はいかなる強行法規に制限されるかということについてである。強行法規は、当事者意思に委ねることをせず、常に当事者の行為を支配する規定である。国際契約の準拠法について、強行法規は、当事者がそれについて選択を行ったか否かにかかわらず、必ず適用すべき規則である。その他の法律規範と同様に、強行的規範の適用も裁判所によって行われなければならない。一般に、強行法規は、次のような3つに分類することができる。その1つは内国強行法規、もう1つは外国強行法規、そして、3つ目は国際条約中の強行法規である。内国強行法規と国際条約にある強行法規について、当該国の司法機関はこれらを無条件的に適用しなければならない。それに対して、外国の強行法規については、一国の司法機関は必ず実施すべき責任がないが、国際的協調のため、自発的に外国法上の強行法規を適用することとなる。また、条約に従い、締結国の内国司法機関は一定の事件において、外国法上の強行法規を適用する義務がある。これは、一国が批准した条約および国内強行法規の実質からして当然なことと考えられる。ただし、外国法上の強行法規の場合には、弱者利益に関する強行法規とその他の強行法規とは異なり、人の保護という要素を含んでいる強行法規は、外国法規定であっても、国内の裁判所はそれを適用しなければならない。しかし、適用する際に、事件が第三国との関係において存在する密接関連性のことを顧慮して、第三国強行法規の性質および目的、さらに、当該法規の適用が事件の結果に与える影響を考慮しなければならない。例えば、2005年のウクライナ国際私法第14条第1項の規定は、「本法の規則は関連しているウクライナの強行法規が規律することを制限しない。その

第 3 節　弱者利益の保護と私的自治の関係

準拠法が何であるかには及ばない。」と定めている。同条第 2 項の規定は、「裁判所は法律関係と密接関連性を有するその他の国の強行法規を適用することができる。それは本法と関連している準拠法を追及しない。ただし、本法第 1 項の規定を除く。同時に、裁判所は、このような法規の目的および性質を考慮しなければならず、また、それを適用するか否かを考慮する必要がある。」と規定している[571]。前出ロシア連邦民法典第三部第 1192 条、前出ベルギー国際私法典第 20 条、前出ブルガリア共和国国際私法典第 46 条も、同様に規定している。

　次に、強行法規と直接的適用法との関係に関する問題がある。直接的適用法については、その一つの観念として、サヴィニーが「法律関係の本拠説」を提唱した当時に遡ることができる。すでに述べたように、サヴィニーは、法律の域内外における効力に関する問題には言及せず、普遍主義のもとに、適用すべき法律は各渉外民事関係自体の性質に由来する「本拠」の所在地法であると考えて、何らかの民事関係を外国法によって規律すべき理由を説明した。また、同時に、サヴィニーは、厳格な法律原則は、法律関係の「本拠」が法廷地国であるか否かにかかわらず、裁判所はこれを適用しなければならないが、一定の民事関係は、それが渉外関係であるか否かにかかわらず、内国法のみによって規律することができる。すなわち、当該国は強行的にその法規を適用して、当該民事関係を解決することが必要である場合があると考えた。その後、このような法規の直接的適用に関する問題が注目され、国際私法上の完全な体系として完成されたのは、1958 年に、フランスのフランセスカキス（Francescakis）教授が、「直接的適用法規」（loi d'application immediate）という概念を提言した後のことである[572]。1950 年代、アメリカの研究者が、伝統な法律選択方式を放棄して、解決の具体的妥当性の追求を強調した「アメリカ抵触法革命」からの影響を契機として始まった伝統国際私法の改革の当時、国家による関与という観念が増強され、このような観念が国際私法関係の中に反映された結果、国家はその特定的の意思を直接的に渉外民商事関係に適用できることが求められ、国際私法の領域においても、強行法規をもって規律する範囲が拡大した。

---

[571]　笠原俊宏「ウクライナ国際私法の法典化について」東洋法学 55 巻 3 号 131 頁以下参照。
[572]　横山潤「直接適用法」辞典 619 頁以下参照。

第 5 章　現代国際私法の諸原則と私的自治の関係

これは、当事者自治の指導理念との関連においていえば、任意的規範を基本的な規範とする国際私法に対する大きな挑戦であった。

　直接的適用法が当事者自治を排除する原因が反映されているのは、1つは国際労務契約、2つ目は消費者契約、3つ目は不動産契約、4つ目は国際技術譲渡契約、そして、5つ目は国際投資契約である。このような領域において直接的に法律を適用することによって当事者自治を排除する理由とは、当事者自治が直接的に適用する法律の価値と異なるということである。当事者自治が私的主体の利益を強調しているのに対して、直接的適用法の立法目的は公共利益を強調している。上述した領域から見ても明らかなように、表面的には、弱者利益の保護は私的利益の保護に関わるものであるが、これらの私的主体の利益は、実質的に、社会全体の利益と見做されるものである。従って、直接的適用する法律は、弱者利益の保護へつながるものであり、弱者利益の保護を損ねるものではないから、当事者意思を排除することができることとなる[573]。

　かくして、弱者利益に関わる契約の領域において、当事者は法律を選択することができるが、当事者が選択できる法律の範囲は、弱者利益にとって有利となる法に制限されるべきことになる。弱者利益を保護するための強行法規による制限は、選択した法律が弱者利益となる法であるということを前提として、当事者が法律を選択する時期は、契約の締結時だけではなく、契約締結後においても可能である。当事者が法律を選択する方式は明示的または黙示的である。つまり、当事者による法律選択の時期および法律選択の方式については、制限は存在しない。当事者が選択した法律の範囲について、制限を受けるべきか否かについては、まず、当事者が選択できる法律が実体法であることは、諸国立法および国際条約の共通の認識となっている。次に、選択できる法律が契約との客観的な関連性を有すべきか否かについて、客観的な関連性を有する必要はないというのが、今日における通説である。蓋し、そのような制約に拘束されないことにこそ、当事者自治の意義が存在するからである。それによって、当事者自治の尊重および司法実践の効率を実現することができる。弱者利益にとって有利となる法の適用が、国際私法上における定式として確立してい

---

[573]　横山・前掲（注 572）620 頁参照。

第 3 節　弱者利益の保護と私的自治の関係

る現在において、それと当事者自治原則との間には一定の関係が存在しているということができる。すなわち、いわゆる弱者利益が保護されるべきの領域においては、当事者自治によって選択した法律も、弱者利益を保護する法律とならなければならず、その限りにおいて、当事者自治は後退することとなる。

　平成元年の法例改正において修正され、それが法適用通則法においても受け継がれている規則を中心としてみる限り、実現されるべき実質的利益が表現されていない抵触規定は、近い将来において再び改正が求められることが考えられる。しかし、その場合における見通しとして、まず、何よりも、一定の実質的利益、とくに弱者利益の実現を多元的連結の規則によって行い、そして、次に、当事者意思を尊重するという意味における当事者自治の法理の採用の拡大が図られるべきであるという指摘がある[574]。上述したところに引用された諸外国の立法は、そのような指摘の蓋然性を物語っていると思われる。少なくとも弱者保護を実現する規則として見る限り、抵触規則はそれらの２つの規則、すなわち、一定の利益を確保するための多元的連結の規則、および、当事者自治の規則がそれらの規則である。諸国の国際私法は、それら両者の規則に整理される時代をむかえつつあるといえるのではないか。従って、それだけに、実質的利益の考慮に際して不可欠な外国法の内容の調査について、より慎重に対処すべき時代になったことが、そのような動向が意味しているといえるであろう。

　なお、実質的利益を顧慮する抵触規則も、それを次の２つに区分することができる。すなわち、「内容志向の抵触法規則」（content-oriented choice of law rules）と「結果志向の抵触法規則」（result-oriented choice of law rules）がそれらである。前者は、準拠法を選定する前に、抵触するいくつかの実質法の内容を考慮することを要求している規則であり、他方、後者は、経験的に望ましいと考えられる一定の実質的な結果を実現することが意図されている規則である[575]。両者の差異は、価値衡量において客観的に優劣を付けることに馴染むか否かということにあると考えられる。今後、被後見人や被害者の保護等をも含め、弱者保護のための抵触規則は、これら２つの規則に統合される方向に向

---

[574]　笠原・前掲書（注3）94 頁参照。

[575]　Symeonides, op. cit., p. 103 et seq. 笠原俊宏『国際私法原論』（文眞堂、2015 年）54 頁以下参照。

けられるものと考えられる。

　前述の通り、国際私法における弱者保護が唱えられたのは、必ずしも近時のことではない。しかし、かつて考えられていた保護と最近の諸立法に見られる保護とには明らかな相違が見られる。すなわち、かつては、保護されるべき本人の法（本国法、住所地法、常居所地法等）の適用という程度の優遇主義をもって、すでにその者のための保護が行われていると考えられたが、近時においては、実質的な観点からその保護が行われているかが当然の基準とされている。親近の原則のもとに、子にとって密接な関連がある法であると考えられるその者の本国法や常居所地法によっても、実質的な意味における子の利益の保護が十分に実現されるかは疑わしい[576]。かつての形式的保護から実質的保護へと視点の転換が急速に進んでおり、その徹底が図られるようになっている。そのような立場からいえば、改正法例第21条（法適用通則法第32条）において、何らの実質的判断も行われることなく、子の法（本国法、常居所地法）が段階的に適用されるとか、改正法例第24条第1項（法適用通則法第35条第1項）において、被後見人等の本国法が基準とされるという規則は、それだけでは、決して現代的な意義における弱者保護になっているとはいえないであろう。従って、実質的な判断の結果として行われる択一的連結、および、弱者本人に準拠法の選択を認める当事者自治の規則が、弱者保護のために採られるべき抵触規則である。前出チュニジア国際私法第50条のように、離婚後における子の監護について、婚姻関係の解消が依拠した法律、または、子の本国法もしくは住所地法の中、子にとって最も有利な法律を適用すべきことを定めることが、今後の抵触規則のあり方であるといえるであろう。

第4節　両性平等の原則と私的自治の関係

第1款　総説

　かつて、日本をも含め、東アジア諸国においては、伝統的に男尊女卑の思想が支配的であったが、近年、経済的発展が女性の社会進出を促し、女性の社会

---

[576]　松岡・前掲書（注60）70頁参照。

第 4 節　両性平等の原則と私的自治の関係

的地位が向上した結果、両性平等の思想が急速に普及し、多くの面において、男女間の不平等の是正が推進されている。法律の面においても例外ではなく、その理念に基づく法律の整備が行われている。その背景には、1979 年に採択された「女性に対するあらゆる形態の差別の撤廃に関する国連条約」[577] の存在があり、同条約が諸国に与えた影響は大きい。女性の社会的地位の保障に関する先駆的立法としては、1961 年のシンガポールの婦人憲章（1967 年修正）[578] がよく知られているが、より最近の立法としては、1992 年の中華人民共和国女性権益保障法[579]、そして、頻繁に改正された韓国民法（とくに、1990 年以後）等が挙げられる[580]。日本においても、1985 年に上記国連条約を批准し、それに呼応した法律の整備が推進されてきた。その批准に先駆けて、1984 年には、国籍法における父系血統主義から父母両系血統主義への改正が実施され[581]、また、代表的な男女平等立法として、1986 年のいわゆる男女雇用機会均等法があり[582]、その他にも、民法典中の家族法関係規定の改正のための諸提案等[583] も挙げられる。

このような両性平等の思想は、公法や社会法、そして、実質私法の分野に止まらず、諸国の国際私法においても支配的になり、日本においては、漸く、1989 年に、「法例の一部を改正する法律」（平成元年法律第 27 号）が国際私法にも両性平等の原則を実現している。もとより、国際私法の分野における両性平等の理念の確立が遅れた原因については、国際私法が、上位規範として、当面の問題の直接的な判断規準にはならないということであろう。旧立法に見られたような夫ないし父の属人法の優先的適用の立場が採られていたとしても、実質法上、必ずしも妻ないし母に不利になるとは限らないということが、改正を促す緊張感の欠如につながっていたものと考えられる。

---

[577]　山下泰子「女性（子）差別撤廃条約」辞典 490 頁参照。
[578]　Leong Wai Kum, Family law in Singapore, 1994, p.11 et seq.
[579]　木間＝鈴木＝高見澤＝宇田川・前掲書（注 162）95 頁以下（鈴木）参照。
[580]　高翔龍『韓国法（第 2 版）』（信山社、2010 年）161 頁以下参照。
[581]　関口晃治「国籍法の改正とその特質」笠原俊宏編著『日本法の論点（第 1 巻）』（文眞堂、2011 年）所収、238 頁以下参照。
[582]　三谷忠之『両性平等時代の法律常識』（信山社、2005 年）58 頁以下参照。
[583]　例えば、中田裕康『家族法改正』（有斐閣、2010 年）が挙げられる。

以下においては、日本の国際私法における両性平等原則の生成および展開を明らかにして、当事者自治の原則といかなる関係にあるかを考察することとした。それに先立ち、早くから、国際私法上における両性平等に関する論議が盛んであった旧西ドイツにおける判例および学説を概観することとしたい。

第2款　諸国裁判例における展開

(1) ドイツ判例

ドイツにおいて、国際私法上の両性平等に関する論議が盛り上がりを見せたのは、旧西ドイツ当時の1960年代における一連の婚姻事件判決に端を発している。当時、ドイツ実務においては、同国人の婚姻の相手方である外国人の本国における承認の確保を顧慮して、婚姻障害の存否について双方的障害という構成が採られていた。例えば、同国連邦通常裁判所1964年2月12日決定[584]および同1966年7月14日決定[585]が、それらの立場を判示した裁判例として挙げられる。これらの裁判例においては、当時、申立人の本国法であるスペイン法に従って適用される教会法によれば、婚姻不解消の原則が採られていたため、同法上、申立人の相手方である西ドイツ人女性については、同女がその本国において有効に離婚していても、その者の前婚はなお解消されることなく有効なものとして存在しており、従って、同女の再婚の締結、および、同女を相手とする婚姻締結は、双方的禁止として婚姻当事者双方に及ぶとする立場がとられた[586]。それが当時の西ドイツ学説の通説でもあった。それに対して、「スペイン人事件」(Spanierfall) または「スペイン人結婚事件」(Spanier Hairat) と呼ばれる1971年5月4日の連邦憲法裁判所決定[587]は、基本法上の基本権が西ドイツ抵触規定だけでなく、それが指定した外国法の合憲性をも審査することができるという立場を判示した画期的な裁判である。すなわち、同決定は、当事者によって求められたスペイン法上の離婚者の再婚禁止の合憲性の判断において、基本法第6条第1項が定める婚姻締結の自由という基本権の渉外

---

[584] *NJW* 1964, S.976.
[585] *NJW* 1966, S.1811.
[586] 桑田三郎『国際私法の諸相』(中央大学出版部、1987年) 89頁以下参照。
[587] *NJW* 1971, S.1509.

第 4 節　両性平等の原則と私的自治の関係

的妥当範囲についての解釈の結果、スペイン法によるその禁止が違憲であると判示し、当事者の婚姻締結を許容したものである[588]。同決定について注目される点は、ドイツに固有の基本権を直接的に援用して外国法の違憲性を判断した点である。同決定は、その後の一連の連邦裁判所判決とは異なる構成をもって、当事者の婚姻締結を保護したものであるが、両性平等を基本とする立場の確立へと連係する重要な役目を果たしたものと位置づけることができる。

　その後、上記スペイン人事件における決定に対しては、離婚者の再婚を禁止するスペイン法が排除されるべきか否かは、抵触法の枠内における公序則の発動に関する問題であり、憲法的判断の対象とされるべき問題ではないと批判された。そして、同決定以後、同国連邦通常裁判所における判断は、そのような批判の立場と同一の立場から外国法の適用を排除して、結果的に、当事者の婚姻を許容するものである。例えば、1972 年 4 月 19 日の同裁判所決定は[589]、先決問題である前婚の離婚の有効性に関する問題については法廷地法説に拠りつつ、準拠外国法の適用を公序則の発動によって排除し、再婚を可能とする立場へと変更した。また、1977 年 2 月 23 日の同裁判所決定[590]においても同様の立場がとられた。それらの決定においては、当時のドイツ民法典施行法中の規定の違憲性には論及されていない[591]。同法典第 17 条第 1 項の規定が違憲であると判示されたのは、漸く、1982 年 12 月 8 日の同裁判所決定[592]においてである。同決定は、離婚準拠法である夫の本国法主義を定めていた同規定を基本法第 3 条第 2 項の同権命令に違反するとした。このように、同裁判所が民法典施行法第 17 条第 1 項を違憲であると判断するまでには、相当の年月を要したが、それをもって、両性平等の原則がドイツ国際私法において確立された。

　その後、上記 1982 年決定は、他の抵触法規定へも影響を与えている。例え

---

[588]　多喜寛「スペイン事件」辞典 511 頁以下参照。さらに、丸岡松雄教授による極めて詳細な研究として、同「スペイン人事件(1)—(8)」岡山大学法学会雑誌 36 巻 1 号 1 頁以下の連載がある。それらの論考を収録したものとして、同『スペイン人事件—ドイツ連邦憲法裁判所決定』(木鐸社、1997 年) がある。

[589]　*NJW* 1972, S. 1619. ほか。

[590]　*NJW* 1977, S. 1014.

[591]　笠原俊宏「国際私法における先決問題の研究序説(1)」大阪国際大学紀要国際研究論叢 7 巻 1 号 56 頁参照。

[592]　*NJW* 1983, S. 1259.

ば、1983年2月22日の連邦憲法裁判所決定は[593]、夫婦財産制に関する当時の民法典施行法第15条第1項および第2項前段について、それが夫の国籍国法に連結していることを基本法第3条第2項に違反すると判示した。その結果、国籍が異なる夫婦間の離婚について、1983年6月8日の連邦通常裁判所決定[594]は、それぞれの配偶者による離婚請求はその者の本国法によると判示した。それに続いて、1984年1月11日の同裁判所判決では[595]、国籍が異なる夫婦間の離婚について、夫婦の共通本国法、夫婦の共通常居所地法、配偶者の一方が引き続いて常居所を有している限りにおいて、夫婦の最後の共通常居所地法という段階的連結の立場によっている。そして、1985年1月8日の連邦憲法裁判所決定[596]は、民法典施行法第17条第1項は基本法第3条第2項に抵触して無効であると判示した。同決定について注目されるべき点は、同項上の規則に従って適用される実質法の内容の如何にかかわらず、抵触法上、妻を劣位に置く規則がすでに憲法に違反するとして、抵触法上の両性平等についての立場が表明されている点である[597]。

このように、ドイツ国際私法が到達した立場は、現行民法典施行法第17条第1項に規定されている通りである。すなわち、同項は、「離婚は、離婚訴訟の係属の開始の当時において婚姻の一般的効力について基準となる法に服する。婚姻が同法に従って離婚されることができないときは、離婚を求めている配偶者がその時点においてドイツ人であるか、または、婚姻締結の際にドイツ人であったとき、離婚はドイツ法に服する。」と定めている。同項が準用している婚姻の一般的効力に関する同第14条は、次のように定めている。「婚姻の一般的効力は、次の各号に掲げる法に服する。(1)夫婦の双方が属する国の法、または、夫婦の一方がなお属するときは、夫婦の双方が婚姻中最後に属した国の法、さもなければ、(2)夫婦の双方がその常居所を有する国の法、または、一方がなおその常居所を有するときは、夫婦の双方が婚姻中最後にその常居所を

---

[593] *NJW* 1983, S. 1968. 桑田・前掲書（注586）122頁以下。
[594] *NJW* 1983, S.1970. 桑田・前掲書（注586）126頁以下。
[595] *NJW* 1984, S. 1302. 桑田・前掲書（注586）137頁以下。
[596] *NJW* 1985, S. 182. 桑田・前掲書（注586）147頁以下。
[597] 以上におけるドイツ判例の展開については、全般にわたって、桑田・前掲書（注586）85頁以下参照。

有した国の法、補助的に、(3)夫婦がともに別の方法で最も密接に結びつけられている国の法」[598] というのがそれである。これは、いわゆるケーゲル梯子と呼ばれる抵触法規則の立場であり[599]、当事者の同一法ないし共通法の段階的適用の立場である。この立場は、夫婦間の財産的法律関係についても準用され、これにより、旧西ドイツにおける夫婦間の平等ないし両性平等の立場が明文化され、そして、現在のドイツにおいても踏襲されている。そして、1985年3月12日の連邦憲法裁判所決定[600]も同様の立場を判示している。

(2) 日本法における展開

平成元年における法例の改正以前、長い間にわたり、夫婦間および親子間の多くの法律問題について、改正前法例において採られていたのは夫ないし父の本国法主義であった。例えば、婚姻の身分的効力に関する改正前法例第14条、夫婦財産制に関する同第15条、離婚に関する同第16条においては夫の本国法、また、子の嫡出性に関する同第17条においては母の夫の属した国の法律、親子間の法律関係に関する同第20条においては父の本国法が基準とされるべき法であった。一方、母の本国法の適用が認められていたのは、父がない場合に限られていた（同第20条後段）。

このような状況のもとにおいて、国際私法における両性平等について、西ドイツ学説を紹介するとともに、日本国際私法との関連において、いち早くその問題を提起したのは溜池良夫教授の論考においてである[601]。また、鳥居淳子教授による諸論考がそれに続いた[602]。それらの論考における主張を要約すれば、次のようになるであろう。すなわち、憲法が保障する法の下の平等の要請は、適用されるべき準拠実質法における実質的な両性平等とは別に、国際私法の次元においても、連結規則における両性の平等という形で求められるべきものである。そして、その論拠について要約すれば、おおよそ、次の通りである。すなわち、第1に、人は自分がよく知っている自らの属人法を適用される

---

[598] 総覧264頁参照。

[599] ディーター・ヘンリッヒ（佐藤文彦訳）『国際家族法』（日本加除出版、1992年）39頁参照。

[600] *NJW* 1986, S. 658.

[601] 溜池・前掲書（注459）3頁以下。

[602] 鳥居淳子「わが国の渉外離婚事件と両性平等(1)、(2・完)」国際法外交雑誌75巻1号1頁以下、4号57頁以下。

ことが、その内容の如何にかかわらず、有利である。第2に、人は国籍や住所の変更によって、ある程度まで自由に自らの属人法を選択できる。従って、夫または父の本国法主義は夫や父にとって有利である。そして、第3に、抵触法上の正義は実質法上のそれとは異なるものである[603]。両性平等の原則を基盤としたこのような主張は、格別の異論もなく支持された。しかしながら、日本判例には、改正前法例の規定を違憲であると断じたものは見られない。その理由について、実務における関心の希薄さに加えて、次のような日本国際私法における事情が、鳥居教授によって指摘されている。すなわち、異国籍の夫婦について、夫の本国法の適用が問題となった事例では、あるいは反致の成立により、あるいは公序則の援用により、夫の本国法の適用が最終的には避けられた場合が多く、また、夫の本国法が実際に適用された事例の多くは、妻の本国法が適用されたとしても、結果的に殆ど差がない場合であった[604]。かくして、実務上、平成元年における法例の改正まで、改正前法例は判例によって修正されることもなかった。しかし、そのような一般的情況の中にあって、両性平等の実現を意識したと見られる2つの判例がある。それらの判例は、日本国際私法の当時の情況を如実に物語るものであろう。

　まず、第1に、婚姻に伴う妻の氏の変更の問題の準拠法について、夫婦の身分的効力に関する改正前法例第14条に従い、夫の本国法によるとする多数説に対して、それを人格権に関する問題として性質決定することにより、妻本人の本国法によって判断した審判例が散見される。まず、静岡家庭裁判所熱海出張所昭和49年5月29日審判[605]がそれである。次に、京都家庭裁判所昭和55年2月28日審判[606]においても同様の立場が採られている。これらの審判例においては、同条が違憲であるとは判示されていないが、同条が採っていた夫の本国法主義による規律は、上記のように性質決定されることにより、結果的に回避されている。その立場の背後に、妻自身の問題について夫の法によることが不合理であるという考えが存在していたことは否めないであろう[607]。

---

[603]　鳥居淳子「国際私法と両性平等」争点38頁参照。
[604]　鳥居・前掲（注603）38頁参照。
[605]　家庭裁判月報27巻5号155頁。
[606]　家庭裁判月報33巻5号90頁。
[607]　木棚照一＝松岡博編『基本法コンメンタール・国際私法』93頁（青木清）参照。

第4節　両性平等の原則と私的自治の関係

　第2に、両性平等の原則に反する外国法の適用を排除したと見られる判決がある。最高裁判所昭和52年3月31日第一小法廷判決[608]がそれである。これは、離婚後の親権者の決定において、子の親権者を自動的に父とする当時の韓国民法第909条（その後、1990年改正）が準拠規定として選定されることになる場合に、未成年者たる子の親権者として、その母がより相応しいと考えられるため、同条の適用を排除した判例である。そこにおいて、明確に両性平等についての言及はなされていないが、その認識がなければそのような立場をとることはできない。以上のように、公序則の発動により、準拠外国法を排除して実現された両性平等原則の支配も、日本国際私法上におけるその原則の発現として考えることができるであろう。

　その後、日本国際私法においては、両性平等に関する論議は盛り上がりを見せないまま、平成元年における法例の改正により、改正前法例における夫ないし父の本国法主義の立場は放棄され、現在、法適用通則法に見られるように、両性平等の原則が確立されている。これは、国際私法的利益として両性平等が広く認知された結果である。これにより、日本国際私法上における両性平等の原則に関する問題は決着している。しかしながら、その立場が実現されたことによって浮上した新たな問題がある。果たして、両性平等の原則が有する国際私法的利益が、いかなる場合においても優先する価値を有するものであるか。それが他の国際私法的利益と衝突するような場合には、いかように調整されるべきであるかという問題である。

　平成元年の改正法例において最も注目された総則規定は、その第32条（法適用通則法第41条）へ新規に追加された但書である。いわゆる狭義の反致を定める同条本文における立場は維持されながら、同第14条（法適用通則法第25条）、同第15条第1項（法適用通則法第26条第1項）、同第16条（法適用通則法第27条）、同第21条（法適用通則法第27条）により、本国法、つまり、同一本国法として外国法が指定された場合において、反致の成立を制限していることについては、前述したところである。その立法趣旨として、反致を認めれば、両性平等の原則に則った準拠法指定が損なわれる場合があるとか、

---

[608]　最高裁判所民事判例集31巻2号365頁。

但書に掲げられた各条に従って指定された法は厳選・精選された準拠法であるから、その適用が貫かれるべきであるとか、段階的連結の規則の場合には、反致させるよりも次位の法へ送致すべきであるというように説明されていた[609]。比較立法的に見れば、端から反致の全面的禁止の立場や一定の場合にそれを禁止する立場は見られるが、改正法例第32条但書（法適用通則法第41条但書）に見られるように、主として両性平等の原則を徹底させる意図をもって反致を禁止している立法例は、日本国際私法以外にはなく、極めて特異な規定である。

第3款　両性平等の原則と共通属人法主義

　平成元年の法例改正における両性の平等の実現は全般にわたるものであるが、最も特徴的であるのは、やはり婚姻に関連する諸規定である。端的には、婚姻の身分的効力に関する法例第14条（法適用通則法第25条）に見られるように、夫婦にとって同一ないし共通の法の適用という立場が採用されている。まず、夫婦の同一本国法（共通本国法）により、それがないときは、夫婦の同一常居所地法（共通常居所地法）により、それもないときは、夫婦にとって最も密接な関係がある地の法（最密接関連法）によるとする。その立場は、夫婦財産制に関する同第15条第1項本文（法適用通則法第26条第1項）および離婚に関する同第16条本文（法適用通則法第27条本文）においても準用されており、従って、婚姻の成立に関する問題を除いて、婚姻関係についてほぼ全面的に採用されている立場である。

　上のような規則は、今日、欧州諸国を中心として、世界の多くの国々において採用されているものであって、決して日本国際私法のみに限られるものではない。同じくアジアの国々を眺めても、例えば、1998年の朝鮮民主主義人民共和国「対外民事関係法」中の諸規定（例えば、婚姻の効果に関する同第36条、離婚に関する同第37条）にも見い出されるものである[610]。このような段階的連結の規則は、現在、国際婚姻法の分野においては支配的な立場となって

---

[609]　南・前掲書（注457）205頁以下参照。また、澤木＝道垣内・前掲書（注18）47頁は、段階的連結の場合には、反致を認めることが第41条の趣旨に合致しないからであると説明する。

[610]　在日本朝鮮人人権協会訳「朝鮮民主主義人民共和国対外民事関係法」戸籍時報464号51頁。

第 4 節　両性平等の原則と私的自治の関係

いる。その起源を辿れば、異国籍夫婦間の離婚の準拠法の選定について判示した前出フランス破棄院のリヴィエール判決に至ることとなるであろう。そこにおいて採られた立場は、共通本国法、共通住所地法、法廷地法の段階的適用の立場であり、その後、同国破棄院判決によって踏襲されて確立された判例法理である[611]。その法理は多くの国々の国際私法において、とくに離婚の準拠法の選定規則として採用されてきたが、近時においては、国際私法における国際主義の趨勢とともに、国家主義的な法廷地法主義は夫婦の最密接関連法の立場に取って代わられるようになり、また、連結点として常居所の採用の普及とともに、困難な法律概念に基づく住所地法は事実概念に基づく常居所地法に取って代わられ[612]、多少の修正が加えられている。法適用通則法上の立場もまた、そのように修正されたものにほかならない。

　それでは、夫婦の同一本国法（共通本国法）、同一常居所地法（共通常居所地法）、最密接関連法の段階的連結という連結の形態の本旨はいかなるものであるか。いうまでもなく、夫婦に同一ないしは共通の法へ連結させることにより、準拠法の選定において夫婦のいずれの者の不平等にもなることがないように配慮することがその主旨であることは明らかである。その目的の達成のために、同一法（共通法）を主軸として、本則および補則によって構成されている。つまり、本則である夫婦の同一本国法（共通本国法）がえられないときであっても、同一法主義ないし共通法主義は放棄されることなく、この場合に放棄されるのは本国法主義である。あくまでも、同一法主義ないし共通法主義が保持されるという点にその立場の特徴があるということができる。立法者においてそのような立場が採られているのも、両性平等の原則の実現が至上の目的であると認識されているからであり、それにより、抵触法上の両性平等の原則が理想的な形で実現できると考えられている[613]。そして、それを担保するた

---

[611]　溜池・前掲書（注13）123頁以下、笠原・前掲（注526）263頁以下参照。フランス判例法理をほぼ忠実に継受しているのが、ブルキナファソ国際家族法第1028条である（笠原・前掲（注123）125頁以下参照）。

[612]　例えば、1981年のスペイン法第107条は補則として法廷地法主義を保持しており（杉林＝笠原・前掲（注399）54頁以下参照）、1995年のイタリア法第31条は、共通本国法がないときは、直ちに密接関連法によるべきと定めている（笠原・前掲（注65）130頁参照）。

[613]　笠原・前掲書（注3）174頁以下参照。

めに、改正法例第32条但書（法適用通則法第41条但書）において、同一本国法からの反致が制限されているということができる。もとより、反致を狭義の反致のみに限定するという立場は、国家主義に立脚した内国法志向の立場であるという批判を受けることもあるが[614]、その一方、同一法ないし共通法としての本国法の適用を徹底させて、両性平等の原則を実現することに対する熱意と信念が感知される。また、同一法ないし共通法として適用された外国法に対しては、改正法例第33条（法適用通則法第42条）に定められている公序則の発動も自ずから減少することになるであろうという指摘もなされている[615]。

しかし、このような同一法主義ないし共通法主義を軸とした段階的連結の形態を採用することによって両性平等の原則の徹底を図ろうとする立場に対しては、次のようないくつかの疑問がある。まず、第1に、同一法ないし共通法を追求するあまり、当事者の本国法にそれをえることができないときには、常居所地法にそれを求めようとすることの妥当性の如何である。すなわち、本国法と常居所地法とでは、それぞれが本来的に有している理念が異なっており、前者において主権の原則が働いているのに対して、後者においては親近の原則が働いていると見られている[616]。すなわち、本国法は国家に属していることを前提として与えられる国籍を連結点として決定される法であるのに対して、常居所地法は、日常の生活の本拠地を連結点として決定される法である。このように、両者には大きな質的な相違があるにもかかわらず、同一法主義ないし共通法主義のもとに、異質な両者を併用していることに対する疑問である。第2に、抵触法上の両性平等の原則を実現しようとするあまり、離婚保護などの実質的利益の確保、つまり、準拠法の適用の結果の利益が全く顧慮されていないことに対する疑問である。確かに、抵触法上の両性平等の原則は実質法上のそれとは別に考慮されるべきものであるが、両性平等の原則に対する観点に偏りがあるのではないか。今日のように、国際私法上においても実質的利益が考慮されることが多くなっている状況下においては、一定の実質的利益の保護という観点も無視されてはならないであろう。抵触規定もまた、形式的な両性平等

---

[614] 笠原・前掲書（注3）117頁以下参照。
[615] 横山潤「段階的連結と反致・公序」争点88頁以下。
[616] 西・前掲書（注194）201頁以下参照。

第 4 節　両性平等の原則と私的自治の関係

を表現しつつ、一定の実質的な利益の実現に向けられた内容を有することが望ましい。以上のほか、同一法主義ないし共通法主義に固執するあまり、最終的に最密接関連法へ段階的連結されることとなり、その場合における最密接関連性の判断において困難が生じることもあることは否めないであろう。

以上における検討の結果、日本国際私法における両性平等の理念は、必ずしも理想的な形で導入されているとはいい難いであろう。それでは、いかように改善されるべきであるか。以下においては、その点について、諸外国の近時の立法例を参照しつつ、若干の考察を試みることとしたい。

第 4 款　若干の考察

実質法上の両性平等とは別に、国際私法上の両性平等もまた顧慮されなければならないということは、すでに異論のないところとなっている。しかしながら、両性平等の理念を抵触規定へ導入する場合に、同一法主義ないし共通法主義が採られなければならないという論理的な必然性は認められない。蓋し、法適用通則法中の諸規定は同一法主義の採用をもって両性平等の理念の発現としているが、抵触規定において、その目的にために採られうる連結方法は、本来、それに限られたものではないからである。例えば、前出中華人民共和国渉外民事関係法律適用法第 27 条は、離婚について、事件を受理した裁判所の所在地法を適用すると定めている[617]。そこにおいては、離婚についての属人法主義は採られておらず、従って、両性平等に関する問題は生起することはなく、従って、両性平等の理念を侵害していないことも明らかである。これは、夫婦間の法律問題を不可避的に同一属人法ないし共通属人法へ連結しなければならないという固定的観念を打破するものである。そのほか、同じく離婚について、属人法によるとしても、スイスにおいては、旧法当時における連邦裁判所判決すなわち、1968 年 7 月 2 日の Cardo 判決[618]が、原告の本国法主義という立場を判示している。同判決は、当事者双方の本国法の累積的適用を原則とする当時の成文規定上の立場を修正して、上記の立場を判示した。同様に、

---

[617]　笠原・前掲（注 557）2 頁以下参照。なお、裁判所所在地法の適用は、訴訟離婚についてであり、協議離婚については、渉外民事関係法律適用法第 26 条は、制限的当事者自治を認めている。
[618]　BGE 92-II, 65.

第 5 章　現代国際私法の諸原則と私的自治の関係

前出オーストリア国際私法第 20 条第 2 項においても、離婚を成立させるため、補則として、原告配偶者の属人法主義が採用されており、前出リヒテンシュタイン国際私法第 21 条第 2 項がその立場に追随している[619]。これらの立場については、立法論として、原告属人法主義の当否の問題を別とすれば、夫も妻も原告たりうる機会が平等であり、従って、明らかに両性平等の理念を侵害するものではない。むしろ、それは、自らの属人法を基準とすることができるという意味において、当事者の利益を保護することにもなるであろう。

　また、一方においては、国際私法上における身分関係の保護という要請がある。そのため、抵触規定上、両性平等の原則に基づく立場に立脚するとともに、実質法上の利益の確保をも同時に顧慮した規則の定立が求められることになる。そのような立法例として、すでに引用されたのが、離婚の準拠法についていえば、前出ドイツ民法典施行法第 17 条第 1 項、前出オーストリア国際私法第 20 条、前出スイス国際私法第 61 条、前出ハンガリー国際私法第 40 条および第 41 条、前出アルバニア法第 7 条等である。これらの諸規定は、両性平等の原則に則った共通属人法を準拠法としながらも、その準拠法によれば離婚できないことになるときは、法廷地法によることとして、離婚保護を顧慮している。それに対して、前出オランダ離婚抵触法第 1 条においても、同条第 2 項は、第 1 項における当事者の共通本国法、共通常居所地法、法廷地法の段階的連結の立場を前提としつつ、当事者の一方が共通国籍国との実効的な社会的紐帯が欠けている場合には、共通本国法または共通常居所地法からの当事者による選択を許容し、また、それと並行して、オランダ法の選択をも許容している。結局、その立場も、当事者自治をもって、同様に離婚保護へ導くことになる準拠法の選定を実現しようとするものであろう。両性平等の原則によりながら、当事者の実質的利益をも保護する規則の定立が決して不可能でないことは明らかである。

　このように、国際私法上において、両性平等の理念が常に支配すべき基本原則であることに異論はないとしても、その他にも確保されるべき国際私法上の

---

[619]　オーストリア法については総覧 72 頁、リヒテンシュタイン法については、笠原・前掲（注 63）322 頁、331 頁参照。因みに、1998 年のベネズエラ国際私法典第 23 条第 1 項は、原告配偶者の住所地法主義を表明している。笠原・前掲（注 75）665 号 35 頁以下参照。

第 4 節　両性平等の原則と私的自治の関係

利益が考えられる場合には、そのための考慮が払われるべきである。専ら同一法主義ないし共通法主義に基づく連結規則に固執することは、より重要な当事者利益の保護に欠けることになるであろう。当事者にとって最も重要なことは、両性平等の原則に適った法によって規律されることではなく、最も良く実質的利益の保護が実現されることである。今日、当事者の実質的利益の保護が最も優先されるべき利益であるということは、国際私法上における一般的な認識としてすでに定着しているといえるであろう。そうであるとしたならば、当事者利益の保護のため、抵触規定中に、それに向けられた法の適用を裁判官に義務付けるとか、または、当事者自治の原則に基づいて、当事者利益の保護に適う法の選択を許容することが、今後、益々、求められることになるであろう。その場合、両性平等の原則の意義もまた、次のように変容されたものとして理解されなければならない。すなわち、何らかの当事者利益の保護にとって最も有利な法への連結を実現するため、いずれの当事者も、当事者自治により、自らの属人法（本国法、住所地法、常居所地法）および相手方の属人法（本国法、住所地法、常居所地法）の中から、準拠法を選定することができるという意味において、平等でなければならないということである。

　以上から、次のように結論することができるであろう。すなわち、とくに婚姻の成立および効力や離婚に関する問題を中心として、国際私法の次元においても両性平等の理念は定着しており、当然、抵触規定にも反映されるべきである。しかしながら、当事者の同一属人法主義ないし共通属人法主義に固執すべきではなく、離婚保護等の実質的な利益をも顧慮することが必要である。同一属人法主義ないし共通属人法主義の立場は、両性平等の理念を実現する連結形態であるが、しかし、それによってしか、両性平等の原則を貫くことができないわけではない。諸国立法例には、共通属人法を基軸としながらも、実質的な利益の確保を図ろうとするもののほか、共通属人法主義にこだわることなく、しかも、両性平等の理念にも反することなく、実質的利益を顧慮しているものが少なくない。しかも、多元的連結という連結規則の採用は、ますます、今日的趨勢となっている。何よりも実質法上の妥当な解決を顧慮しながら、両性平等の原則に反しない準拠法の決定の方法が検討されるべきであろう。

　以上を踏まえていえば、法適用通則法が夫婦間の法律関係について採用して

239

いる夫婦の同一法主義は、全く実質的利益の保護の観点を欠いたものであり、比較法的検討の結果、明らかに不満足な抵触規定であるといわざるをえない。立法論としては、上述したような観点からの改正が必要であろう。当面、現行規定の解釈をもって、実質的利益の保護を考慮するとしたならば、それが可能であるのは、法適用通則法第 25 条、並びに、同条を準用する第 26 条および第 27 条が定める夫婦の最密接関連法の決定におけるほかはないであろう。すなわち、夫婦にとって最も密接な関係のある地の認定において、相異なる双方の国籍および常居所のすべてが適用可能性を有する連結点であると認めたうえで、それらの中、当事者が求める身分の形成を許容する法を導く連結点をもって、それを夫婦にとって最も密接な関係のある地と見做すということである。立法者が想定した密接関連性とは、当事者といずれかの地との地域的な紐帯を意味するものであろうが、当事者にとっては、それらの者の利益を最もよく保護する法こそが最も密接な関係のある法であるということになるであろう。当事者の意思もまた、密接関連性の判断の際の一つの基準となりうるのではないかと考えられる所以である。その認定が困難であるといわれている最密接関連法も、そのような主観的連結が許容されることにより、必ずしも困難ではなくなるばかりか、より一層の多元的連結の充実にも供することができることになるであろう。

最終章　結論および今後の課題

第1節　結論

　本書の始めに掲げられた目的は、今日、広く確立している私的自治の原則が、渉外私法関係の判断において、いかなる範囲まで活かされることができるか、また、その限界の設定はいかにあるべきかということである。その目的のため、まず、私的自治の原則が渉外私法関係のさまざまな局面において、いかなる形態をもって発現するかということを明らかにして、次いで、当事者意思の尊重が、国際私法の基本原則との関連において、いかなる範囲において法的に保障されるべきかという問題について、日本および諸外国の立法、判例、学説を概観し、それらを検討することを通じて、若干の考察を試みた。それにより、ひとまず到達した結論は次の通りである。

　第1に検討されたのは、渉外私法関係の特性である渉外性について、私的自治の原則との関連において、いかに判断すべきかという点である。換言すれば、渉外性を有する私法関係の判断に際して、それについて、抵触法的処理を行うこと、すなわち、国際私法を透過することの要否が最初の問題点である。この点については、かつての台湾の場合のように、渉外性そのものについての認識がないとか、その認識が極めて希薄である場合に、国内事件の場合と同様な紛争の処理の仕方をすることがあるが、それが国際私法の運用における未熟さに起因するものであり、現在、改められるに至ったところである。凡そ、法の適用に関する法規が存在する限り、観念的には、渉外性を有しない私法関係であっても、国際私法を透過して、結果的に、国内実質法が準拠法とされることになると考えるならば、当面の私法関係を実質的に規律する条約や渉外実質法が存在しない限り、国際私法の適用は強行的であり、従って、抵触法的処理を行うことが、理論的には正当である。この点について、当事者の意思によって、それを左右することは、一国の法体系における正しい法規の解釈・適用に違反するというべきである。しかし、そのような理論とは別に、訴訟における

当事者主義が妥当する範囲において、当事者が、その意思に従って紛争を解決することには、なにがしかの合理性や経済性が認められることも否定できない。従って、当事者の合意の内容として、紛争処理の方法について、私的自治が認められても良いのではないかと思われる。当事者主義が妥当する私法関係であるか、職権探知主義が貫かれるべき私法関係であるかが、ここにおける判断基準であり、それが、私的自治が許容される範囲であるか否かの判断基準とされるべきものと思われる。

　第2に、準拠法選定の次元における私的自治、すなわち、当事者自治の許容性ないしその範囲についてである。渉外的要素を有する私法関係について、当事者意思により、抵触法的処理を回避することができない場合であっても、当事者の意思を連結点として、法廷地法に依らしめ、事実上、抵触法的処理を行わなかったと同様の結果を導くことは可能である。それを許容する諸外国の立法例、および、日本の国際私法規則については、格別の関心をもって概観してきたところである。その結果として注目されるべきことは、一定の範囲の私法関係については、当事者の意思により、抵触法的処理を回避することが許されない場合であっても、準拠法選定の次元における当事者自治として、法廷地法、すなわち、日本法によらしめることができるということである。しかも、例えば、身分法関係や物権法関係のように、社会秩序への強い影響から、強行法規が妥当すると考えられてきた私法関係の分野についても、近時の諸国立法においては、国際私法の次元における私的自治ないし当事者自治の立場が、益々、力を増しているという事実を否定することはできない。殆ど、夫婦財産制についてのみ制限的に当事者自治が許容されていた身分法関係においては、相続を始めとして、離婚、婚姻の身分的効力、氏名等にまで拡大されており、さらに、拡大化の勢いを増していることが看取される。また、財産法関係について、当事者自治の許容は、不法行為や物権にまで、その範囲を拡大している。そして、信託や仲裁のように、契約類似の法律関係にも確実に波及している。

　その一方、密接関連性の原則、弱者利益の保護の理念、両性平等の原則との抵触が生じる場合については、その調整が必要であり、当事者自治は後退せざるをえない場合もある。しかし、密接関連性の原則との関係においていえば、

当事者にとって、当事者利益を確保することが密接関連法の適用に勝るものである。そのため、当事者自治の原則は、その本質において密接関連性の原則を凌駕するものと考えられるが、一定の場合には、最密接関連法上の判断基準が優先すべきことも否定できない。すなわち、弱者利益の保護の理念が支配するような法律関係の場合においてである。弱者利益の保護は、今日の福祉国家ないし人権尊重社会において、最も優先されるべき観点である。しかし、当事者自治は、それに反しない範囲においてできる限り許容されるべき国際私法上の原則であり、また、当事者自治の原則が弱者利益の保護につながる場合があることも考えられる。従って、弱者の意思に従った準拠法選定の許容という形で両者は調和を保持することが可能であろう。そして、両性平等の原則との関連においても、当事者自治の原則は両立することができるものと思われる。当事者自治の結果、いずれか一方の属人法の選択がなされた場合であっても、当該属人法の資格のいかんにより、それをもって直ちに両性平等の原則に反すると断じることは妥当ではない。むしろ、実質的判断において、両性平等の原則に反する場合における公序則の発動の留保のもとに、当事者自治の原則は貫かれるべきであろう。その場合、果たして、いかに公序概念を構成すべきかという問題は、当事者自治の原則の保障とも関連する重要な課題として残されている。また、公序則を発動した結果としての補充法の選定においては、再び、当事者意思の尊重にも留意すべきであろう。

　そして、第3に、準拠外国法の適用における私的自治の可能性については、次のように考えられるであろう。まず、外国法の内容の確定において、それを理論的に、法律と位置づけるか、事実と捉えるか、そして、それに従い、その証明の要否、挙証責任のあり方については、多分に、政策的側面が強い問題であるように思われる。いずれにせよ、国際私法の存在意義および目的は外国法の適用に途を開くことであり、その限りにおいて、準拠外国法は、それが属する国におけると同様に忠実に解釈され、適用されるのが望ましいことはいうまでもない。従って、時として、その内容が確定できない場合に、直ちに、内国法を適用しようとする内国法適用説の立場は、国際私法の本来的な理念に反するものであり、理論上の理由からも、実践上の理由からも、是認することはできない。やはり、その場合には、当事者意思ができるだけ反映されるような解

決が考慮されるべきではないであろうか。すなわち、財産関係事件における外国法の適用と家事事件におけるそれとを区分すべきであり、前者のうち、自由処分が可能な権利義務関係については、当事者による外国法の確定が認められる余地があるように思われる。外国法規が欠ける場合についても、直ちに、それをもって公序に反すると断じて、内国法を適用すべきではなく、当事者の意思を確認したうえで、相当な補充法の選定が行われるべきであろう。また、同時に、当事者意思（合意）により、内国法に依拠した解決が望まれる場合には、内国法の適用にも相当の根拠が与えられることになるものと考えられる。このような場合こそは、訴訟の経済性から、抵触法的処理を行わう必要がない場合として、国内事件と同様に処理することの妥当性を否定することは難しいからである。

第2節　今後の課題

　以上において、当事者自治の原則は、密接関連性の原則、弱者利益の保護の理念、両性平等の原則との関連において、それらの優先関係および調整ないし調和に論及されたが、それ以外の国際私法上の基本原則との関連についても、さらに、検討されるべき課題は残されている。とくに、国際私法総則との関連である。ここにおいて、それらの問題について、簡略に言及しておくこととしたい。

　まず、法律関係の性質決定の問題との関連においてである。何らかの渉外私法問題の抵触法的解決において、そのための準拠法選定規則の適用の前提となる法律関係の性質決定をめぐっては、学説上、主として、法廷地法説、準拠法説、国際私法独自説の3つの立場が唱えられてきたが、現在、日本においては、国際私法独自説が通説とされている[620]。裁判例としては、具体的に性質決定しているものは少なくないが[621]、いずれの立場に拠ったかを明らかにし

---

[620]　山田・前掲書（注4）49頁以下、とくに51頁以下、溜池・前掲書（注13）129頁以下、とくに133頁以下、木棚＝松岡＝渡辺・前掲書（注136）35頁以下、とくに36頁以下（木棚）、澤木＝道垣内・前掲書（注18）19頁以下参照。

[621]　澤木＝道垣内・前掲書（注18）21頁以下参照。

たものとしては、わずかに、法廷地法説の立場に拠るべきことを明言した京都地方裁判所昭和31年7月7日判決[622]が見られるのみである。また、国際私法独自説が通説であるとされているが、性質決定の具体的な基準については、必ずしも確立しているとはいえない[623]。裁判実務においては、法廷地実質法上の概念に従っているのが現実である[624]。いずれにせよ、今後、確定的な性質決定ができない場合には、私的自治の立場から解決される余地もあるということができるであろう。

　次に、先決問題との関連においてである。継起的法律関係において、何らかの身分関係の成否が別個の身分関係の有効性に懸かっているような場合、当面の問題である本問題に対して、その前提条件となる問題は先決問題と呼ばれ、そして、その問題の有効性についての判断の基準となる準拠法をいかに選定すべきであるかが、いわゆる国際私法上における先決問題の問題である。すなわち、先決問題の本質は連結問題であるが、簡明に言えば、その準拠法を選定する国際私法（抵触法）は法廷地国際私法か、それとも、本問題準拠法所属国国際私法か、という形で争われてきた。一般に、一国における渉外私法問題には、当該国の国際私法（法廷地国際私法）が強行的に適用されるべきであるとする法廷地法説に対して、先決問題は本問題の適用の過程ないしその結果において生起する問題であるから、それについても、本問題準拠法が所属する国の法体系内における抵触法的処理のための規則（本問題準拠法所属国国際私法）が適用されるべきであるとする準拠法説が対立している。1930年代から論じられ始めたこの問題は、1980年代に台頭した折衷説、すなわち、法廷地法説も準拠法説も、いずれも一律的に適用すべき立場とはせず、具体的な事例との兼ね合いにおいて、より望ましい結果をもたらす方の解決方法によるとする立場により、理論的な面の後退は否定できないとしても、ひとまず、解決の糸口が見い出されている。いずれの立場を原則とし、いずれの立場を例外とするかの見解の相違は見られるにせよ、折衷説が多くの支持をえる立場となっている

---

[622] 下級裁判所民事裁判例集7巻7号1784頁。
[623] 山田・前掲書（注4）53頁以下、溜池・前掲書（注13）135頁以下、木棚＝松岡＝渡辺・前掲書（注136）37頁以下（木棚）、櫻田・前掲書（注13）146頁以下参照。
[624] 澤木＝道垣内・前掲書（注18）21頁参照。

最終章　結論および今後の課題

ようである[625]。しかし、通説として確立しているとまではいえず、また、多くの先例は法廷地法説の立場に立っており、とくに、最高裁判所平成 12 年 1 月 27 日判決[626]が法廷地法説の立場によることを明示して以後、法廷地法説を支持する学説が有力になりつつあることも否定できないであろう。従って、日本国際私法において、先決問題について何らかの確立した実定規則が存在しているとはいえない。このような場合には、当事者の意思に従い、法廷地法説と準拠法説とのいずれに依拠するかを決定することも検討されるべき余地があるのではないであろうか。

さらに、適応問題ないし調整問題との関連においてである。何らかの同一の事実関係に関わる法律関係が、いくつかの異なる側面から異なる準拠法へ連結されたため、それらの法秩序間において矛盾ないし不調和が生じることがある。それらの矛盾ないし不調和をいかに適応ないし調整すべきかが、この問題である。複数の準拠法の間の矛盾や不調和は様々な場合に生じるため、この問題を統一的に体系化すること自体が困難であるとされる[627]。その解決方法として、例えば、抵触規定の解釈・適用の段階における操作、および、準拠法として指定された実質法の解釈・適用の段階における操作が考えられるが、適用問題の解決については一般的な基準はなく、実定法として依拠することができる規則は存在しないというのが、日本学説の共通した認識であろう[628]。具体的な解決方法として、抵触法の次元と準拠法の次元とに分けて処理することを考える学説があり、また[629]、その他、規範の重複、規範の欠缺、規範の矛盾の場合に分けて検討する学説もある[630]。より具体的には、この問題の本質を個別的な場合に応じた利益衡量の問題であるとして、最も重要性が低い利益を犠牲にし、最も重要な利益を保護すべきと唱える学説もある[631]。要するに、

---

[625]　山田・前掲書（注 4）163 頁、木棚＝松岡＝渡辺・前掲書（注 136）82 頁（木棚）等参照。
[626]　最高裁判所民事判例集 54 巻 1 号 1 頁。櫻田・前掲書（注 13）146 頁、澤木＝道垣内・前掲書（注 18）24 頁等参照。
[627]　溜池・前掲書（注 13）235 頁参照。
[628]　山田・前掲書（注 4）166 頁、木棚＝松岡＝渡辺・前掲書（注 136）83 頁（木棚）等参照。
[629]　澤木＝道垣内・前掲書（注 18）25 頁以下参照。
[630]　櫻田・前掲書（注 13）148 頁以下参照。
[631]　木棚＝松岡＝渡辺・前掲書（注 136）83 頁以下（木棚）参照。

この問題については、学説の一致が見られるまでには至っておらず、日本国際私法における明確な実定規則は存在しない。しかし、何が最も当事者にとって良い解決であるかは、当事者の意思に委ねることが適切であろう。その意味において、ここにも私的自治の原則ないし当事者自治の原則が関与する余地がある。以上のほか、直接的適用規定、一般例外条項との関連においても、私的自治の原則ないし当事者自治の原則が検討されるべき余地が残されている。しかし、それらの問題については、すでに前述したところであり、ここにおいては論及しないことにする。

第3節　おわりに

今日、益々、世界諸国の人的、法的交流が隆盛になるに従い、それらの者の間、そして、諸国間において、多くの点において共通性を保有することになり、引いては、法律の面における差異も、遅かれ、早かれ、減少することが推測される。とくに、財産法関係のように、取引の安全性および迅速性が共通の指導理念となる領域において、条約や地域的連帯を背景として、急速に統一化へ向けて進展することは、必ずしも困難なことではない。それに対して、婚姻や家庭に関する法律関係については、伝統的慣習や宗教の理由で、法の統一は、かなり困難であると考えられる。しかし、弱者利益の保護や両性平等の理念の強化とともに、人格権の尊重の一端としての当事者意思の尊重という共通の指導理念により、やはり、徐々に、統一化へ向けて進むことに間違いはないであろう。

その場合に、私的自治の原則ないし当事者自治の原則は、弱者利益の保護のための一定の解決が要請される範囲以外において、渉外私法関係を規律するための最も優先すべき規則となるであろうと思われる。あるいは、前述のように、弱者利益の保護を弱者本人の意思に委ねるという場合には、弱者を主体とした当事者自治の原則として、両者の理念は融合して調和することも考えられる。その意味において、弱者利益の保護の理念は決して当事者自治と相容れないものでなく、それぞれの役目を果たすことが望まれるものである。より具体的にいえば、当事者利益にせよ、秩序利益にせよ、一定の実質的利益の確保が

求められる場合には、裁判官に対して、択一的連結による準拠法の選定を要求することになるであろう。そして、そうでない場合には、より広い視野からいえば、私的自治の原則ないし当事者自治の原則に基づく解決方法が基本的に妥当して、渉外私法関係の解決そのものが、当事者によって望まれる方法をもって行われるべきとする方向へ向けて進展しているように思われる。

最後に、近時における諸国国際私法立法例の１つである「中華人民共和国渉外民事関係法律適用」は、その総則規定である第３条において、当事者による準拠法の選択を原則とすることを謳っている。各論規定における当事者自治の規則と相俟って、当事者自治の原則が抵触規定の補充規定としての役割を果たすことを明言する規定として注目されるところである。しかし、それに止まらず、中国国際私法の上記の規定は、諸国における国際私法が今後のあり方に対する予想を反映した規定として、極めて象徴的であるといっても過言ではないであろう。

索　引

【あ行】

意思自治……………………………………4
一般法律原則………………………………94
一般法律原則説……………………………122

【か行】

外国法解釈説………………………………139
外国法規の欠缺……………………………165
外国法事実説………………………………77
外国法調査の失敗…………………………122
外国法の証明………………………………110
外国法の調査責任…………………………84
外国法法律説………………………………77
隠れた反致…………………………………198
間接指定主義………………………………60
帰属意思……………………………………60
既得権………………………………………11
既得権説……………………………………80
公法理論……………………………………71
強行性緩和説………………………………28
強行法規の特別連結理論………………71, 219
共通属人法主義………………………234, 239
近似法説……………………………………122
契約自由の原則……………………………3
契約の社会化………………………………31
ケーゲルの梯子……………………………200
結果志向の抵触法規則……………………225
公序条項……………………………………192
公序論………………………………………71
国際私法的利益……………………………173
国際私法独自説……………………………244
国際私法の危機…………………………7, 183
国際私法の強行性………………………11, 27

国際私法の実質化…………………………178
国際私法の任意性…………………………15
国際主義学派………………………………10
国際礼譲……………………………………11
国家主義学派………………………………10

【さ行】

裁判所は法を知る…………………………86
裁判所負担説………………………………86
実効的国籍の理論………………………51, 190
実効的な社会的紐帯……………………51, 238
実質的利益の保護…………………………239
実質法的利益………………………………178
実体上の自由処分…………………………13
私的自治の原則……………………………3
子の保護……………………………………214
司法認知……………………………………91
住所（ドミサイル）地法…………………199
周知の事実…………………………………94
柔軟な抵触規則……………………………183
準拠外国法の内容の不明…………………121
準国際私法……………………………60, 64
準正保護……………………………………178
渉外実質法…………………………………1
消費者保護…………………………………219
人格の自律…………………………………5
親近の原則…………………………………183
人際法……………………………………62, 64
先決問題……………………………………245
相続統一主義………………………………204
相続分割主義………………………………204
送致の意味…………………………………196
属人法の決定基準…………………………190

索　引

【た行】

択一的連結……………………………196
多数法国法………………………………55
嫡出保護………………………………178
直接的適用法規………………………223
適応問題…………………………………13
転致（ないし再致）…………………195
同一人法主義…………………………239
同一法主義……………………………235
当事者意思の尊重……………………172
当事者自治の原則………………………36
当事者負担説……………………………84

【な行】

内容志向の抵触法規則………………225
任意的抵触法の理論……………………12

【は行】

反致条項………………………………195
被害者保護……………………………220
被後見人の保護………………………217
複合的法律抵触国………………………56

附従的連結……………………………197
扶養権利者の保護……………………218
偏在理論…………………………………42
法域………………………………………10
法規の欠缺……………………………136
法制度禁止説…………………………138
法的共同体………………………………10
法理説……………………………………81
法律関係の性質決定…………………244
法律行為自由の原則……………………4
補充的連結説…………………………122

【ま行】

密接関連性の原則……………………187
身分関係の保護………………………238
明確な抵触規則………………………183
黙示意思探求の理論……………………70
最も強い関係の原則…………………192

【ら行】

離婚保護…………………………51, 200
両性平等の原則………………………226
労働者保護……………………………219

著者略歴

徐　瑞　静（じょ　ずいせい）

2012年　東洋大学大学院法学研究科博士後期課程修了
　　　　博士（法学）
現　在　松田綜合法律事務所中国弁護士
　　　　日本大学法学部非常勤講師

〈著書・論文〉
日本法の論点第1巻（笠原俊宏編、文眞堂、2011年）「国際私法の任意的適用性の決定基準」を分担執筆。日本法の論点第2巻（笠原俊宏編、文眞堂、2012年）「日本法における外国法の適用」を分担執筆。日本法の論点第3巻（笠原俊宏編、文眞堂、2013年）「離婚後における親権制度」を分担執筆。公法基礎入門（改訂増補版）（名雪健二編、八千代出版、2013年）第1編第7章3～7を分担執筆。「中国憲法におけるプライバシー権の保護」東洋法学58巻2号、「中国国際私法における弱者利益の保護」東洋大学アジア文化研究所研究年報49号、「中国国際民事訴訟法における合意管轄について」東洋大学現代社会研究12号、「中国国際私法における公序の概念について」東洋大学アジア文化研究所研究年報50号、「国際私法における特徴的給付の理論について―密接関連性原則との関係を中心として―」東洋大学現代社会研究13号、「中華民国家族法における死因贈与の成立要件―最高法院判決を手懸りとして―」東洋大学アジア文化研究所研究年報51号ほか。

国際私法における私的自治

2019年2月28日　第1版第1刷発行　　　　　　　　検印省略

著　者　　徐　　　瑞　　　静

発行者　　前　　　野　　　隆

発行所　　株式会社　文　眞　堂
　　　　　東京都新宿区早稲田鶴巻町533
　　　　　電　話　03（3202）8480
　　　　　FAX　03（3203）2638
　　　　　http://www.bunshin-do.co.jp/
　　　　　〒162-0041　振替 00120-2-96437

組版／印刷・真興社　製本・高地製本所
Ⓒ 2019
定価はカバー裏に表示してあります
ISBN978-4-8309-5027-8 C3032